Wolf W. Lasko

Dream Teams

Wolf W. Lasko
Dream Teams
110 Stories für erfolgreiches
Team-Coaching

2., überarbeitete Auflage

Bibliografische Information der Deutschen Nationalbibliothek
Die Deutsche Nationalbibliothek verzeichnet diese Publikation in der
Deutschen Nationalbibliografie; detaillierte bibliografische Daten sind im Internet über
<http://dnb.d-nb.de> abrufbar.

1. Auflage 1996
2. Auflage 2010

Alle Rechte vorbehalten
© Gabler Verlag | Springer Fachmedien Wiesbaden GmbH 2010

Lektorat: Ulrike M. Vetter

Gabler Verlag ist eine Marke von Springer Fachmedien.
Springer Fachmedien ist Teil der Fachverlagsgruppe Springer Science+Business Media.
www.gabler.de

Das Werk einschließlich aller seiner Teile ist urheberrechtlich geschützt. Je Verwertung außerhalb der engen Grenzen des Urheberrechtsgesetzes ist oh Zustimmung des Verlags unzulässig und strafbar. Das gilt insbesondere Vervielfältigungen, Übersetzungen, Mikroverfilmungen und die Einspeicheru und Verarbeitung in elektronischen Systemen.

Die Wiedergabe von Gebrauchsnamen, Handelsnamen, Warenbezeichnungen usw. in diese Werk berechtigt auch ohne besondere Kennzeichnung nicht zu der Annahme, dass solc Namen im Sinne der Warenzeichen- und Markenschutz-Gesetzgebung als frei zu betracht wären und daher von jedermann benutzt werden dürften.

Umschlaggestaltung: KünkelLopka Medienentwicklung, Heidelberg
Satz: Fromm MediaDesign, Selters/Taunus
Gedruckt auf säurefreiem und chlorfrei gebleichtem Papier
Printed in Germany

ISBN 978-3-8349-2484-1

Meiner Tochter Lara

Inhaltsverzeichnis

Prolog — 11

1 Quantensprung ❖ Idee ❖ Vision ❖ Kreativität — 15
   1. Der Stern des Iltis — 16
   2. Sich verwandeln lassen — 17
   3. Drei Samen — 19
   4. Der Spatz als Pfau — 22
   5. Lachender Narr — 25
   6. Der Zauberbaum — 27
   7. Beladener Wanderer — 30
   8. Nussbäume der Zukunft — 33
   9. Zwei Seiten des Teppichs — 35
  10. Kranker Hahn — 39
  11. Falke zu Taube — 41

2 Prioritäten ❖ Entscheidungen ❖ Ziele ❖ Möglichkeiten ❖ Wege ❖ Strategien — 45
   1. Die Klostertür — 46
   2. Zu spät — 50
   3. Bettler oder König — 52
   4. Pferdefutter — 55
   5. Der Mantel der Derwische — 57
   6. Später — 59
   7. Wenn Allah will — 61
   8. Das Ende des Brotes — 63
   9. Keine Bären — 65
  10. Gefunden und verirrt — 68
  11. Dreifach genäht hält besser — 70

3 Machen ❖ Tun ❖ Intuition ❖ Umsetzen _____ 75
  1. Der junge Adler _____ 76
  2. Das Schloss _____ 78
  3. Das perfekte Kamel _____ 81
  4. Schwimmen gelernt? _____ 83
  5. Der Wesir und der Stier _____ 85
  6. In Allahs Obhut _____ 87
  7. Der Blitz _____ 90
  8. Das königliche Bad _____ 92
  9. Der Duft der Rose _____ 95
  10. Kochen oder Beten _____ 97
  11. Es brennt! _____ 99

4 Delegieren _____ 103
  1. Der Lehrvortrag _____ 104
  2. Richtiger Boden _____ 106
  3. Lebertran _____ 108
  4. Das Loch im Zaun _____ 109
  5. Zweite Geige _____ 111
  6. Futter für den Esel _____ 112
  7. Tauber Puma _____ 114
  8. Der Affe und die Kokosnuss _____ 116
  9. Woher kommt das Licht? _____ 119
  10. Früchte des Baumes _____ 120
  11. Die Rache des Ja-Sagers _____ 122

5 Kommunizieren ❖ Gespräche ❖ Moderieren ❖ Kontakt _____ 125
  1. Schlaue Dörfler _____ 126
  2. Mond im Eimer _____ 129
  3. Geraubter Kuss _____ 131
  4. Argumente _____ 134
  5. Der König sprach zu mir _____ 137
  6. Zwei Kilo dicke Bohnen _____ 140
  7. Verlorene Zähne _____ 144
  8. Drei Siebe _____ 146
  9. Der Polstersessel _____ 148

10. Momo	149
11. Teure Fragen	151

6 Commitment ❖ Disziplin ❖ Coach ❖ Vorbild — 155

1. Nicht nachtragend	156
2. Die Kerze	158
3. Der Schirm	161
4. Junger Dieb	163
5. Kein Fest!	165
6. Sage A!	167
7. Datteln, Datteln	169
8. Erziehungsmethoden	171
9. Das Wichtigste	172
10. Die Tore schließen?	173
11. Schatten	175

7 Motivation ❖ Leistungsbereitschaft ❖ Wollen — 179

1. Scharfer Geruch	180
2. Das Samenkorn	181
3. Tod auf Verordnung	183
4. Variationen auf einem Esel	184
5. Tod statt Honig	186
6. Der 101. Schlag	188
7. Der Könner	189
8. Der Eichenwald	191
9. Das Chamäleon	193
10. Die Schildkröte	194
11. Der Tempel	196

8 Feedback ❖ Lob ❖ Entwicklung ❖ Potenzial — 199

1. Die Ohrfeige vorab	200
2. Senfkörner	202
3. Der Krieger	204
4. Die Rose	206
5. Gerechtigkeit	207
6. Sonne in den Wolken	209

7.	Krebsgang	210
8.	Salz	211
9.	Die Kokosnuss	213
10.	Das Lob	214
11.	Die Nachtigall	217

9 Konflikte 221

1. Salz in der Suppe 222
2. Die Krähe und der Papagei 224
3. Geteiltes Leid 226
4. Das Feuer des Schwertes 228
5. Die dumme, glückliche Stadt 230
6. Schlauer Bauer 232
7. Die Kupfermünze 234
8. Schwätzer 236
9. Böcke auf der Brücke 238
10. Das Schilfrohr und die Eiche 240
11. 17 Kamele 242

10 Teams ❖ Netzwerk ❖ Gruppen 245

1. Die Schraube 246
2. Die Perle des Hahns 248
3. Stiefmütterchen 250
4. Unterlegen sein 252
5. Himmel und Hölle 254
6. Der Roggenhalm 258
7. Sandkörner 259
8. Kalt oder warm? 261
9. Teppichknoten 263
10. Dorf ohne Regeln 264
11. Freie Tiere 267

Epilog 271

Der Autor 273

Prolog

Was macht Teams zu Dream Teams? Was entfacht bei der Gesamtheit der Mitarbeiter den Funken der Begeisterung, der sie mit vereinten Kräften, hochmotiviert und voller Leistungsbereitschaft einem Ziel, einer Vision entgegengehen lässt? Fest steht eines: Jeder muss die richtigen Voraussetzungen mitbringen, seinen Teil dazu beitragen – nicht nur für sein eigenes Wohlergehen, auch für das der anderen. Ob Führungskraft oder Teammitglied, jeder ist gleichberechtigt, wenn es darum geht, ein begeisterndes und effektives Berufsumfeld zu schaffen. Dabei darf nicht übersehen werden, dass jedes Zusammenwirken, jede Gemeinschaft eine Kraft braucht, die das Ganze lenkt und steuert. Gäbe es keine Führungskraft, wäre das Chaos vorprogrammiert. Team Leader haben die wichtige Aufgabe, das Team auf ein Ziel zu fokussieren, sich gleichzeitig aber auch als Teammitglied einzubringen.

Nun, das sind schöne Theorien. Sicherlich haben Sie bereits auf vielerlei Weise erfahren, dass es gar nicht so leicht ist, Theorie und Praxis miteinander in Einklang zu bringen. Und das gilt besonders, wenn der Kopf das Denken und Handeln zu sehr bestimmt, wie wir es gelernt haben.

Wir haben gelernt, dass es in unserer Gesellschaft nicht so sehr gefragt ist, als Träumer oder „Hans-guck-in-die-Luft" durchs Leben zu gehen. Und das ist auch gut so. Denn den Boden der Realität nicht wahrzunehmen, Hindernisse nicht zu beachten und Chancen zu übersehen, ist mit Sicherheit nicht der richtige Weg zu einem glücklichen und erfolgreichen Leben. Niemand könnte sich in seinem Beruf qualifizieren, wenn er nicht Fakten und Handeln miteinbezöge.

Leider folgt daraus, dass Fantasie und Intuition im Laufe der Zeit der Vernunft und dem Verstand unterliegen. Und damit reduzieren wir die Möglichkeiten unserer Vorstellungskraft auf eine logische, rationale Ebene. Wir haben es verlernt, „um die Ecke zu denken", aus dem Bauch heraus zu handeln, dem Herzen ein Mitspracherecht zu geben. Und nur noch selten schaffen wir es, Gast zu sein in einer Welt außerhalb des eigenen Denkens. Denn als vernunftbetonte Wesen halten wir uns strikt an Erfahrungen und Erkenntnisse, lassen uns beherrschen von fest eingefahrenen Strukturen und Meinungen. Wir sehen die Welt durch die subjektiv eingefärbte Brille des Bekannten und des Gewohnten. Wir interpretieren und analysieren, soweit es uns der Rahmen unseres Denkens ermöglicht.

Um die Grenzen des Gewohnten zu überschreiten, finden sich immer mehr Menschen – Führungskräfte und Teammitglieder – in Workshops zusammen. Menschen, die an die Kraft und den Erfolg von Teams glauben und Wege suchen, in Unternehmen Dream Teams zu schaffen.

Dieses Buch ist das Ergebnis eines solchen Seminars. Während des zehntägigen Zusammenseins erfuhren die elf Teilnehmer einen fantastischen Weg zu einer begeisternden Gemeinschaftlichkeit – ein Weg, der das vertraute Denken aufbricht und erweitert, der aber auch eine neue Dimension für den Umgang miteinander aufzeigt. Es ist ein Weg, der nicht den Kopf, sondern das Herz anspricht: Geschichten!

Jeder Tag stand unter einem eigenen Motto, zu dem jeder Teilnehmer aus einer Fülle von Geschichten eine auswählte, die ihn inspirierte, zu einem Gedankengang anregte, in ihm eine Idee entstehen ließ. Beides, Geschichten und seine Gedanken, stellte er den anderen Teilnehmern vor, und daraus entwickelten sich Diskussionen, die nicht nur Interpretationen des Inhalts waren, sondern Assoziationen, Gedankenspiele, Überlegungen, Ableitungen. Jede Idee aber stand für eine Möglichkeit, ein Team zu begeistern.

Geschichten sind ein Geheiminstrument für Teams. Viel besser als logische, klare, intellektuelle Erklärungen sind sie geeignet, dem Zuhörer die Möglichkeit der Identifikation und damit zur Veränderung, zur Lösung seines Problems zu bieten.

Ihr spielerischer Charakter, ihre Nähe zur Fantasie, Intuition und Irrationalität steht im offenkundigen Gegensatz zum reinen Zweckrationalismus. Geschichten sprechen die Gefühle an. Ob Märchen oder Fabeln, Gleichnisse, Anekdoten oder Parabeln – sie bringen uns zum Lachen und zum Weinen. Sie können verletzen und heilen. Sie können Hoffnung schenken und sie zerschlagen.

Geschichten sind Modelle der Wirklichkeit. Seit Jahrhunderten wurden sie von Generation zu Generation überliefert. Sie vermitteln wesentliche Einsichten und tiefe Weisheiten. Sie geben auf witzige, hintergründige oder geheimnisvolle Weise Konfliktsituationen wieder, bieten Lösungsmöglichkeiten an und können uns damit zu neuen Einsichten verhelfen.

Die den Geschichten innewohnende Kraft ist ein goldener Schlüssel, der die Tür zum Herzen öffnet. Wir können einen inneren Raum der Seele betreten, in dem Intuition und Fantasie zu Hause sind. Und wenn wir uns darauf einlassen, sind wir mitunter beeindruckt, manchmal sogar ergriffen von dem, was es dort wahrzunehmen gibt.

Die richtige Geschichte zur richtigen Zeit befreit uns von der Knechtschaft alter Gedanken und überlistet das logische Denken. Für einen Moment ist alle Vernunft vergessen; Emotionen gewinnen die Oberhand, und bisherige Überzeugungen werden zuweilen infrage gestellt. Wir befinden uns auf einer Ebene, auf der es ein Denken außerhalb der Rationalität gibt.

Begreifen Sie dieses Buch daher nicht nur mit dem reinen Verstand, sondern auch mit Ihrem Herzen. Unter den 110 Geschichten und 330 Diskussionsbeiträgen wird vielleicht der eine oder andere für Sie völlig neue Gedanke dabei sein, dessen Umsetzung für die Verwirklichung eines Dream Teams ausschlaggebend ist.

Ihnen wünsche ich viel Spaß!

1

Quantensprung
Idee
Vision
Kreativität

1. Der Stern des Iltis
2. Sich verwandeln lassen
3. Drei Samen
4. Der Spatz als Pfau
5. Lachender Narr
6. Der Zauberbaum
7. Beladener Wanderer
8. Nussbäume der Zukunft
9. Zwei Seiten des Teppichs
10. Kranker Hahn
11. Falke zu Taube

1. Der Stern des Iltis

Der Dachs und der Iltis trafen sich bei ihrer nächtlichen Futtersuche im Wald; und da sie sich lange nicht gesehen hatten, gingen sie plaudernd ein Stück des Weges nebeneinander her. Während aber der Dachs auf den Weg achtete, blickte der Iltis immer wieder zum nächtlichen Himmel hinauf, übersah dabei einen Wassertümpel und fiel hinein. Das war ja nicht weiter schlimm, der Dachs aber wusste sich vor Lachen nicht zu halten und rief ein ums andere Mal: „Das kommt davon, wenn man zu viel nach oben schaut!" Danach ging der Dachs allein weiter.

Der Iltis putzte noch eine Weile an sich herum, blickte wieder zum Himmel hinauf und setzte dann auch seinen Weg fort.

Bald traf er jedoch wieder auf den Dachs, der sich verirrt hatte und froh war, dass der Iltis ihn glücklich nach Hause brachte.

„Wie hast du das so leicht geschafft?", fragte der Dachs. „Ich habe nach oben geschaut und mich nach den Sternen gerichtet", antwortete der Iltis. „Und dafür nimmst du in Kauf, dass du hin und wieder in einen Tümpel fällst?", wollte der Dachs wissen. „Und dass ein Dachs darüber lacht", ergänzte der Iltis.

DISKUSSION

1. Visionen sind die Leuchtfeuer auf dem Weg zu unseren Zielen. Sie sind wie die Sterne, die dem Iltis den Weg nach Hause weisen. Und Visionen sind heute für Bestand und Wachstum eines Unternehmens wichtiger denn je. Dazu braucht es Führungskräfte ebenso wie Teammitglieder, die bereit sind, nicht nur auf den gewohnten Wegen zu gehen, sondern den Mut haben, einer Vision zu folgen.

2. Wer seine Vision, seinen Stern, im Blick hat, der wird auch ankommen. Sicherlich, das Leben stellt uns in all seinen

Bereichen immer wieder „Wassertümpel" in den Weg. Und es kann durchaus passieren, dass man hineinfällt. Aber nach Hause zu kommen, Ziele zu erreichen und damit der Vision näherzukommen, das ist es doch wohl wert genug, einmal nass zu werden.

3. Das Merkmal einer exzellenten Führungskraft ist die Fähigkeit, mit Kreativität und neuen Ideen die Ziele umzusetzen, die zu der Zukunftsvision führen. Das stellt sie vor Aufgaben, die nicht mehr wie gewohnt gelöst werden können, und fordert ein Team, das gemeinsam, mit Kreativität und immer wieder neuen Ideen gewillt ist, an Lösungsmöglichkeiten und deren Umsetzung zu arbeiten. Und wenn man dabei doch einmal in den Wassertümpel fällt, was soll's! Auch daraus kann man lernen. Wichtig ist, den Mut aufzubringen, äußere Hindernisse und innere Blockaden zu überwinden und den Weg weiterzugehen.

2. Sich verwandeln lassen

Ein Fluss wollte durch die Wüste ans Meer. Aber als er den unermesslichen Sand sah, wurde ihm Angst, und er klagte: „Die Wüste wird mich austrocknen, und der heiße Atem der Sonne wird mich vernichten, oder ich werde zum stinkenden Sumpf."

Da hörte er eine Stimme, die sagte: „Vertraue dich der Wüste an." Aber der Fluss entgegnete: „Bin ich dann noch ich selber? Verliere ich nicht meine Identität?" Die Stimme aber antwortete: „Auf keinen Fall kannst du bleiben, was du bist."

So vertraute sich der Fluss der Wüste an. Wolken sogen ihn auf und trugen ihn über die heißen Sandflächen. Als Regen wurde er am anderen Ende der Wüste wieder abgesetzt. Und aus den Wolken entstand so ein Fluss, schöner und frischer als zuvor.

Und der Fluss freute sich und sagte: „Jetzt bin ich wirklich ich!"

DISKUSSION

4. Veränderung ist unausweichlich. Wer seiner Vision folgt, wird sich verändern müssen. Und wer den Weg durch die Wüste geht, um ans Meer, zu seiner Vision, zu gelangen, dem sollte klar sein: „Auf keinen Fall kannst du bleiben, was du bist." Da bleibt es nicht aus, dass Gefühle der Angst, der Unsicherheit und des Zweifels entstehen. Denn niemand weiß, welche Gefahren auf dem Weg lauern und wie man nach der Veränderung sein wird. Das Vertrauen in die eigenen Fähigkeiten, in das eigene Können und nicht zuletzt in die Vision sind die Triebfedern, die Menschen dazu bringen, den Schritt ins Unbekannte zu wagen. Und es ist nicht nur ein kleiner Schritt, es ist ein nicht abwägbares Risiko – ein Quantensprung!

5. „Jetzt bin ich wirklich ich!" – Das ist wohl die schönste und erstrebenswerteste Vision. Sicherlich kann kein Mensch allein durch Unternehmensvisionen zu seinem wirklichen Ich finden. Aber dennoch sollte sie einem Teil seines Ichs entsprechen. Denn nur dann ist er fähig, sich mit Begeisterung für die Verwirklichung der Vision einzusetzen, selbst wenn er weiß, dass es manchmal schwer werden kann. Wie gut, wenn demjenigen, der sich auf den Weg zur Vision macht, Kräfte zur Seite stehen, die ihm dabei helfen: Frau Wolke, Herr Wind, Frau Regen ... – eben ein Team, das die Vision unterstützt, genügend motiviert und zu Höchstleistungen bereit ist. Und vor allem setzt das voraus, dass das Wasser – in diesem Zusammenhang die Führungskraft – es zulassen kann, dass andere – das Team – für diese Veränderung wesentlich sind.

6. Um eine wirkliche Unterstützung durch das Team zu erfahren, müssen die Teammitglieder natürlich erst einmal darüber informiert werden, dass es überhaupt eine Vision gibt. Und sie müssen erfahren, welche Ziele diese Vision beinhaltet. Vielleicht mangelt es manchen Unternehmen gerade an dieser

Transparenz. Die schönste Vision des Herrn Direktor kann nicht umgesetzt werden, wenn er sie für sich allein behält. Vielmehr muss er sie erst einmal seiner Führungsmannschaft, so gut es geht, mitteilen, damit diese sich darin einfühlen und mit ihr identifizieren kann. Dann müssen Spielregeln aufgestellt werden, um sich aufeinander verlassen und Hand in Hand arbeiten zu können. Nun obliegt es den Führungskräften, diese Vision ihren Teams zu vermitteln und ihnen die Spielregeln so zu erklären, dass ein möglichst breites Commitment erzielt wird. Denn letztendlich sind auch, vielleicht sogar gerade, die Mitarbeiter der unteren Ebenen wichtig, um eine Unternehmensvision lebendig werden zu lassen.

3. Drei Samen

Ein großer König hatte drei Söhne, und er wollte einen von ihnen zu seinem Erben bestimmen. Das war sehr schwierig, denn alle drei waren sehr intelligent und sehr mutig. Und sie waren Drillinge. Wie sollte der König entscheiden? Er fragte einen großen Weisen, und der Weise schlug ihm eine Lösung vor.

Der König kehrte heim und bat alle drei Söhne zu sich. Und er gab jedem von ihnen einen Sack mit Blumensamen und erklärte ihnen, dass er auf Pilgerschaft gehen wolle. „Es wird einige Jahre dauern – vielleicht zwei, drei oder auch mehr. Und dies ist für euch eine Art Prüfung: Diese Samen müsst ihr mir zurückgeben, wenn ich heimkehre. Und derjenige, der sie am besten hütet, wird mein Erbe sein." Dann trat er seine Pilgerfahrt an.

Der erste Sohn dachte: „Was soll ich nur mit diesen Samen anfangen?" Er schloss sie in eine eiserne Truhe ein – denn wenn der Vater zurückkehrte, sollte er sie ihm ja so übergeben, wie sie waren.

Der zweite Sohn dachte: "Wenn ich sie wegschließe, wie mein Bruder es getan hat, werden sie sterben. Und ein totes Samenkorn ist kein Samenkorn mehr." Also ging er auf den Markt, verkaufte die Samen und verwahrte das Geld. Und er dachte: "Wenn mein Vater zurückkommt, werde ich zum Markt gehen, neue Samen kaufen und ihm bessere zurückgeben als die, die er mir gab."

Der dritte Sohn aber ging in den Garten und streute die Samen wahllos aus.

Nach drei Jahren, als der Vater zurückkam, öffnete der erste Sohn seine Truhe. Die Samen waren alle verfault und rochen übel. Und der Vater sagte: "Was! Das sollen die Samen sein, die ich dir gab? Sie hätten zu Blumen aufblühen und wundervollen Duft verbreiten können – und diese Samen hier stinken! Das sind nicht meine Samen!"

Der zweite Sohn eilte zum Markt, kaufte Samen, kam nach Hause zurück und überreichte sie seinem Vater. Der Vater sagte: "Aber dies sind nicht die gleichen Samen, die ich dir überließ. Deine Idee war besser als die des ersten, aber du bist nicht so tüchtig, wie ich dich gerne hätte."

Dann ging er zum dritten Sohn – mit großer Hoffnung und auch voller Furcht. "Was mag er getan haben?" Und der dritte Sohn nahm ihn mit in den Garten, und dort blühten Millionen von Pflanzen, Tausende von Blumen – überall. Und der Sohn sagte: "Dies alles wuchs aus den Samen, die du mir gabst. Sobald sie reif sind, werde ich die Samen der Pflanzen und Blumen einsammeln und sie dir geben."

Der Vater sagte: "Du bist mein Erbe. Genau so sollte man mit Samen verfahren."

DISKUSSION

7. Alles, was mit Fortschritt und Entwicklung zu tun hat, birgt ein Risiko. Denn niemand weiß, was passieren wird, wenn er sich neuen Aufgaben stellt, niemand weiß, welche Veränderungen das mit sich bringen wird. Werden die Samen zu kleinen Pflänzchen oder zu starken Bäumen? Werden sie überhaupt wachsen, oder fehlt vielleicht etwas für ein gutes Gedeihen? Wer Höchstleistungen erbringen will, wer die Vision des Unternehmens oder die eigene Vision umsetzen will, wird vorher niemals wissen können, wie fruchtbar seine Ideen und sein Handeln sind. Aber wer weiterkommen will, sollte den Samen in die Erde legen und bereit sein, ihm die besten Voraussetzungen für seine Entwicklung zu schaffen.

Das Hüten des Bekannten, Bewährten birgt allein noch nicht die Gefahr, dass sich nichts verändert. Dem Alten vertrauen und dennoch das Neue wagen, mag manchmal sogar besser sein, als alles Bestehende über den Haufen zu werfen. Wer jedoch an Bestehendem krampfhaft festhält und dabei nichts Neues wagt, kein Risiko eingeht, bleibt auf dem gleichen Stand oder geht sogar unter. Denn Unternehmen brauchen Wachstum durch Innovationen, sie müssen sich immer wieder neu an veränderte Bedingungen anpassen. Wer aus Angst vor Neuem seine „Samen" wegschließt, wird keine neuen Früchte ernten können.

8. Stellen Sie sich nun einmal vor, der Vater wäre ein Unternehmer, die Söhne die Führungskräfte und die Samenkörner die Mitarbeiter. Es ist wohl klar, welche der drei Führungskräfte die erfolgreichste wäre.

Denn „vertrocknete" Mitarbeiter, die nur dann hervorgeholt werden, wenn sie gebraucht werden, nützen niemandem. Auch der „Verkauf" von Mitarbeitern und das „Einkaufen" neuer, wenn es nötig ist, ist wenig sinnvoll. Die neuen Mitarbeiter können sich noch nicht mit dem Unternehmen identifizieren, sie müssen erst noch in die Unternehmensphilosophie und in ihr Aufgabengebiet hineinwachsen. Beide Handlungsweisen sind nicht gerade produktiv.

Wer jedoch seinen Mitarbeitern die Voraussetzungen schafft für Wachstum und Entfaltung, der wird dann, wenn es nötig ist, genügend Ideenreichtum und Kreativität zur Verfügung haben.

9. Jeder Mitarbeiter eines Unternehmens hat seine ganz besonderen Fähigkeiten, die ihm einen Quantensprung ermöglichen, auch wenn es nicht bei jedem offensichtlich ist. Diese Fähigkeiten zu beschneiden, ihnen mit restriktiven Vorgaben den Lebensraum zu nehmen, bringt sie zum Verkümmern. Keine Erfindung, keine Neuerung, kein Umschwung ist möglich.

Es ist eine schöne Unternehmensvision, die Fähigkeiten der Mitarbeiter zum Keimen zu bringen und sie erblühen zu lassen, auch wenn das auf ungewöhnlichem Wege geschieht. Denn nur dann ist Kreativität möglich, nur dann können neue Ideen entstehen und Wege zu ihrer Umsetzung gefunden werden. Nur so ist ein Quantensprung möglich – für jeden Einzelnen, für das Team und letztlich für das gesamte Unternehmen.

4. Der Spatz als Pfau

Ein Spatz wollte sein wie ein Pfau. Wie imponierte ihm der stolze Gang des großen Vogels, der hoch getragene Kopf, das mächtige Rad, das er schlug! „So will ich auch sein", sagte der Spatz. „Die Bewunderung der anderen wird mir sicher sein." Er reckte den Kopf, atmete tief ein, dass sich sein schmales Brüstchen schwellte, spreizte die Schwanzfedern und versuchte, so elegant zu laufen, wie er es bei dem Pfau gesehen hatte. So trippelte er hin und her und fühlte sich mächtig stolz. Nachdem er dies längere Zeit gemacht hatte, merkte er, dass ihn die ungewohnte Haltung anstrengte. Der Hals schmerzte, die Füße taten ihm weh, und, was das Schlimmste war, die anderen Vögel, die aufgeblasenen Amseln, die putzsüchtigen Kanarienvögel und die dümmlichen Enten, sie lachten alle über den Spatzen-Pfau. Dem wurde es bald zu bunt. „Das Spiel gefällt mir nicht, ich habe es satt, Pfau zu sein. Ich will mich wieder wie ein Spatz benehmen." Als er aber versuchte, wieder wie ein Spatz zu laufen, gelang es ihm nicht. Statt wie vorher zu laufen, hüpfte er plötzlich und konnte nichts anderes mehr. So lernten die Spatzen das Hüpfen.

DISKUSSION

10. Was nützt es, sich selbst oder jemand anderen in eine Rolle zu schieben, die nicht den wirklichen Fähigkeiten entspricht? Warum sollte der junge Außendienstmitarbeiter als Maßstab für seine Kollegen genommen werden, nur weil er jede Woche einen neuen Kunden bringt? Wichtig ist doch auch der „alte Hase", der zwar recht selten neue Kunden gewinnt, die bestehenden Stammkunden jedoch pflegt und damit ebenfalls beachtliche Gewinne einbringt.

Sicher, Wettbewerb oder gar Konkurrenzdenken untereinander verleiten wohl manchmal dazu, etwas zu tun, was mit den eigenen Fähigkeiten und Stärken nicht übereinstimmt. Das allerdings nützt niemandem, im Gegenteil. Begeisternde Visionen sind nur da möglich und Quantensprünge gelingen nur da, wo das Tun mit den Talenten und Fähigkeiten übereinstimmt.

Für das Wachstum eines Unternehmens ist jeder Bereich gleich wichtig – ob in der Entwicklung, der Produktion, dem Vertrieb, der Buchhaltung ... Überall braucht es fähige Mitarbeiter, die sich für eine gemeinsame Vision einsetzen und bereit sind, ihr Bestes dafür zu geben. Und das funktioniert nur, wenn jeder an dem Platz ist, der seinem Können entspricht.

11. Doch nicht nur der Wettbewerb und das Konkurrenzdenken führen oft in die Irre: Die Images in unserer Gesellschaft geben ihren Teil dazu. Allerdings helfen sie selten dabei, zur wirklichen Persönlichkeit und der stimmigen Vision zu finden. Das Ende vom bösen Lied der falschen (Vor-)Bilder: Die eigentlichen Qualitäten und Fähigkeiten sind untergegangen, sie können nicht mehr gelebt werden.

Authentisch zu sein ist das Wichtigste. Jeder, der sich für seine Tätigkeit nicht begeistern kann, der sich dabei unwohl oder gar fremd fühlt, sollte einmal überlegen, wie weit diese Tätigkeit mit ihm übereinstimmt und was er statt dessen lieber machen würde. Und das gilt nicht nur für die Mitglieder eines Teams, sondern auch, und vielleicht ganz besonders, für eine Führungskraft. Denn jeder Mensch kann nur erfolgreich sein, kann nur dann eine überzeugende Ausstrahlung entwickeln und glaubwürdig sein, wenn er genau das tut, was mit seiner Persönlichkeit übereinstimmt.

12. Jede Anstrengung ist umsonst, jeder gewünschte Quantensprung wird misslingen, jede Vision wird unerreichbar bleiben, wenn etwas getan wird, was nicht mit dem wirklichen Wesen übereinstimmt. Denn Kreativität und Ideenreichtum können sich nur in der Authentizität so weit entwickeln, dass sie zum Wachstum führen.

Zudem: Wer das vermeintlich Erstrebenswerte begehrt, ohne darauf zu achten, ob es mit der eigenen Persönlichkeit übereinstimmt, macht sich lächerlich. Er wirkt einfach nicht glaubwürdig.

5. Lachender Narr

An Markttagen stand Mullah Nasrudin häufig auf der Gasse und machte sich zum Narren: So oft ihm Leute ein großes und ein kleines Geldstück anboten, nahm er jedes Mal das kleinere. Eines Tages sagte ein wohlmeinender Mann zu ihm: „Mullah, du solltest die größere Münze nehmen. Dann wirst du mehr Geld besitzen, und die Leute haben nicht länger Gelegenheit, sich über dich lustig zu machen."

„Das mag stimmen", sagte Nasrudin, „aber wenn ich stets die größere nehme, werden die Leute aufhören, mir Geld zu geben. Denn sie tun es ja nur, um zu beweisen, dass ich verrückter bin als sie. Und dann würde ich überhaupt kein Geld mehr haben."

DISKUSSION

13. Visionen zu verwirklichen, den Quantensprung zu wagen – das sind schöne Vorhaben. Und doch ist es manchmal wichtig, das Kleine zu beachten und zu nutzen, anstatt nur die noch in der Ferne liegende Vision im Auge zu haben. Denn dabei kann es passieren, dass das Kleine übersehen wird. Sicher, große Visionen sind fantastisch, begeisternd. Aber trotzdem sollte man auch die Situationen akzeptieren und sich ihnen anpassen, in denen für eine Zeit nur das Kleine möglich ist. Bescheidenheit und Fügsamkeit in die Gegebenheiten sind manchmal förderlicher für das Weiterkommen, als blind der Vision hinterherzujagen oder draufgängerisch genau dann den Quantensprung zu wagen, wenn Überlegung, vielleicht sogar Einhalt geboten wäre. Führen Sie also Ihr Team in kleinen Schritten zum Ziel, wenn ein großer Sprung Ihr Vorhaben zu sehr gefährden würde.

14. Manche Unternehmen wollen partout innerhalb eines bestimmten Zeitraums ihre Gewinne, ihre Aufträge, ihre Mitarbeiter verdoppeln – eben weil dies der Vision entspricht. Und dann wird ein Schlachtschiff geplant, es werden Unsummen dafür ausgegeben, und es wird gebaut und gebaut und gebaut ... Immer die Vision im Auge, aber ohne ihr einen Schritt näherzukommen. Ein Kreuzer hingegen hätte in dieser Zeit schnell und sicher schon längst das nächste Ziel auf dem Weg zur Vision erreicht.

Wie so oft im Leben kommt es auch hier auf die Dosierung an. Niemand sagt, dass ein Sack erst dann zugebunden werden darf, wenn er voll ist. Manchmal ist es besser, ihn nur halb zu füllen und mehrere Säcke nacheinander fortzutragen. Man muss wissen, wann genug ist. Auch eine Vision mag so beschaffen sein, dass mehrere kleine, überlegte Schritte schneller ans Ziel bringen als ein zu großer Schritt, der dann in den Abgrund führt.

15. Niemand muss das tun, was von ihm erwartet wird, nur weil es der Norm entspricht. Sicher, man wird dann schon das Risiko eingehen müssen, von den anderen für verrückt erklärt zu werden. Aber dieses Risiko ist bei weitem nicht so schlimm wie das, seine Vision nicht zu erreichen, nur weil man sich nicht außerhalb der Norm verhalten möchte. Ungewöhnliches wird oft nicht verstanden, es wird lächerlich gemacht oder abgewertet. Doch ungewöhnliche Ideen bringen weiter, sie sind fruchtbarer, als dem sicheren Gewohnten zu entsprechen. Wer nur daran denkt, was andere wohl dazu sagen werden, wird nicht weiterkommen. Jeder sollte das für ihn Richtige tun, um seiner Vision näher zu kommen – auch wenn es verrückt erscheint. Vorausgesetzt natürlich, dass er kein halsbrecherisches Wagnis eingeht, sondern vorher überlegt und die Umstände abwägt. Gestatten Sie deshalb auch Ihren Teammitgliedern, sich nicht der Norm entsprechend zu verhalten.

6. Der Zauberbaum

Einst war ein Mann auf Reisen und gelangte rein zufällig ins Paradies. Nun gibt es im Paradies Bäume, die aus Gedanken Wirklichkeit werden lassen. Du setzt dich einfach unter sie, wünschst dir zum Beispiel irgendetwas, und sofort wird dein Wunsch erfüllt – zwischen Wunsch und Erfüllung vergeht keine Zeit.

Der Mann war müde, und so schlief er unter dem Wunschbaum ein. Als er aufwachte, war er sehr hungrig, also sagte er: „Ich bin hungrig. Ich wünschte, ich könnte von irgendwoher etwas zu essen bekommen." Und sogleich tauchten Speisen aus dem Nichts auf – sie schwebten einfach durch die Luft heran, köstliche Speisen.

Er war so hungrig, dass er sich nicht erst lange fragte, wo das Essen herkam – wenn man hungrig ist, ist man nicht philosophisch. Er begann sofort zu essen, und das Essen war so köstlich ... Als sein Hunger gestillt war, schaute er sich um.

Er fühlte sich nun gesättigt. Da stieg ein anderer Gedanke in ihm auf: „Wenn ich nur irgendetwas zu trinken bekommen könnte ..." Und im Paradies gab es noch kein Alkoholverbot; sofort erschien köstlicher Wein.

Während er so in der kühlen Brise des Paradieses im Schatten des Zauberbaums in aller Ruhe seinen Wein trank, fing er endlich an, sich zu wundern. „Was geht hier vor? Was ist hier los? Träume ich oder gibt es hier Geister, die ihren Schabernack mit mir treiben?"

Und schon tauchten Geister auf. Und sie waren wild, grausig und ekelerregend. Da begann er zu zittern, und plötzlich kam ihm der Gedanke: „Ich bin sicher, dass ich nun getötet werde."

Und er wurde getötet.

DISKUSSION

16. Visionen setzen sich oft wie von selbst um. Natürlich nicht die vagen Visionen, die wir meist so ausdrücken: „Ach, wäre, hätte, könnte ich doch ..." Richtige Visionen, die die Kraft zur Umsetzung in sich tragen, sind konkret und lebendig. Sie sind ein Bild, das mit allen Sinnen empfunden wird. Je stärker unsere Gedanken und unser Fühlen mit der Vorstellung der Vision übereinstimmen, umso präziser und schneller wird sie sich umsetzen.

17. Das klare Bild der Vision muss unterstützt werden von unseren Gedanken. Sie sind ausschlaggebend für Gelingen oder Misslingen. Und wenn der Weg zur Vision begleitet wird von dem Gedanken, es ja doch nicht zu schaffen, dann wird es höchstwahrscheinlich tatsächlich nicht zu schaffen sein. Wer glaubt, ihm werde etwas geschehen, dem wird auch etwas geschehen. Gedanken an Versagen, an Hinderliches, Gefahren oder Verluste setzen Blockaden. Der Kopf ist nicht mehr frei für kreatives Denken. Und selbst wenn sich fantastische Möglichkeiten bieten, können sie nicht erkannt werden. Der Blick ist nur auf das Negative gerichtet – und das wird eintreffen. Ebenso setzt sich natürlich auch positives Denken in die Realität um. Und bergen nicht auch Fehler und Gefahren etwas Positives in sich? Sie können umgedeutet werden als Möglichkeit, etwas zu lernen, weiterzukommen, sich zu entwickeln. Wer einen Fehler gemacht hat, hatte eine der besten Chancen, Neues zu lernen und sich zu verändern. Und eine gefahrvolle Situation weckt den Ideenreichtum und schenkt neue Kraft, wenn sie überwunden wurde. Selbst wenn sie zum Stillstand zwingt, ist auch damit eine neue, weiterbringende Erfahrungen verbunden. Wenn Sie und Ihr Team die Kraft der positiven Gedanken nutzen, können Sie sich gestärkt und sicher fühlen und Vertrauen auch in Unbekanntes setzen.

18. Je präziser wir unsere Gedanken und Wünsche ausdrücken können, umso besser wissen die „Zauberbäume", was wir wirklich wollen. Woher sollten sie wissen, was Sie mit dem Wunsch, nie mehr arbeiten zu müssen, meinen? Schlimmstenfalls können sie ihn so interpretieren, dass Sie verunglücken und zeitlebens im Rollstuhl sitzen wollen.

Je konkreter Sie sagen, was Sie erreichen wollen, umso besser erkennen Sie auch die Schritte, die dafür notwendig sind. Viele Menschen wissen zwar, was sie nicht wollen, aber sie wissen nicht, was sie statt dessen wollen. Wenn Sie Ihrem Mitarbeiter sagen, dass Sie etwas so, wie er es gemacht hat, nicht wollen, dann sollten Sie ihm auch sagen können, was Sie sich wünschen. Sonst steht der arme Mensch nämlich mit drei Fragezeichen im Gesicht vor Ihnen, weil er nicht weiß, was er machen soll. Wir sind es gewohnt, klar zu sagen, wovon wir weg wollen, seltener können wir ebenso klar sagen, wo wir hin wollen. Jeder Gedanke an das, wovon wir weg wollen, hält uns aber daran fest, focussiert unser Denken auf das, was wir eigentlich nicht mehr wollen.

Die Geschichte von den Drachenflug-Schülern veranschaulicht das sehr deutlich. Deren Trainer machte sie immer wieder auf den einzigen Baum aufmerksam, der auf dem Landeplatz stand. Immer wieder sprach er von den Gefahren, wenn einer in der Nähe des Baums landen würde. Und er warnte bei jedem Start seine Schüler davor, in der Nähe des Baums zu landen. Damit hatte er das Denken der Schüler so auf den Baum fixiert, dass die Mehrzahl eben dort landete.

Wenn Sie also Ihrem Team wiederholt predigen, einen bestimmten Fehler nicht noch einmal zu wiederholen, können Sie fast sicher sein, dass beim nächsten Mal wieder das Gleiche geschieht. Denn das sorgsame Vermeiden eines Fehlers heißt, ständig an diesen Fehler zu denken, und nicht an das, was die bessere Alternative sein könnte.

7. Beladener Wanderer

In der persischen Mystik wird von einem Wanderer erzählt, der mühselig auf einer scheinbar endlos langen Straße entlangzog. Er war über und über mit Lasten behangen. Ein schwerer Sandsack hing an seinem Rücken, um seinen Körper war ein dicker Wasserschlauch geschlungen. In der rechten Hand schleppte er einen unförmigen Stein, in der linken einen Geröllbrocken. Um seinen Hals baumelte an einem ausgefransten Strick ein alter Mühlstein. Rostige Ketten, an denen er schwere Gewichte durch den staubigen Sand schleifte, wanden sich um seine Fußgelenke. Auf dem Kopf balancierte der Mann einen halbfaulen Kürbis. Bei jedem Schritt, den er machte, klirrten die Ketten. Ächzend und stöhnend bewegte er sich Schritt für Schritt vorwärts, beklagte sein hartes Schicksal und die Müdigkeit, die ihn quälte.

Auf seinem Wege begegnete ihm in der glühenden Mittagshitze ein Bauer. Der fragte ihn: „Oh, müder Wanderer, warum belastest du dich mit diesen Felsbrocken?" – „Zu dumm", antwortete der Wanderer, „aber ich habe sie bisher noch nicht bemerkt." Darauf warf er die Brocken weit weg und fühlte sich viel leichter. Wiederum kam ihm nach einer langen Wegstrecke ein Bauer entgegen, der sich erkundigte: „Sag, müder Wanderer, warum plagst du dich mit dem halbfaulen Kürbis auf dem Kopf und schleppst so schwere Eisengewichte an Ketten hinter dir her?" Es antwortete der Wanderer: „Ich bin sehr froh, dass du mich darauf aufmerksam machst. Ich habe nicht gewusst, was ich mir damit antue." Er schüttelte die Ketten ab und zerschmetterte den Kürbis im Straßengraben. Wieder fühlte er sich leichter. Doch je weiter er ging, umso mehr begann er wieder zu leiden. Ein Bauer, der vom Feld kam, betrachtete den Wanderer erstaunt. „Oh, guter Mann, du trägst Sand im Rucksack, doch was du da in weiter Ferne siehst, ist mehr Sand, als du jemals tragen könntest. Und wie groß ist dein Wasserschlauch – als wolltest du die Wüste Kawir durchwandern. Dabei fließt neben dir ein klarer Fluss, der deinen Weg noch weit begleiten wird!" – „Dank dir, Bauer, jetzt *merke ich, was ich mit mir herumgeschleppt habe."* Mit diesen Worten riss der Wanderer den Wasserschlauch auf, dessen brackiges Wasser auf dem Weg versickerte, und füllte mit dem Sand aus dem Rucksack ein Schlagloch. Sinnend stand er da und schaute in die untergehende Sonne. Die letzten Sonnenstrahlen schickten ihm die Erleuchtung: Er blickte an sich herab, sah den schweren Mühlstein an seinem Hals und merkte plötzlich, dass es der Stein war, der ihn noch so gebückt gehen ließ. Er band ihn los und warf ihn, so weit er konnte, in den Fluss hinab. Frei von seinen Lasten wanderte er durch die Abendkühle, um eine Herberge zu finden.*

DISKUSSION

19. Wir kommen schneller vorwärts, wenn wir bereitwillig Abschied nehmen von allem, was überflüssig, erschwerend und hinderlich ist – auch wenn es den bisherigen Gewohnheiten entspricht. Kreativität, neue Ideen, Visionen und Quantensprünge benötigen das Lösen von alten Dingen und gewohnten Denkweisen. Wer etwas verändern will, wird sich dabei zwangsläufig selbst verändern. Und dafür muss er Raum schaffen, muss in sich selbst aufräumen. In volle Krüge kann kein frisches Wasser gefüllt werden. Das heißt nun nicht, dass gleich alles, was gewohnt ist, über Bord geworfen werden muss. Einiges davon macht unsere Persönlichkeit aus, mag es von anderen vielleicht auch als „Schrulle" bezeichnet werden. Wenn es der Veränderung nicht im Wege steht und es Ihnen damit gut ergeht, behalten Sie es ruhig. Aber vieles andere ist uns im Laufe des bisherigen Lebens anerzogen worden, hat uns eine Rolle aufgedrängt, in der wir uns nicht wohl fühlen und die nichts mit unserem wahren Ich zu tun hat. Darum geht es, das sollte schleunigst weggeworfen werden. Solange Sie das mit sich herumtragen, ist kein Platz für Veränderung.

20. Was hindert uns nicht alles daran, weiterzukommen, den Quantensprung zu wagen. Schwere Lasten, fesselnde Ketten, Überflüssiges und sogar Faulendes: Die Gewohnheiten und alte, überholte Programme lassen uns den Weg, der vor uns liegt, als schwer und mühselig erscheinen. Dabei genügte es manchmal, die Vision aus einer anderen Richtung betrachten zu können, um zu erkennen, dass sie in greifbarer Nähe liegt. Wenn nicht überholte Denkstrukturen den Blick versperren würden! Und da ist es vielfach sehr hilfreich, auf das zu hören, was andere uns sagen. Und gerade in einem Team ist es sehr wichtig, dass sich die einzelnen Teammitglieder gegenseitig auf ihre „unnötigen Lasten" aufmerksam machen und dass Sie als Teamchef diesen Prozess steuern. Denn nicht immer sehen wir selbst, was wir verändern und wovon wir uns lösen könnten, um freier zu werden. So wie der Wanderer so lange den Wasserschlauch mit sich herumschleppt, bis ihm – dank der Hilfe eines anderen, eines „Teampartners" – bewusst wird, dass frisches Wasser seinen Weg begleitet. Die Veränderung an uns selbst ist wie die Arbeit eines Bildhauers: Er nimmt hier ein großes Stück Stein weg, meißelt dort eine feine Linie ... Und irgendwann wird aus einem unförmigen Stein eine ebenmäßige, in sich stimmige Skulptur.

21. Nun kann man sich natürlich langsam, Schritt für Schritt verändern, Ballast um Ballast abwerfen, um sich so Schritt für Schritt der Vision zu nähern. Aber – das ist fast schon Normalität. Denn wir verändern uns jeden Tag, wenn auch häufig unbewusst. Ein Quantensprung hingegen bedeutet mehr, als Schritt für Schritt vorzugehen. Es ist ein richtiger Sprung, heraus aus dem Bekannten und Vertrauten, hinein in unbekanntes Neuland. Wer diesen Sprung wagt, sollte vorher genauestens überprüfen, ob das, was er will, was ihm richtig und wichtig erscheint, ob das stimmig ist mit seiner Persönlichkeit.

8. Nussbäume der Zukunft

König Anoschirwan, den das Volk auch den Gerechten nannte, wandelte einst zur Zeit, als der Prophet Mohammed geboren wurde, durch sein Reich. Auf einem sonnenbeschienenen Hang sah er einen ehrwürdigen alten Mann mit gekrümmtem Rücken arbeiten. Gefolgt von seinem Hofstaat trat der König näher und sah, dass der Alte kleine, gerade ein Jahr alte Stecklinge pflanzte. „Was machst du da?", fragte der König. „Ich pflanze Nussbäume", antwortete der Greis. Der König wunderte sich: „Du bist schon so alt. Wozu pflanzt du dann Stecklinge, deren Laub du nicht sehen, in deren Schatten du nicht ruhen und deren Früchte du nicht essen wirst?" Der Alte schaute auf und sagte: „Die vor uns kamen, haben gepflanzt, und wir konnten ernten. Wir pflanzen nun, damit die, die nach uns kommen, ernten können."

DISKUSSION

22. Sich allein auf die Gegenwart zu konzentrieren ist kurzsichtig. Wir profitieren heute von dem Wachstum durch frühere „Quantensprünge" und sollten uns verpflichtet fühlen, mit unserem ganz persönlichen, wenn auch noch so kleinen Beitrag das Leben der Zukunft zu bereichern.

Auch wenn das Resultat unseres Handelns uns nicht immer unmittelbar zugute kommt, werden wir dennoch davon profitieren, manchmal allerdings nicht so, wie wir es erwarten, sondern auf einer völlig anderen Ebene.

Ein Mensch, der nichts tut, weil er glaubt, dass es ihm doch nichts nützt, wird nichts erreichen. Und ein Mensch, der nur das tut, von dem er hofft, dass andere nicht davon profitieren, erreicht ebenfalls nichts. Derjenige jedoch, der etwas tut, weil er Freude daran hat, auch wenn er den Nutzen noch nicht sieht, wird in jedem Fall belohnt werden. Denn ob es ihm nützt oder nicht – er gewinnt Erfahrung und Wissen.

23. Das Weiterkommen jedes Einzelnen hängt auch davon ab, wie sehr er bereit ist, andere in ihrer Entfaltung zu unterstützen, gemeinsam mit ihnen Ideen zu entwickeln, ihnen den Boden für ein berufliches Weiterkommen zu bereiten: eine wichtige Aufgabe für Sie als Teamleader.

In manchen Firmen ist es zwar immer noch so, dass jeder das, was er weiß und kann, am liebsten für sich behält. Das Ego ist mächtiger als der Sinn fürs Gemeinwohl. Und manche Führungskraft lebt in der Sorge, jemand anderes könnte an ihrem „Stuhl sägen", wenn der andere genauso viel weiß und kann. Führungskräfte dieser Art vergessen, dass es mehr als Wissen und Können ist, was die Führungskraft ausmacht. Aber wer weiß, vielleicht haben gerade diese Führungskräfte gar keine Befähigung für ihre Position? Und bedenken Sie auch: Der Erfolg jedes Einzelnen mehrt den Erfolg Ihres Teams und wird somit auch zu Ihrem Erfolg!

24. Einer Vision zu folgen beinhaltet auch, über sein eigenes aktives Wirken hinaus etwas schaffen zu wollen. Wo wären denn heute alteingesessene, große und wirtschaftlich stabile Unternehmen, wenn deren Begründer und auch ihre Mitarbeiter nicht an einer langfristigen Vision gearbeitet hätten? Wichtig ist nicht nur das heutige Ergebnis, sondern auch die weite Sicht. Die gibt genügend Spielraum für Entwicklung und Veränderung.

Denn stellen Sie sich vor, Sie wollten Ihre Vision unbedingt innerhalb des nächsten Vierteljahres umgesetzt haben. Das ist Stress! Der Weg zur Vision liegt vor Ihnen wie ein steiler Berghang, den Sie besteigen müssen, um den Gipfel zu erreichen. Und Sie wissen ja: Je steiler der Hang, umso größer die Gefahr, abzustürzen. Selbst wenn Sie mittelfristig denken und sagen, gut, es reicht mir, diese Vision in zwei Jahren umgesetzt zu haben, reduziert das die Steigung nicht so stark, dass Sie leichten Schrittes den Weg gehen können. Aber das Gleiche in vielleicht zehn Jahren zu verwirklichen, macht einen großen Unterschied. Denn je langfristiger Sie denken, umso leichter besteigen Sie den Berg.

9. Zwei Seiten des Teppichs

Zwei Freunde sprachen viele Abende lang miteinander über das Böse in der Welt. Eines Abends, als sie schon manche Antworten gefunden und doch immer wieder verworfen hatten, fiel durch eine Unachtsamkeit ein kleiner Teppich, der auf der Fensterbank lag, zur Erde. Der eine der beiden Freunde hob ihn auf und legte ihn wieder an seinen Ort; der andere aber sagte: „Du hast den Teppich versehentlich falsch hingelegt, die schöne Seite muss nach oben, die hässliche nach unten."

Nun schauten sie den Teppich genauer an. Er war handgeknüpft und hatte auf der Oberseite ein herrliches Muster in leuchtenden Farben, eine echte Kostbarkeit. Auf der Unterseite aber sahen sie nur Fäden und Knoten, abgeschnittenes Garn und ein ganz und gar durcheinandergebrachtes Farbenfeld, kurzum, wenn sie die wirre Unterseite anschauten, konnten sie sich kaum eine Vorstellung von der schön geordneten Oberseite machen.

Da wurden die beiden Freunde still und beendeten vorerst ihre Gespräche über das Böse in der Welt. Sie dachten nämlich: Vielleicht ist es mit unserem Leben wie mit diesem Teppich. Während wir Menschen noch ratlos vor den Verstrickungen des Lebens stehen, hat die Weisheit Allahs uns längst alle Herrlichkeit gewebt.

DISKUSSION

25. Das Leben ist eine Kostbarkeit, wenn man es von der richtigen Seite sieht. Wer nur auf die Verwirrungen und Verknotungen achtet, versperrt sich den Blick auf das Schöne, das vor ihm liegt. „Man sieht nur mit dem Herzen gut", wie schon „Der kleine Prinz" wusste – das gilt auch für ungewöhnliche Ideen, für angestrebte Visionen und für bevorstehende Quantensprünge. Wer mit Aufrichtigkeit, mit Begeisterung und aus innerer Überzeugung den Weg beschreitet, wird feststellen, dass sich nach und nach die Unordnung auflöst und der stimmige Weg sich immer klarer abzeichnet. Niemand sollte sich also davon abhalten lassen, seinen Weg zu gehen, auch wenn erst einmal nichts anderes als Verwirrungen und Verknotungen zu sehen sind. Wenn es die richtigen Ideen, die richtigen Visionen und die richtigen Ziele sind, ist das Resultat von ebensolcher „Schönheit" wie die Oberseite des Teppichs.

26. Jeder, der den Schritt ins Neue wagen will, wird vermutlich verwirrende Gefühle erleben und sich nur unklare Zukunftsbilder vorstellen können. Denn fast zwangsläufig steht vor jeder Veränderung erst einmal ein Chaos: Welcher Schritt ist der richtige, welcher Weg führt wohin, was wird mir auf dem Weg, den ich gehe, begegnen?

Chaos ist wie ein Schneesturm, der wie eine weiße, undurchsichtige Wand den Blick versperrt. Doch irgendwann hört der Schneefall auf, das chaotische Durcheinander der kleinen Flocken ist beendet, und ein dichter, weißer Teppich bedeckt den Boden. Aus dem Chaos ist eine neue Ordnung entstanden, die Sicht ist wieder frei geworden, es ist ruhig, und alles sieht anders aus als zuvor: Weiße Hauben bedecken vormals kahle Bäume, die dunkle Erde ist strahlend hell ...

Veränderungen jeglicher Art, sei es innerhalb einer Person, einer Gruppe oder einer Organisation, folgen einer bestimmten Form, bei der man sechs typische Phasen beobachten kann:

1. Die Konfrontation mit Bedingungen, die gar nicht, nicht in dieser Form oder nicht zu diesem Zeitpunkt erwartet werden, überraschen, führen womöglich sogar in eine Art Schockzustand. Als Erstes muss jetzt natürlich die Bewegungsfähigkeit wiederhergestellt werden, auf geistiger, emotionaler und mitunter auch auf körperlicher Ebene.

2. Nach dem Schock oder der Überraschung folgt die Phase der Verneinung: „Das kann doch nicht wahr sein ...", „Die haben sich vertan ...", „Die meinen gar nicht mich ...". Sie geht einher mit einer steigenden Wahrnehmung der eigenen Kompetenz. Alle Werte und Glaubenssätze, Einstellungen und Standpunkte sind in Aufruhr. Denn schließlich wissen Sie doch genau, wie die Dinge zu sein haben und was gut und richtig ist. Es ist eine schwierige Arbeit, bisherige Überzeugungen aufzugeben oder zu verändern. Aber sie ist notwendig, um den Schritt in die Phase 3 zu gehen.

3. Hier ist die rationale Einsicht in die Notwendigkeit der Veränderung bereits vorhanden. Doch problem- und vergangenheitsorientiertes Denken und die Suche nach möglichst schnellen Lösungen des Problems stehen noch im Vordergrund. Jedes auch noch so kleine Unbehagen, jedes „Ja, aber ..." ist ein Zeichen, dass es noch keinen Abschied vom Alten geben kann. Erst eine Erweiterung des festgefahrenen Denkens ermöglicht auch den emotionalen Zugang zum Problem.

4. Wenn dann im vierten Stadium die neu gegebene Realität zumindest emotional akzeptiert wird, sinkt die Beurteilung der eigenen Kompetenz auf einen absoluten Tiefpunkt. Um ihn zu überwinden, gibt es Übungen, die mit einem Perspektivenwechsel arbeiten, wie den „Meta-Spiegel" oder verschiedene Formen des Selbstcoachings. Ziel ist, die eigene Rolle, Einstellungen und Fähigkeiten neu zu definieren.

5. Ist das gelungen, geht es in die Phase des Ausprobierens der neuen Fähigkeiten und Verhaltensweisen. Das bringt Erfolge mit sich, aber auch Misserfolge. Und die können noch einmal Zweifel an der eigenen Kompetenz entstehen lassen. Doch Fehler sollten nicht entmutigen, sondern zur Erkenntnis des Entwicklungsstands genutzt werden. Hier hilft natürlich ein entwicklungsförderndes Feedback anderer Menschen erheblich weiter.

6. Die letzte Phase, die Phase der Erkenntnis und Integration, verdichtet die gewonnenen Informationen zu einem Verhalten, das immer genauer und zufriedenstellender an die neue Situation angepasst wird. Die Wahrnehmung der eigenen Kompetenz und Selbstwirksamkeit steigt über das Niveau des Zustands vor der Veränderung an, da dem bisherigen Denken, Verhalten und Fühlen neue Auswahlmöglichkeiten hinzugefügt wurden.

27. Jedes Ding, jedes Ereignis, jede Erfahrung hat zwei Seiten. Wichtig ist, wie diese Seiten interpretiert werden: als eine negative und eine positive Seite, eine hässliche und eine schöne Seite oder ganz einfach als zwei Seiten, die zwar unterschiedlich, aber gleich wichtig sind. Dass im Leben nicht immer alles glatt verläuft, wissen wir aus eigener Erfahrung. Aber Fehler und Missgeschicke, Dummheiten, Irrtümer und Fehlleistungen als negativ zu bewerten ist wirklich das Dümmste, was man tun kann. Bessere Lehrmeister werden Sie nicht finden. Denn sicherlich werden Sie nicht noch einmal dasselbe tun, wenn es sich als Irrtum herausgestellt hat und Sie dadurch in eine heikle Situation geraten sind.

Wenn einer Ihrer tüchtigsten Mitarbeiter nun einmal tatsächlich eine Fehlleistung erbracht hat, die dem Unternehmen einiges an Geld kosten wird, wie reagieren Sie? Sicher können Sie ihn mit bösen Anschuldigungen zur Rechenschaft ziehen, Sie können ihn versetzen oder ihm kündigen. Sie können aber auch sagen: „Okay, die Firma hat in diesen Mitarbeiter diese

Summe Geld investiert, damit er eine Erfahrung machen konnte." Wer so denkt, wird gemeinsam mit diesem Mitarbeiter überlegen, wie die gewonnene Erfahrung zum Wohle der Firma genutzt werden kann.

10. Kranker Hahn

Auf einem Hühnerhof erkrankte einmal der Hahn so schwer, dass man nicht damit rechnen konnte, dass er am nächsten Morgen krähen werde. Die Hennen machten sich daraufhin große Sorgen und fürchteten, die Sonne werde an diesem Morgen nicht aufgehen, wenn das Krähen ihres Herrn und Meisters sie nicht riefe. Die Hennen meinten nämlich, dass die Sonne nur aufgehe, weil der Hahn kräht. Der nächste Morgen heilte sie von ihrem Aberglauben. Zwar blieb der Hahn krank, zu heiser, um krähen zu können, doch die Sonne schien; nichts konnte ihren Gang beeinflussen.

DISKUSSION

28. Die Welt geht nicht unter, wenn etwas Unvorhergesehenes geschieht. Weil die Ereignisse A und B bisher immer mit dem Ereignis C in einen ursächlichen Zusammenhang gebracht wurden, erschreckt uns, wenn statt dessen auf einmal D eintritt. Was uns in Angst versetzt, wenn etwas nicht so läuft, wie erwartet, ist der Ablauf alter Programme, alter Gedankenmuster, auf die wir konditioniert sind und die uns vorgeben, was wir zu erwarten haben.

Dabei übersehen wir, dass das Denken und Handeln aller so weitläufig miteinander vernetzt ist, dass die wirkliche Ursache für ein Ereignis nicht immer auf den ersten Blick zu erkennen ist. Und manchmal ist das, was allgemein als Ursache angesehen wird, nicht notwendigerweise tatsächlich ursächlich für die Wirkung. Denn es gibt niemals nur eine Ursache, die dorthin führt, wo man hin will. Viele Wege führen nach Rom. Und jede Wirkung, jedes erwünschte Resultat, kann auf unterschiedlichen Wegen erreicht werden. Für ein Unternehmen mag das aber auch bedeuten: Jeder ist ersetzbar. Auch wenn der Nachfolger mit ungewohnten Methoden arbeitet, kann er die Wirkung erzielen, von der man bisher glaubte, sie sei nur aufgrund ganz besonderer Ursachen zu erzielen.

29. Es gibt Konstanten, die Sicherheit geben, einen Rahmen bieten, in dem sich das Leben und die Ereignisse bewegen. Und es verunsichert, wenn eine dieser Konstanten nicht mehr erkennbar ist – was nicht zwangsläufig heißt, dass sie fehlt. Vielleicht ist nur eine neue Variable ins Spiel des Lebens gekommen.

Starres Denken führt da nicht weiter, verhindert jede Kreativität, sobald es gefordert ist, mit neuen Mitteln die gleiche Wirkung zu erzielen. Wer nach dem Motto Christian Morgensterns Palmströh lebt: „Weil nicht sein kann, was nicht sein darf", fühlt seinen gewohnten Rahmen dadurch womöglich bedroht. Wer aber zur Entwicklung bereit ist, der erkennt, dass der Rahmen sich dadurch nur vergrößert. Und vielleicht ist gerade diese neue Variable ausschlaggebend für eine zündende Idee, für die Entwicklung einer neuen Vision oder der Auslöser für einen Quantensprung.

30. Wer sich von Herzen ein bestimmtes Resultat wünscht, sollte nicht aufgeben, nur weil er glaubt, nicht die richtigen Ursachen setzen zu können. Denn hätte es nicht Menschen gegeben, die jenseits des gewohnten Schemas denken konnten, die für Resultate arbeiteten, ohne deren Ursachen zu kennen, dann wären wir wohl noch heute auf dem Stand von anno dazumal. Ermutigen auch Sie Ihre Teammitglieder, die Wirkung „Realisieren der Vision", durch verschiedene Maßnahmen als Ursache zu erreichen.

Offen zu sein für neue Möglichkeiten und genau hinzuschauen, während für das Resultat gearbeitet wird, bietet die beste Chance, etwas Neues, bisher Unbekanntes zu entdecken, mit dem die ausschlaggebende Ursache gesetzt werden kann. Selbst wenn die gewünschte Wirkung nicht erzielt wird, ist das weder ein Fehler noch ein Unglück und schon gar kein Grund zum Aufgeben. Denn die unverhofft eingetretene Wirkung kann manchmal viel besser sein, zumindest aber neue Erkenntnisse bringen. Und selbst die Erkenntnis, dass es so nicht geht, ist besser, als sich an nichts heranzuwagen und stehenzubleiben.

11. Falke zu Taube

Nasrudin fand eines Tages einen königlichen Falken auf seinem Fenstersims hocken. Er hatte noch nie eine so komische „Taube" gesehen. Denn in seinem ganzen Leben hatte er keine anderen Vögel gesehen als Tauben. Und alles, was da flog, war für ihn selbstverständlich eine Taube. Im Vergleich dazu nimmt sich ein Falke doch tatsächlich recht sonderlich aus.

Nasrudin empfand es als seine Pflicht, diesem armen, verwahrlosten Vogel wieder zu dem Aussehen einer ordentlichen Taube zu verhelfen.

Nachdem er dem Falken also seinen aristokratischen Schnabel geradegeschnitten und seine Krallen gestutzt hatte, ließ er ihn mit den Worten frei: „Jetzt siehst du schon eher nach einem Vogel aus. Irgend jemand muss dich vernachlässigt haben."

DISKUSSION

31. Wir bemühen uns, Neues und Unbekanntes irgendwie in das Schema des Gewohnten einzuordnen. Denn wer weiß, was alles passieren kann, wenn dem Neuen zu viel Raum gegeben wird! Nun, eines passiert sicherlich: Viele Möglichkeiten können nicht genutzt, viele Chancen nicht erkannt werden. Denn sobald ihre Vorboten auftauchen, wird warnend der Zeigefinger gehoben und es wird versucht, sie sofort in das Bewährte zu integrieren oder, wenn das nicht geht, sie womöglich gänzlich zu ignorieren. So funktioniert Veränderung natürlich nicht. Wirkliche Veränderung ist dynamisch, ist Wachstum. Veränderung geht über den bisher gewohnten Rahmen hinaus, überlagert alte Denk- und Verhaltensmuster und manifestiert sich in neuen. Allerdings nur so lange, bis eine neue Veränderung ansteht. Veränderung ist ein ständiger Prozess und kann niemals abgeschlossen werden.

32. Sich selbst oder andere an das Denken und Handeln der Allgemeinheit anpassen zu wollen, grenzt Fähigkeiten, Qualitäten und Talente ein, lässt sie nicht leben. Das trifft zum Beispiel dann ein, wenn das Team um einen neuen Mitarbeiter erweitert wird, der mit seiner Kreativität frischen Wind in die Gemeinschaft bringen könnte. Wenn ihm von seiten der Kollegen und des Vorgesetzten nun bestimmte Verhaltensregeln vorgegeben werden, die er bitteschön einzuhalten habe, um in eben diese Gemeinschaft aufgenommen zu werden, kann das schon nach kurzer Zeit die Entfaltung seiner Fähigkeiten behindern. Zu glauben, dass alles und jeder so sein muss, wie es dem eigenen Denken entspricht, ist eine falsche Erwartung und verhindert das Erkennen der Vorteile des Ungewöhnlichen. Das gleiche kann natürlich auch geschehen, wenn der oder die Neue aus sich selbst heraus um Anpassung bemüht ist. Das ist bis zu einem bestimmten Grad für den Umgang miteinander sinnvoll. Sich aber selbst zurechtzustutzen, um wie die anderen zu sein, verhindert die Authentizität und damit natürlich die Entfaltung der eigenen Talente und Fähigkeiten.

33. Fähige Führungskräfte sehen sich selbst als Pioniere. Zu ihrer Vision gehört das Entdecken und Bearbeiten von Neuland. Und sie wissen, dafür brauchen sie die Unterstützung kreativ und innovativ denkender Mitarbeiter, um gemeinsam mit ihnen den Weg zu bereiten. Solche Führungskräfte kämen nicht auf den Gedanken, den einzigen Falken unter den Tauben zurechtzustutzen. Sie würden seine Fähigkeiten schätzen und fördern und ihm einen Platz entsprechend seines Könnens zuweisen. Ihnen nützen keine angepassten, in starren Mustern denkende Mitarbeiter. Sie wissen um die Kraft eines begeisterten und zu begeisternden Teams. Und sie wissen, dass zurecht- gestutzte Mitarbeiter vielleicht einfach zu führen, aber nicht mehr begeisterungsfähig sind.

- Der Stern des Iltis
- Sich verwandeln lassen
- Drei Samen
- Der Spatz als Pfau
- Lachender Narr
- Der Zauberbaum
- Beladener Wanderer
- Nussbäume der Zukunft
- Zwei Seiten des Teppichs
- Kranker Hahn
- Falke zu Taube

Welche drei Gedanken sind für Sie die wichtigsten?

1. _____

2. _____

3. _____

Und was wollen Sie dafür tun?

1. _____

2. _____

3. _____

2

Prioritäten
Entscheidungen
Ziele
Möglichkeiten
Wege
Strategien

1. Die Klostertür
2. Zu spät
3. Bettler und König
4. Pferdefutter
5. Der Mantel der Derwische
6. Später
7. Wenn Allah will
8. Das Ende des Brotes
9. Keine Bären
10. Gefunden und verirrt
11. Dreifach genäht hält besser

1. Die Klostertür

Ein junger Mann war zu Gast in einem Kloster. Bis spät in die Nacht hatte er mit einem der Mönche über sein weiteres Leben gesprochen und bei ihm Hilfe und Orientierung gesucht. Nach Beendigung des Gesprächs traten die beiden auf den langen, dunklen Flur, an dem die Türen zu den Zellen der Mönche lagen. Der Mönch zeigte mit seiner rechten Hand in Richtung des Flurs und bemerkte dabei: „Dein Leben ist ebenso wie dieser lange Flur mit den vielen Türen. Nur an einer Tür kannst du stehenbleiben und eintreten. Überlege dir wohl, mein junger Freund, welche Tür du wählst."

DISKUSSION

34. Führungskräfte stehen häufig vor der Aufgabe, die richtige Tür zu wählen – unter Berücksichtigung des Wohlergehens aller Beteiligter. Da mag es manchmal nützlich sein, gemeinsam mit anderen den richtigen Weg besser erkennen zu können. Hilfreich für die gemeinsame Entscheidungsfindung kann auf jeden Fall eine Entscheidungsmatrix in vier Schritten sein, besonders dann, wenn nicht gerade eine Unmenge an Alternativen gegeben ist.

1. Schritt: Die Bewertungskriterien werden aufgestellt.

2. Schritt: Durch „Auspunkten" werden die Kriterien bewertet und gewichtet.

3. Schritt: Die gefundenen Bewertungskriterien werden aufgegliedert.

4. Schritt: Die Kriterien werden auf die verschiedenen Lösungsalternativen angewandt; die Matrix wird erstellt.

Im konkreten Fall könnte das so verlaufen:

Das Team soll um einen neuen Mitarbeiter vergrößert werden, drei Bewerbungen liegen vor. Gemeinsam werden im ersten Schritt die Bewertungskriterien aufgelistet:

- Image des derzeitigen Arbeitgebers,
- Weiterbildung,
- Alter,
- Ähnlichkeit seiner jetzigen mit der neuen Aufgabe,
- Entfernung zum Wohnort.

Im zweiten Schritt bewerten Sie die Kriterien durch Auspunkten. Die Führungskraft und das Team von fünf Mitarbeitern haben sich auf die Auswahl von drei Kriterien geeinigt:

1. Ähnlichkeit seiner jetzigen mit der neuen Aufgabe halten sechs für maßgeblich (= sechs Punkte),
2. Weiterbildung ist wichtig für fünf (= fünf Punkte),
3. Image des derzeitigen Arbeitgebers: drei stimmen dafür (= drei Punkte),
4. Entfernung zum Wohnort ist wichtig für zwei (= zwei Punkte),
5. Alter = interessiert keinen (keine Punkte).

Die Untergliederung ist der dritte Schritt:

1. Ähnlichkeit seiner jetzigen mit der neuen Aufgabe:
   50 Prozent = 1
   75 Prozent = 2
   100 Prozent = 3

2. Weiterbildung:
   im Rahmen einer Abteilungsschulung = 1
   von der Firma ausgewählt = 2
   aus privatem Interesse = 3

3. Image des derzeitigen Arbeitgebers:
   Man spricht von Konkurs = 1
   Stabiles, konservatives Unternehmen = 2
   Innovatives Unternehmen = 3

Und so sieht die Matrix aus:

Kriterien mit Gewichtungszahl	Multiplikator durch differenzierte Bewertung	Bewerbung 1	Bewerbung 2	Bewerbung 3
Ähnlichkeit	1	6		
6	2		12	
	3	6		
Weiterbildung	1			5
5	2		10	
	3	15		
Image	1		3	
3	2	6		
	3			9
		33	25	14

Aus der Addition der abgegebenen Punkte, berechnet aus der Multiplikation der abgegebenen Stimmen für jedes Kriterium mit der Untergliederungszahl, hat die Bewerbung 1 die höchste Punktezahl erreicht.

Das ist natürlich nur ein simples Beispiel. Die Matrix ist abhängig von Ihren Kriterien und deren Gewichtung. Eines aber bewirkt die Matrix deutlich: Sie müssen sich über Ihre subjektiven Einschätzungen bewusst werden.

35. Durch welche „Tür des Lebens" man geht, obliegt der eigenen Entscheidung, ob im privaten oder beruflichen Bereich. Auch wenn die Entscheidungsfindung mit Hilfe anderer oder einer Entscheidungsmatrix zustande kam, die Verantwortung dafür kann niemand anderem übertragen werden. Für jede Entscheidung, für das daraus resultierende Handeln und für die Ergebnisse muss jeder selbst die Verantwortung übernehmen. Im Nachhinein kann keinem die Schuld zugewiesen werden, wenn sich die Entscheidung als nicht richtig herausgestellt hat. Jeder sollte sich darüber klar sein, dass er allein die Verantwortung für sein Handeln übernehmen muss. Darum bedarf es vorher einer sorgsamen Überlegung, welche Ziele erreicht werden sollen und wo die Prioritäten gesetzt werden.

36. Meist bieten sich verschiedene Wege, um ein Ziel zu erreichen. Doch gleichzeitig mehrere Räume zu betreten, ist auch im übertragenen Sinne nicht möglich. Sollte aber nach einer Entscheidung erkannt werden, dass sie nicht ganz stimmig ist, dass der eingeschlagene Weg doch nicht richtig ist, die falschen Strategien angewandt oder sogar die falschen Prioritäten gesetzt wurden, dann wäre es sinnlos, trotz aller Hindernisse weiterzumachen.

Manche lassen sich jetzt zu einem wirklichen Fehler verleiten: Sie rechtfertigen sich, weisen anderen oder den Umständen die Schuld zu. Und mit den berühmt-berüchtigten Worten wie „hätte, könnte, wäre, wenn und aber ..." soll darüber hinweggetäuscht werden, dass etwas nicht so funktioniert, wie man es sich gedacht hat.

Auch für eine Fehlentscheidung muss die Verantwortung übernommen werden. Niemandem schadet es, erst recht nicht in einem guten Team, wenn eingestanden wird, dass die Entscheidung nicht zum erwünschten Ziel führt, und dies gilt für alle Mitglieder eines Teams. Vielleicht bedarf es nur einer kleinen Korrektur, vielleicht ist eine Umkehr nötig. Auf jeden Fall ist es besser, den Schaden zu begrenzen, als starrköpfig weiterzumachen und erhebliche Einbußen in Kauf zu nehmen.

2. Zu spät

Ein Kaufmann hatte 150 Kamele, die seine Stoffe trugen, und 40 Knechte und Diener, die ihm gehorchten. Eines Abends lud er einen Freund zu sich ein. Die ganze Nacht fand er keine Ruhe und sprach fortwährend über seine Sorgen, Nöte und die Hektik seines Berufes. Er erzählte von seinem Reichtum in Turkestan, sprach von seinen Gütern in Indien, zeigte die Grundbriefe seiner Ländereien und seine Juwelen. „O, Saadi", seufzte der Kaufmann. „Ich habe nur noch eine Reise vor. Nach dieser Reise will ich mich endlich zu meiner wohlverdienten Ruhe setzen, die ich so ersehne wie nichts auf der Welt. Ich will persischen Schwefel nach China bringen, da ich gehört habe, dass er dort sehr wertvoll sei. Von dort will ich chinesische Vasen nach Rom bringen. Mein Schiff trägt dann römische Stoffe nach Indien, von wo ich Stahl nach Halab bringen will. Von dort will ich Spiegel und Glaswaren in den Jemen exportieren und von dort Samt nach Persien einführen." Mit einem träumerischen Gesichtsausdruck verkündete er dem ungläubig lauschenden Saadi: „Und danach gehört mein Leben der Ruhe, Besinnung und Meditation, dem höchsten Ziel meiner Gedanken."

DISKUSSION

37. Es gibt immer mehrere Wege und Möglichkeiten, ein Ziel zu erreichen. Und es gibt immer mehrere Ziele, die man im Laufe der Zeit erreichen möchte. Aber es ist fast unmöglich, zwei unterschiedliche Ziele gleichzeitig zu erreichen. Ein Leben nur in Besinnung und Meditation führen zu wollen und parallel dazu ein profitables Unternehmen aufzubauen oder eine rasante Karriere zu machen, ist widersprüchlich und würde nur innere Zerrissenheit zur Folge haben.

Wichtig ist, Prioritäten zu setzen. Wer genau weiß, welches Ziel ihm das wichtigste ist, welchem Ziel er mit Kopf und Herz hundertprozentig zustimmen kann, findet leicht Wege und Strategien, die ans Ziel führen.

38. Jeder sollte früh genug herausfinden, was sein „höchstes Ziel" ist, und damit beginnen, diesem Ziel zu dienen. Wer glaubt, er habe alle Zeit der Welt, um sich irgendwann einmal für etwas zu entscheiden, wird sich möglicherweise am Ende seines Lebens immer noch nicht entschieden haben.

Das Ziel sollte bei jedem Plan und bei jedem Tun bedacht werden. Alle Dinge, die nur getan werden, um Reichtum zu verdienen, einem Image zu entsprechen, sind nichtig, wenn sie nicht zu den wirklichen Zielen führen.

Tatsächlich können aber auch Dinge Priorität haben, die offensichtlich nichts mit dem Ziel zu tun haben, aber dennoch das Ziel erst möglich machen: Wer das Ziel hat, sich ein großes Haus auf einem herrlichen Grundstück zu kaufen, muss sich erst einmal die Voraussetzungen dafür schaffen, in diesem Fall zum Beispiel die finanziellen Möglichkeiten.

39. Worauf soll man eigentlich warten, wenn die Prioritäten gesetzt sind, wenn man weiß, welches Ziel das vordringlichste ist und wenn alle Voraussetzungen fürs Handeln da sind?

In manchen Unternehmen gibt es allerdings keine klar definierten Ziele. Welches aber das vorrangigste ist und wie man am besten dort hinkommen könne, wird in einem Meeting nach dem anderen ebenso endlos wie fruchtlos diskutiert. Möglichkeiten werden erwogen, Strategien verworfen, anstehende Entscheidungen verschoben. Statt den ersten Schritt zu tun, wird die nächste Sitzung anberaumt. Und irgendwann wundert man sich, dass andere schneller waren ...

3. Bettler oder König

Es war ein sonniger Morgen, ein kühler Wind wehte, als der König am Flussufer entlangkam und dort einen Bettler erblickte, der nackt ein Sonnenbad nahm. Es war ein ansehnlicher Mann – wo eine schöne Seele ist, wird eine Schönheit geboren, die nicht von dieser Welt ist ...

Der König konnte die Anmut dieses Mannes nicht fassen. In tiefer Ehrfurcht sagte er: „Herr ..." Noch nie in seinem Leben hatte er jemanden als „Herr" angesprochen. Er sagte: „Herr, ich bin sehr beeindruckt von dir, und ich möchte gerne etwas für dich tun. Womit könnte ich dir dienen?"

Der Bettler erwiderte: „Wenn du nur ein wenig mehr zur Seite treten könntest, du stehst nämlich in der Sonne – das ist alles. Ansonsten brauche ich nichts."

Da sagte der König: „Wenn ich noch einmal auf die Welt kommen darf, werde ich Gott bitten, mich als Bettler zu erschaffen statt noch einmal als König."

Der Bettler lachte und sagte: „Wer hindert dich denn im Augenblick daran? Wohin willst du? Seit Monaten sehe ich Armeen vorbeiziehen ... Wohin willst du? Und wozu?"

Und der König antwortete: „Ich ziehe nach Indien, um die ganze Welt zu erobern."

„Und was wirst du danach tun?", fragte der Bettler.

Der König sagte: „Dann werde ich mich ausruhen."

Da lachte der Bettler wieder und sagte: „Du bist verrückt! Ich ruhe mich jetzt aus. Ich habe nicht die Welt erobert, ich sehe nicht ein, wozu. Wenn du am Ende doch nur ruhen und dich entspannen willst, warum nicht jetzt? Wer hat von dir verlangt, dass du, bevor du ruhst, die ganze Welt erobern musst? Und ich sage dir, wenn du nicht jetzt ruhst, wirst du nie ruhen. Und du wirst auch nie in der Lage sein, die Welt zu erobern, du wirst mitten auf der Reise sterben. Jeder stirbt mitten auf der Reise."

Der König bedankte sich und sagte, er werde sich das merken, aber im Augenblick könne er nicht aufhören. Der König machte sich darauf wieder auf den Weg. Und er starb mitten auf der Reise. Er kam nie mehr nach Hause zurück; er starb unterwegs.

Und über die Jahrhunderte hat sich eine seltsame Geschichte erhalten, dass nämlich der König am gleichen Tage starb wie der Bettler. Und so trafen sie sich auf dem Weg ins Paradies, als beide gerade den Fluss überquerten. Der König war ein paar Schritte voraus. Als er jemanden hinter sich hörte, drehte er sich um und sah, es war der Bettler, eben jener schöne Mann. Überrascht und beschämt sagte der König: „So treffen wir uns also wieder, der König und der Bettler."

„Das ist wahr", antwortete dieser, „aber du weißt immer noch nicht, wer hier der Bettler ist und wer der König. Da ich mein Leben wirklich gelebt und es genossen habe, kann ich dem Höchsten in die Augen blicken. Du wirst ihm nicht in die Augen sehen können, denn wie ich sehe, kannst du nicht einmal mir entgegentreten. Du kannst mir nicht in die Augen blicken – dein ganzes Lebens war umsonst."

DISKUSSION

40. Es gibt viele Strategien, die zum Ziel führen. Aber unter den gegebenen Umständen, den äußeren und den inneren, gibt es meistens nur eine Strategie, die genau passt. Ein großes Unternehmen mit Entwicklungsabteilung, Werbeabteilung, Vertrieb etc. kann sicherlich ganz andere Strategien anwenden als ein kleines, aufstrebendes Unternehmen, das sich nicht für jeden Bereich einen Fachmann leisten kann. Aber jedes Unternehmen, ob groß oder klein, hat sein eigenes „Talent", zusammengesetzt aus den Begabungen aller Mitarbeiter. Wichtig ist, die Fähigkeiten dieses Firmentalents in die Möglichkeiten des Markts einzupassen und die entsprechenden, aber bestmöglichen Erfolgschancen zu erkennen. Auch für Teams gilt, dass sie entsprechend ihrem „Teamtalent" mit der richtigen Strategie zum Ziel geführt werden müssen.

41. Es gibt immer vermeintlich wichtigere Dinge: Macht, Anerkennung, Reichtum … Dadurch lässt man sich oft genug ablenken von dem richtigen Ziel. Begeisterung und das richtige Motivationsumfeld können aber nur entstehen, wenn man sich auf das konzentriert, was wirklich wichtig und richtig ist: ein Ziel, das mit den Fähigkeiten des Einzelnen und dem Talent der Gesamtheit beziehungsweise des Teams übereinstimmt.

42. „Jeder stirbt mitten auf der Reise" – und es ist betrüblich, am Ende dieser Reise feststellen zu müssen, dass noch nicht einmal der erste Schritt zum eigentlich Wichtigen getan wurde. Wahrscheinlich gibt es immer noch ein Ziel, das in diesem Moment nicht erreicht worden ist. Aber niemand sollte die Reise abbrechen mit dem bloßen Traum von dem, was er eigentlich machen wollte und niemals beginnen konnte. Denn jeder hat die Möglichkeit, sich für das zu entscheiden, was ihm vorrangig erscheint. Jeder kann zumindest den ersten Schritt dahin tun. Die Entscheidung steht jedem frei, und keinem kann die Verantwortung übertragen oder die Schuld zugewiesen werden, wenn man einen Weg gegangen ist, der nicht stimmig ist. Das schönste Ende der Reise – ob es früh oder spät eintrifft – ist dann gegeben, wenn man sagen kann: „Ich stehe zu dem, was ich getan habe."

4. Pferdefutter

Der Mullah, ein Prediger, kam in einen Saal, um zu sprechen. Der Saal war leer, bis auf einen jungen Stallmeister, der in der ersten Reihe saß. Der Mullah überlegte sich: „Soll ich sprechen oder es lieber bleiben lassen?" Schließlich fragte er den Stallmeister: „Es ist niemand außer dir da, soll ich deiner Meinung nach sprechen oder nicht?" Der Stallmeister antwortete: „Herr, ich bin ein einfacher Mann, davon verstehe ich nichts. Aber wenn ich in einen Stall komme und sehe, dass alle Pferde weggelaufen sind und nur ein einziges dageblieben ist, werde ich es trotzdem füttern." Der Mullah nahm sich das zu Herzen und begann seine Predigt. Er sprach über zwei Stunden lang. Danach fühlte er sich erleichtert und glücklich und wollte durch den Zuhörer bestätigt wissen, wie gut seine Rede war. Er fragte: „Wie hat dir meine Predigt gefallen?" Der Stallmeister antwortete: „Ich habe bereits gesagt, dass ich ein einfacher Mann bin und von so etwas nicht viel verstehe. Aber wenn ich in einen Stall komme und sehe, dass alle Pferde außer einem weggelaufen sind, werde ich es trotzdem füttern. Ich würde ihm aber nicht das ganze Futter geben, das für alle Pferde gedacht ist."

DISKUSSION

43. Prioritäten setzen heißt auch, auf dem Weg zum Ziel sein Pulver nicht zu verschießen. Warum gleich den ganzen Baum fällen, wenn es reichen würde, die Äste zu beschneiden, um ungehindert weitergehen zu können? Wenn zehn Prozent Energie reichen, um ans Ziel zu kommen, dann bleiben noch 90 Prozent für die anderen Ziele.

Der Kraftaufwand sollte den Umständen entsprechen. Wer die richtigen, der Situation angepassten Entscheidungen trifft, kann seine Ressourcen richtig nutzen und mit seiner Energie wirtschaftlich umgehen.

44. Man sollte jedem nur so viel „Futter" geben, dass er sich nicht verschluckt, aber genügend, damit er nicht hungert. Denn in beiden Fällen ist er nicht mehr fähig, den gemeinsamen Weg zu gehen. Jedes Projekt, jede Aufgabe muss so filetiert werden, dass sie in essbaren Happen gereicht werden können. Bekommt jemand zu wenig zu essen, hat er entsprechend Hunger und betreibt entweder unnütze Sachen, spielt auf falschen Plätzen, gönnt sich lange Pausen oder hat schon mittags Feierabend. Ist der Happen zu groß, bleibt er im Halse stecken, man verschluckt sich. Die Talente und die Ressourcen eines jeden müssen individuell mit „Futter" versorgt werden. Und: Die Unterteilung einer Gesamtaufgabe in einzelne Happen, die dem jeweiligen Appetit gerecht werden, ist ein Garant für das Erreichen der Ziele.

45. Jedes auch noch so kleine Ziel beinhaltet eine Vielzahl von Teilbereichen, die nacheinander bearbeitet werden müssen, um überhaupt zum Ziel gelangen zu können. Nun kann man natürlich seine Handlungen breit streuen, mal diesen, mal jenen Teilbereich bearbeiten.

Es scheint eine stattliche Anzahl von gleichwertigen Alternativen, von möglichen Wegen und Strategien zu geben. Um seine Ressourcen sinnvoll und kraftsparend einzusetzen, muss das Wesentliche herausgearbeitet werden. Ein Ziel setzt nur den Rahmen.

Wer ein Ziel erreichen will, muss sich über den wesentlichen Inhalt dieses Ziels klar werden. Darauf kann er die Prioritäten ausrichten, daraus kann er Entscheidungen ableiten, Wege finden und Strategien entwickeln. Und das, ohne Energie zu vergeuden.

5. Der Mantel der Derwische

Ein Derwisch, dessen Freude die Entsagung und dessen Hoffnung das Paradies war, traf einst einen Fürsten, dessen Reichtum alles übertraf, was der Derwisch je gesehen hatte. Das Zelt des Adligen, der außerhalb der Stadt zur Erholung lagerte, war aus kostbaren Stoffen, und selbst die Zeltnägel, die es hielten, waren aus purem Gold. Der Derwisch, der es gewohnt war, Askese zu predigen, überfiel den Fürsten mit einem Wortschwall, wie nichtig doch der irdische Reichtum, wie eitel die goldenen Zeltnägel, wie vergeblich das menschliche Mühen seien. Wie ewig und herrlich seien dagegen die heiligen Stätten. Entsagung bedeute das größte Glück.

Ernst und nachdenklich hörte der Fürst zu. Er ergriff die Hand des Derwisch und sprach: „Deine Worte sind für mich wie die Glut der Mittagssonne und die Klarheit des Abendwindes. Freund, komm mit mir, begleite mich auf dem Weg zu den heiligen Stätten." Ohne rückwärts zu schauen, ohne Geld, ein Reitpferd oder einen Diener mitzunehmen, begab sich der Fürst auf den Weg.

Erstaunt eilte der Derwisch hinterher: „Herr! Sag mir doch, ist es dein Ernst, dass du zu den heiligen Stätten pilgerst? Wenn es so ist, warte auf mich, dass ich schnell meinen Pilgermantel hole."

Gütig lächelnd antwortete der Fürst: „Ich habe meinen Reichtum, meine Pferde, mein Gold, mein Zelt, meine Diener und alles, was ich hatte, zurückgelassen. Musst du dann wegen eines Mantels den Weg zurückgehen?"

„Herr", staunte der Derwisch, „erkläre mir bitte, wie konntest du alle deine Schätze zurücklassen und selbst auf deinen Fürstenmantel verzichten?"

Der Fürst sprach langsam, aber mit sicherer Stimme: „Wir haben die goldenen Zeltnägel in den Erdboden geschlagen, nicht aber in unser Herz."

DISKUSSION

46. Die richtige Zeit, um die richtige Entscheidung zu treffen, ist immer dann, wenn sich genau das anbietet, was dem Ziel nützt. Dann heißt es aber auch, konsequent zu sein und dem richtige Tun Vorrang vor allem anderen zu geben. Wer jetzt glaubt, er müsse erst noch bestimmte Bedingungen schaffen, um effektiv handeln zu können, hat die Gelegenheit verpasst. Ein wirklicher Pilger braucht keinen Pilgermantel, um an die Stätte seiner Verehrung zu kommen.

47. Ins Herz „geschlagen" sind nur die Dinge, die wirklich Priorität haben, die mit unseren Werten übereinstimmen. Alles andere ist nur der Rahmen. Und manchmal werden uns diese Dinge erst dann bewusst, wenn ein anderer uns darauf hinweist. Jetzt zu zaudern und aus Angst davor, etwas zu verlieren, innerhalb der Grenzen des Vertrauten zu verharren, ist das Verkehrteste überhaupt, wenn das Ziel mit dem Herzen übereinstimmt. Leider gewinnt an diesem Punkt allzu oft der Kopf die Oberhand: „Der Reichtum, der Luxus, die Sicherheit – das kann doch nicht aufgegeben werden. Da muss doch erst einmal nachgedacht werden!" Und das Herz muss wieder einmal verzichten.

48. Äußerlichkeiten geben keinerlei Aufschluss über die Prioritäten eines Menschen. Kein Mensch braucht ein äußeres Merkmal, um seinen Weg gehen zu können oder auf seine Prioritäten und Ziele hinzuweisen. Und gerade Sie als Teamchef sollten nicht versuchen, sich von den anderen Teammitgliedern durch Statussymbole zu unterscheiden. Wer glaubt, Erfolg und Karriere beginnen erst mit der schicken Wohnung und der Luxuslimousine, der irrt gewaltig. Erfolg und Karriere beginnen im Herzen und im Bauch, da, wo die innere Stimme und das Gefühl wohnen.

6. Später

Es lebte ein Mann, der war ein sehr tätiger Mann und konnte es nicht übers Herz bringen, eine Minute seines wichtigen Lebens ungenutzt zu lassen.

Wenn er in der Stadt war, so plante er, ans Meer zu reisen. War er dort, so beschloss er einen Ausflug in das beschauliche Dorf, wo man die berühmte Aussicht hat. War er dann dort, so fragte er jeden, wie er am schnellsten wieder zurück käme. Wenn er im Gasthof einen Hammelbraten verzehrte, überlegte er während des Essens, was er als nächstes verspeisen könne. Und während er den schweren Wein hastig hinuntergoss, dachte er, dass bei dieser Hitze ein Krug Wasser wohl besser gewesen wäre.

So hatte er niemals etwas getan, sondern immer nur ein Nächstes vorbereitet. Und als er auf dem Sterbebett lag, wunderte er sich sehr, wie leer und wie zwecklos doch eigentlich dieses Leben gewesen sei.

DISKUSSION

49. Die Dinge, die wir gerade erleben, sollten immer Priorität haben – auch dann, wenn es etwas ist, was wir uns gerade nicht wünschen, sofern es sich derzeit nicht ändern lässt. Denn nur diese Präsenz ermöglicht es, Neues zu erfahren und vielleicht auch zu erkennen, was man anders machen möchte.

Das Leben bietet immer mehrere Möglichkeiten. Und mancher erkannte erst dann seine wichtigste Priorität, als er vom Weg abgekommen war.

Allerdings: Wer keine Ziele hat und keine Prioritäten setzt, wird tatsächlich nur von dem einen Punkt zum anderen hasten. Nichts kann er wirklich genießen, weil nichts mit ihm übereinstimmt und er ständig auf der Suche ist. Wer klare Ziele und Prioritäten hat, der weiß, was er tun will. Sorgen Sie deshalb auch durch klare Zielvorgaben immer dafür, dass Ihr Team die Aufgabe, die es momentan zu erfüllen hat, mit äußerster Konsequenz und Präsenz durchführen kann.

50. Es mag eine Strategie sein, für eine bestimmte Zeit Verschiedenes auszuprobieren, um etwas Neues kennen zu lernen und zu erfahren. Auch dafür braucht es Präsenz, um das, was man dabei erlebt, genießen und voll auskosten zu können.

Wer eine unter verschiedenen Möglichkeiten gewählt hat, sollte jedoch nicht klagen, wenn sie seinen Erwartungen widerspricht. Er sollte seine Ziele hinterfragen und noch einmal neu wählen. Unter Umständen muss er einen ganz anderen Weg einschlagen, um das Gewählte zu verändern.

51. Wie sollte ein Mensch wissen, wo er in zwanzig, in zehn Jahren oder bereits nach einem Jahr sein möchte? Schon auf dem Weg zu dem nächsten gewählten Ziel wird so viel geschehen, werden so viele Erfahrungen gewonnen, dass sich daraus neue Ziele ableiten. Und jedes erreichte Ziel kreiert seinerseits wiederum neue Ziele. Vermutlich wird sich niemand zur Ruhe setzen, wenn er sein derzeitiges Ziel erreicht hat. Nein, aus dem erreichten Ziel wird sich ein neues entwickeln.

So gesehen sind Ziele immer nur Zwischenziele. Sie beschreiben den Weg zu immer wieder neuen Zielen, an die wir wahrscheinlich heute noch gar nicht denken.

7. Wenn Allah will

Nasrudin hatte Geld gespart, um sich ein neues Hemd zu kaufen. Voller Freude suchte er einen Schneider auf. Der Schneider nahm Maß und sagte: „Komm in einer Woche wieder und – wenn Allah will – wird dein Hemd fertig sein." Der Mullah fasste sich eine Woche lang in Geduld und ging wieder in den Laden. „Es hat eine Verzögerung gegeben. Aber – wenn Allah will – wird dein Hemd morgen fertig sein." Am nächsten Tag kam Nasrudin wieder. „Es tut mir leid", sagte der Schneider, „aber es ist noch nicht fertig. Frage morgen noch einmal nach, und – wenn Allah will – wird es fertig sein." Gereizt fragte Nasrudin: „Und wie lange wird es dauern, wenn du Allah aus dem Spiel lässt?"

DISKUSSION

52. Inhaltliche Prioritäten zu setzen, das reicht nicht. Ebenso wichtig sind zeitliche Prioritäten. Das Ziel des Unternehmens ist es, der Marktführer zu werden. Aber wann? In drei Jahren, in zehn oder in 50 Jahren? Zeitliche Prioritäten sind wichtig, um die richtigen Schritte planen und die entsprechenden Voraussetzungen schaffen zu können. Denn sonst könnte es passieren, dass die Aufmerksamkeit darauf gerichtet wird, fürs Renommée erst einmal ein neues Firmengebäude im Grünen zu erwerben. Dann muss der Konzern umstrukturiert werden. Und, und, und ... und dann hat man ein wunderschönes Gebäude, in dem ein sauber geordnetes Abteilungsgefüge überlegt, was denn als nächstes zu erledigen sei, um endlich Marktführer werden zu können. Aber die Marktführung, die hat während dieser Jahre längst ein anderer übernommen.

53. Die Verantwortung lässt sich allemal jemand anderem zuschieben. Es ist sicherlich der leichteste Weg, die Prioritäten festzusetzen und zu erwarten, dass andere den Job erledigen. Allerdings braucht sich niemand zu wundern, wenn er dann sein Ziel nicht erreicht. Verlassen sollte man sich weder auf Allah, auf Gott oder Buddha noch auf andere Menschen. Verlassen sollte man sich nur auf sich selbst. Wer sein Ziel erreichen will, muss selbst tätig werden. In der Arbeit mit Ihrem Team müssen Sie jedem seine Selbständigkeit lassen, aber als Teammanager müssen Sie auch immer wieder nachschauen, ob der Kurs gehalten wird. Jedes Abweichen vom Kurs ist nicht nur das Verschulden der anderen, sondern eigenes Risiko. Die Verantwortung bleibt bei demjenigen, der diese Aufgabe erledigt haben möchte.

54. Sie als Führungskraft wollen mit Ihrem Team ein Ziel erreichen. Ein Maßnahmekonzept ist entworfen, und Sie glauben, alles gehe nun seinen richtigen Gang. Nach einer Woche informieren Sie sich über den bisherigen Verlauf und müssen feststellen, dass die Sache noch nicht einmal in Angriff genommen wurde. Der erste hatte noch keine Zeit, der zweite wartet auf notwendige Unterlagen, der dritte konnte nichts tun, weil er dazu bestimmte Angaben von den beiden ersten braucht.

Wenn ein konkreter Aktionsplan fehlt, bewirken Maßnahmenkonzepte nicht viel. Um die richtigen Handlungen zur richtigen Zeit in Gang zu setzen, sollten Sie gemeinsam mit Ihrem Team zuerst die Liste mit den nötigen Maßnahmen erstellen und daraus die einzelnen Arbeitsphasen und ihre Reihenfolge ermitteln. Anschließend vereinbaren Sie, was wann zu tun ist und wer es tun wird.

8. Das Ende des Brotes

Nach 50 gemeinsamen Jahren feierte ein altes Ehepaar ein besonderes Fest. Beim gemeinsamen Frühstück dachte die Frau: „Seit 50 Jahren nehme ich immer auf meinen Mann Rücksicht und gebe ihm immer das knusprige Ende des Brotes. Heute will ich mir endlich selbst diese Delikatesse gönnen." Sie schnitt das frische Brot und gab ihrem Mann entgegen seiner Erwartung eine Scheibe, die nur an ihrem Rand von knuspriger Kruste umgeben war. Doch er reagierte hocherfreut, küsste ihre Hand und sagte: „Mein Liebling, du bereitest mir die größte Freude des Tages. Über 50 Jahre habe ich das Ende des Brotes gegessen, obwohl ich es vom Brot am allerwenigsten mag. Ich dachte mir immer, dass es dir nicht schmeckt."

DISKUSSION

55. Niemand sollte sich etwas aufladen, was ihm nicht „schmeckt", nur um anderen einen Gefallen zu tun. Wenn wir einen Teil des Weges zum Ziel in einem Team mit anderen gemeinsam gehen, dann sollten die Prioritäten der Einzelnen vorher geklärt werden. Aber nicht nur das: Es sollte vorher klar besprochen werden, wer welche Aufgaben übernehmen wird. Sonst kann es passieren, dass alle denken, ein anderer werde das schon machen oder dass alle das Gleiche tun, und alles andere wird nicht bearbeitet. Präzise Fragen und konkrete Antworten und Anweisungen können schon im Vorfeld mögliche Schwierigkeiten ausräumen.

56. Manch einer hat ein Ziel, weiß genau, was er will. Aber aus falsch verstandener Höflichkeit und Rücksichtnahme schiebt er seine Ziele in den Hintergrund. Meist verbirgt sich dahinter aber nur Feigheit: Man möchte einer offenen Aussprache aus dem Weg gehen, hat nicht den Mut zu sagen, was man wirklich will, oder hat Angst davor, ausgelacht zu werden. Und es gibt Menschen, die haben keine eigenen Ziele. Sie übernehmen etwas von anderen, lassen sich dadurch leiten, laufen einfach mit und tun Dinge, die sie gar nicht mögen.

Vielleicht kennen auch Sie aus Ihrer Teamarbeit so ein armes „Opfer": Es lässt sich alle unangenehmen Aufgaben übertragen oder sagt vielleicht sogar freiwillig: „Ach, ich mache das schon." Und murmelt dann mürrisch vor sich hin: „Immer ich ..."

57. Es ist eine falsche Strategie, wenn man die eigenen Prioritäten verschweigt. Denn meistens gibt es eine Möglichkeit, sie zu leben. Aber man muss sich verantwortlich dafür fühlen, diese Möglichkeit zu schaffen. Ermutigen Sie auch Ihre Teamkollegen dazu, ihre Potenziale und Vorlieben zu nennen. Denn wie soll einer wissen, was der andere will, wenn nicht darüber geredet wird. Den Mut zur Ehrlichkeit, die Bereitschaft zu einer klärenden Aussprache brauchen wir schon, wenn wir unsere Prioritäten leben wollen. Natürlich reicht es nicht, offen kundzutun, was man nicht will. Oder können Sie sich ein Meeting vorstellen, bei dem jeder sagt, was er nicht will? Damit wird keiner weit kommen. Aber die eigenen Prioritäten zu vertreten, Vorschläge zu unterbreiten, neue Gedankengänge zu wecken, kann für alle Beteiligten fruchtbar sein.

9. Keine Bären

Ein König, der sich gern von Nasrudin Gesellschaft leisten ließ und zudem die Jagd liebte, befahl dem Mullah eines Tages, ihn auf eine Bärenjagd zu begleiten. Nasrudin schlotterte vor Angst. Als er in sein Dorf zurückkehrte, fragte ihn jemand: „Na, wie war es auf der Jagd?" – „Fantastisch." – „Wie vielen Bären seid ihr begegnet?" – „Keinem einzigen." – „Aber, wie kann die Jagd dann fantastisch gewesen sein?" – „Wenn einer Bären jagt und so einer ist wie ich, dann ist es eine fantastische Erfahrung, keinem einzigen Bären zu begegnen."

DISKUSSION

58. Einfach nur mitgehen und dabei vor Angst zittern – das ist sicherlich kein Vergnügen. Wer sichergehen will, dass er das, was er tut, auch wirklich will, kann sich selbst oder das Team mit einer Methode ins Kreuzverhör nehmen, die Dietrich Buchner unter dem Namen „SPEZI" entwickelt hat. Die einzelnen Buchstaben dieses Begriffs bedeuten:

S = Sinnliche Wahrnehmung

Wissen Sie, was Sie fühlen werden, was Sie hören und sehen werden, wenn das Ziel erreicht ist? Träumen Sie sich einmal mit geschlossenen Augen in die Situation, die Ihrer Zielverwirklichung entspricht: Woran merken Sie, dass das Ziel erreicht ist?

P = Positive Formulierungen

Sagen Sie positiv und konkret, was Sie erreichen wollen. Was wir nicht wollen, ist meistens klar, doch gibt das keine Aufklärung darüber, was statt dessen gewünscht wird. „Wir wollen keine Misserfolge", könnte auch den Schluss zulassen:

„Also schließen wir das Unternehmen doch." Die Aussage: „Wir wollen Erfolge" beinhaltet aber bereits das Ergebnis, und automatisch folgt die Frage nach der Art der Erfolge und nach dem Weg, der dorthin führt.

E = Eigenständige Umsetzungen

Ziele, die nur durch den Einsatz anderer erreicht werden können, verpflichten nicht. Sie führen in die Unverantwortlichkeit, in Schuldzuweisungen und Rechtfertigungen. Wichtig ist, dass Sie das Ziel aus eigener Kraft und mit den eigenen Ressourcen erreichen können, ohne auf die Hilfe anderer angewiesen zu sein.

Z = Zusammenhang spezifizieren

Ein Ziel gilt nicht universell. Der Zusammenhang, für den dieses Ziel gilt, muss klar definiert sein, um die richtigen Strategien entwickeln zu können.

I = Integrieren von Einwänden/Intentionen erhalten

Derzeit Bekanntes hat eine positive Intention. Wenn Ziele eine Veränderung beinhalten, werden ihnen viele Einwände entgegengesetzt mit der positiven Absicht, das Bestehende beizubehalten. Am besten ist es, die Einwände zu hinterfragen und gegebenenfalls in die Zielformulierung zu integrieren. So wird nichts aufgegeben, sondern etwas Neues hinzugefügt.

59. Wenn zwei Menschen das Gleiche tun, heißt das nicht automatisch, dass auch die gleichen Ziele dahinterstecken. Der eine geht zur Jagd und wünscht sich, einen Bären zu schießen, der andere hofft darauf, keinen Bären zu sehen.

Oder anders herum: Das gleiche Ziel kann zu unterschiedlichen Handlungen führen. Auch wenn beide den Erfolg zum Ziel haben, heißt das für den einen, keinen Bären gesehen zu haben, für einen anderen aber, einen Bären getötet zu haben.

Augenscheinlich identische Ziele können unterschiedliche Inhalte und gleiche Handlungen können unterschiedliche Ziele haben, abhängig von persönlichen Wertmaßstäben. Für ein Unternehmen ist es wichtig, dass alle Beteiligten einem Ziel den gleichen Inhalt geben und auch die Handlungen übereinstimmen, damit dieses Ziel erreicht werden kann.

60. Nun sind aber nicht alle Menschen gleich. Jeder ist ganz persönlichen Prioritäten, individuellen Zielen und Wertmaßstäben unterworfen.

Wenn zwei Mitarbeitern die gleichen Handlungsanweisungen gegeben werden, haben die beiden vielleicht ganz unterschiedliche Auffassungen von der Durchführung. Jeder hat seinen eigenen Stil, seine ganz eigenen Strategien. Und sie sind ebenbürtig, solange die Aufgabe gelöst, das Ziel erreicht wird.

Es ist aber auch wichtig, dass jedem nur die Aufgabe übertragen wird, die er erfüllen kann. Wenn es denn gemeinsam zur Jagd geht, ist es unter Umständen sogar angebracht, dass nicht nur Jäger daran teilnehmen, sondern auch jemand, der zwar nicht schießen mag, dafür aber mit feiner Nase den Bären schon von weitem riechen kann. Auf dem Weg zum Ziel ist für jeden, der dem Inhalt des Ziels zustimmt, das Richtige dabei.

10. Gefunden und verirrt

Ich habe von einem Jäger gehört, der sich im Wald verirrt hatte. Drei Tage lang konnte er niemanden finden, den er nach dem Weg hätte fragen können, und er wurde immer verzweifelter – drei Tage lang nichts zu essen, und drei Tage in ständiger Furcht vor wilden Tieren. Drei Tage lang war er nicht imstande gewesen zu schlafen; er hatte wach auf irgendeinem Baum gesessen, aus Angst angegriffen zu werden. Es gab Schlangen, es gab Löwen, es gab wilde Tiere.

Am vierten Tag sah er frühmorgens einen Mann unter einem anderen Baum sitzen. Man kann sich seine Freude vorstellen.

Er vergaß seine Angst, kletterte von seinem Baum herab, rannte auf den Mann zu, umarmte ihn und sagte: „Wie ich mich freue!" Und der andere umarmte ihn ebenfalls, und beide waren sehr glücklich.

Dann fragte einer den anderen. „Warum bist du so außer dir vor Freude?" Der erste sagte: „Ich hatte mich verirrt und gehofft, einem Menschen zu begegnen." Und der zweite sagte: „Ich habe mich auch verirrt und gehofft, jemanden zu finden. Aber wenn wir uns beide verirrt haben ... dann war unsere Freude umsonst. Jetzt sind wir gemeinsam ohne Orientierung."

DISKUSSION

61. Gemeinsam mit anderen das gleiche Ziel zu haben ist eine feine Sache, kann aber mitunter problematisch werden, wenn sich Menschen zusammenfinden, die sich in wichtigen Punkten zu ähnlich sind.

Ein Beispiel: Zwei kühl rechnende und strukturiert denkende Mitglieder Ihres Teams wollen gemeinsam ein bestimmtes Ziel erreichen. Dann taucht ein Problem auf, dessen Lösung etwas

Kreativität erfordert. Die beiden „Rechner" können es jedoch nicht lösen, sie kommen aus ihrem geordneten Denken nicht heraus. Obwohl sie das gleiche Ziel haben, können sie sich gegenseitig nicht fördern. Denn sie haben auch das gleiche Problem: Sie können beide nicht „um die Ecke" denken.

62. Es soll Führungskräfte geben, die sich nur schlecht damit abfinden können, dass ihre Mitarbeiter besser sind als sie selbst. Nicht generell besser, sondern ausgestattet mit bestimmten Fähigkeiten, die sie selbst nicht haben. Diese Führungskräfte ärgern sich insgeheim, wenn ein anderer mit einer brillanten Idee kommt, die sie selbst nicht gehabt haben. Sie sind sauer auf die Sekretärin, weil sie ohne Erlaubnis den Briefstil verbessert. Sie empfinden alles als Kritik an der eigenen Person, was andere besser können.

Dabei ist es das Beste, was einer Führungskraft passieren kann, wenn sie starke Mitarbeiter an ihrer Seite hat. Denn die Qualität einer Abteilung ergibt sich nicht nur aus der Qualität des Leiters, sondern auch aus der der Mitarbeiter. Kein Mensch kann alles können. Und da ist es doch geradezu fantastisch, wenn die Abteilung wie ein organisches Gebilde ist, in dem viele unterschiedliche Fähigkeiten zusammenkommen, die gemeinsam dieses Gebilde lebendig werden und wachsen lassen.

63. Trotzdem: Ist ein Problem da, dann bringt es nichts, wenn man sich hinsetzt und darauf wartet, dass jemand kommt, der das Problem löst. Denn vielleicht kommt jemand, der ebenso „verirrt" ist. Möglich ist auch, dass niemand kommt. Und da sollte man schon fähig sein, sich auf seine eigenen Kräfte zu verlassen und Entscheidungen zu treffen und – natürlich – die Verantwortung dafür übernehmen.

11. Dreifach genäht hält besser

Nasrudin fühlte sich nicht besonders wohl und rief nach einem Arzt. „Ich verschreibe dir ein Abführmittel", sagte der Arzt nach zwei Minuten Diagnose. „Ich hätte gerne eine zweite Meinung", sagte Nasrudin. „Wir müssen wohl operieren, trag es wie ein Mann, Nasrudin", sagte der zweite Arzt. „Ruf noch einen Doktor", sagte der Mullah. „Das Einzige, was hier hilft, ist eine intensive Massage", meinte der dritte Arzt. „Ah, jetzt sehe ich schon klarer", sagte der Mullah. „Ein Drittel einer Operation, ein Drittel einer Dosis Abführmittel und dazu ein Drittel einer guten Massage. Das wird mich sicherlich wieder auf die Beine bringen."

DISKUSSION

64. Wie viele Quadrate sehen Sie?

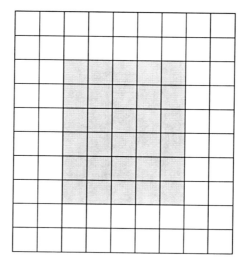

Zeigen Sie das Bild einmal mehreren Leuten: Einige richten ihre Aufmerksamkeit nur auf die grauen Felder. Andere zählen alle Quadrate. Wieder andere gehen davon aus, dass Sie die weißen Felder meinen.

Ebenso ist es mit der Frage nach den Prioritäten, den Zielen, den Strategien. So viele Menschen gefragt werden, so viele unterschiedliche Antworten sind möglich. Und jede ist für sich gesehen richtig.

Jeder hat eine andere Sichtweise. Und das ist doch eine fantastische Möglichkeit, um zu einem wirklich guten Ergebnis zu kommen. Denn je mehr Ideen zusammengetragen werden, so gegensätzlich sie auch sein mögen, umso umfassender kann die Essenz werden.

65. Wer nur in der Welt der eigenen Gedanken und Überzeugungen lebt, wird verständlicherweise auch nur das sehen, worauf sein Blick gerichtet ist. Das Huhn Erna ist ein trauriges Beispiel dafür, was passieren kann, wenn der Gedankenraum für Lösungen begrenzt ist.

Erna hat ein Problem. Ganz nah vor ihr liegt köstliches Futter. Allerdings: Der trennende Zaun bildet ein anscheinend unüberwindbares Hindernis. Sie versucht vergeblich, durch die engen Maschen des Zaunes zu schlüpfen. Und auch ihr Versuch, über den Zaun zu fliegen, scheitert aufgrund seiner Höhe kläglich. Also läuft sie am Zaun entlang in der Hoffnung, eine Lücke zu finden. Und jetzt kommt das eigentliche Problem zum tragen: Es ist nicht der trennende Zaun, sondern ein allen Hühnern eigenes Verhalten. Hühner müssen das Futter im Auge behalten, während sie versuchen, es zu erreichen. Sobald Erna also so weit den Zaun entlanggelaufen ist, dass sie das Futter nicht mehr sehen kann, kehrt sie an die Ausgangsstelle zurück. Und das verhindert, dass sie die drei Meter entfernte Öffnung des Zaunes nicht entdeckt.

Ähnlich verhalten wir Menschen uns, wenn wir den richtigen Weg suchen. Wir klammern uns an die Möglichkeiten, die unser Denken hergibt.

66. Auf der Suche nach der besten Lösung ist aber auch die Fragestellung von großer Bedeutung, gleichgültig, ob Sie die Frage einem Team oder sich selbst stellen.

Die Fragestellung steckt den Suchraum für Lösungsvorschläge ab.

„Was ist der beste Weg zum Ziel X?" – Der Lösungsraum ist weit gesteckt und lässt genügend Platz für kreative Ideen.

„Wir müssen den besten Weg zum Ziel X finden, und dabei auf jeden Fall Leute entlassen." – Der Lösungsraum wird enger, weil eine Restriktion ins Spiel kommt.

„Was ist der beste Weg zum Ziel X, wenn die Komponenten a, b, c, d und e enthalten sein sollten?" – Der Lösungsspielraum ist zu eng, weil die Aufgabenstellung mit zu vielen Anforderungen verbunden ist. Allerdings darf der Lösungsraum auch nicht zu weit sein:

„Ich weiß auch nicht, aber irgendwie müssen wir etwas tun." Hier weiß keiner, worum es geht. In den Weiten dieses Lösungsraums werden sich die einzelnen Ideen verlieren.

- ○ Die Klostertür
- ○ Zu spät
- ○ Bettler oder König
- ○ Pferdefutter
- ○ Der Mantel der Derwische
- ○ Später
- ○ Wenn Allah will
- ○ Das Ende des Brotes
- ○ Keine Bären
- ○ Gefunden und verirrt
- ○ Dreifach genäht hält besser

Welche drei Gedanken sind für Sie die wichtigsten?

1. _____

2. _____

3. _____

Und was wollen Sie dafür tun?

1. _____

2. _____

3. _____

3

Machen
Tun
Intuition
Umsetzen

1. Der junge Adler
2. Das Schloss
3. Das perfekte Kamel
4. Schwimmen gelernt?
5. Der Wesir und der Stier
6. In Allahs Obhut
7. Der Blitz
8. Das königliche Bad
9. Der Duft der Rose
10. Kochen oder Beten
11. Es brennt!

1. Der junge Adler

Ein Adler-Vater lehrt seinem Sohn das Fliegen. Fünf Kilometer schafft das junge Tier, dann ist es vollkommen erschöpft. Der Vater erzählt ihm, er solle das Fliegen eifrig üben, denn in einigen Tagen stünde eine große Reise an, dafür müsse er 50 Kilometer fliegen können. Der kleine Adler ist ängstlich und verzagt. Wenn er sich schon nach einem Flug von nur fünf Kilometern so kraftlos fühlt, wie soll er dann jemals 50 Kilometer schaffen können! Da nimmt sich der Großvater, der die Flugversuche des Jungen seit einigen Tagen beobachtet hat, seiner an, kommt zu ihm hergeflogen und sagt: „Zeig mir doch einmal, wie du fliegst." Und der junge Adler schlägt so schnell er nur kann mit seinen Flügeln. Denn er glaubt, um 50 Kilometer fliegen zu können, muss man sich schon sehr anstrengen. Doch der Alte gebietet ihm Einhalt: „Schau her, ich zeig dir, wie man's richtig macht." Und er erhebt sich mit weiten Schwingen in die Höhe, fliegt einige Male in großen Kreisen über das junge Tier hinweg, lässt sich dabei vom Auf- und Abwind tragen und schlägt dann nur wenige Male mit seinen mächtigen Flügel, wenn er den Kurs oder die Flughöhe verändern will. Dann kehrt er zu dem Jungen zurück und erklärt ihm: „Deine Flügel brauchst du nur, um dich in die Höhe zu schwingen, den Kurs zu halten und um wieder herunterzukommen. Ansonsten vertrau dich ruhig dem Wind an, er trägt dich sicher durch die Luft."

DISKUSSION

67. Vor einer neuen, unbekannten Aufgabe stehend, fragen sich wohl viele, ob sie denn überhaupt die Fähigkeiten haben, diese Aufgabe zu meistern. Und schon der Gedanke daran, dass man versagen könnte, lässt dann vielleicht Angst aufsteigen – die beste Voraussetzung dafür, dass nur die Gedanken Platz haben, die tatsächlich zum Versagen führen. „Ich soll eine

Abteilung führen? Das kann ich nicht, das habe ich noch nie gemacht. Dafür muss man doch mehr können als ich. Und wenn ich an die Mitarbeiter denke, die kenne ich doch nicht. Bestimmt trete ich bei denen in jedes Fettnäpfchen …" Das Unwohlsein wächst, die Angst steigert sich, die Hände werden schweißnass – Stress! Und sollte ein kleines „Für" mal die Oberhand gewinnen, dann wird es schnell überlagert durch ein großes „Wider".

Die Phase der gedanklichen Widerstände kann ganz bewusst beendet werden durch die Vorstellung des Positiven, das man erreichen und bewirken kann. Sich einmal klar zu machen, vielleicht sogar schriftlich, was man schon alles erreicht hat, welche Fähigkeiten für die Bewältigung der Aufgabe vorhanden sind und warum die Aufgabe durchaus reizvoll sein kann, hilft aus dem angstbehafteten Denken heraus und kann möglicherweise zu einer völlig neuen Sichtweise führen, aus der wir den Mut gewinnen, etwas Unbekanntes zu wagen. Denn niemand weiß, ob er etwas kann, bevor er es nicht nach besten Kräften versucht hat.

68. Bei der Bewältigung einer neuen Aufgabe werden wir wahrscheinlich in Situationen kommen, die wir vorher nicht einkalkulieren konnten – eben weil wir niemals wissen können, was das Neue mit sich bringt. Sich schon vorab zu ängstigen, ist sinnlos. Denn wer weiß, vielleicht ist es ein kraftvoller Wind, der uns trägt und dessen Kraft wir nutzen können, vielleicht zeigt sich eine phantastische Möglichkeit, von der wir noch nicht einmal geträumt haben. Fast jede Situation bietet mindestens eine Chance, die weiterbringt. Die zu erkennen, dafür steht uns nicht nur die Kraft des Denkens zur Verfügung. Auch die Kraft der Intuition ist ein machtvoller Führer.

69. Anstrengen muss man sich schon, wenn man weiterkommen will. Wer aber alles alleine bewältigen will, braucht sich nicht zu wundern, wenn er nach einiger Zeit „flügellahm" aufgeben muss. Jede Führungskraft hat Mitarbeiter, deren Fähigkeiten sie nutzen kann, jedes Team besteht aus Menschen mit unterschiedlichen Fähigkeiten. Niemand sollte sich genieren, einen anderen um Rat zu fragen oder um Hilfe zu bitten. Gibt es vielleicht irgendwo einen „alten Hasen", der dank seines langen Berufslebens genau die richtige Lösung wissen könnte, um das Problem zu klären? Möglicherweise kann die Antwort auch aus einer Ecke kommen, aus der sie niemand erwartet. Also nutzen Sie die Ressourcen aller, wenn es gilt, statt fünf auf einmal 50 Kilometer fliegen zu müssen!

2. Das Schloss

Ein König stellte für einen wichtigen Posten den Hofstaat auf die Probe. Kräftige und weise Männer umstanden ihn in großer Menge. „Ihr weisen Männer", sprach der König, „ich habe ein Problem, und ich möchte sehen, wer von euch in der Lage ist, dieses Problem zu lösen." Er führte die Anwesenden zu einem riesengroßen Türschloss, so groß, wie es keiner je gesehen hatte. Der König erklärte: „Hier seht ihr das größte und schwerste Schloss, das es in meinem Reich je gab. Wer von euch ist in der Lage, das Schloss zu öffnen?" Ein Teil der Höflinge schüttelte nur verneinend den Kopf. Einige, die zu den Weisen zählten, schauten sich das Schloss näher an, gaben aber zu, sie könnten es nicht schaffen. Als die Weisen dies gesagt hatten, war sich auch der Rest des Hofstaats einig, dieses Problem sei zu schwer, als dass sie es lösen könnten. Nur ein Wesir ging an das Schloss heran. Er untersuchte es mit Blicken und Fingern, versuchte, es auf die verschiedensten Weisen zu bewegen und zog schließlich mit einem Ruck daran. Und siehe, das Schloss öffnete sich. Das Schloss war nur angelehnt gewesen, nicht ganz zugeschnappt, und es bedurfte nichts weiter als des Mutes und der Bereitschaft, dies zu begreifen und beherzt zu handeln. Der König sprach: „Du wirst die Stelle am Hof erhalten, denn du verlässt dich nicht nur auf das, was du siehst oder was du hörst, sondern setzt selber deine eigenen Kräfte ein und wagst eine Probe."

DISKUSSION

70. Das kannst du nicht. Das geht doch nicht. Sei vorsichtig! Lass die Finger davon! – Mit solchen oder ähnlichen Sprüchen sind wohl die meisten aufgewachsen, und sie haben sich tief in das Gedächtnis eingegraben. Auch uns Erwachsenen kommen sie ungewollt und manchmal sogar unbewusst wieder in die Erinnerung, beeinträchtigen oder verhindern unser Handeln.

Irgendwann stehen wir dann vor einer großen Aufgabe, die es ohne viel Zeit zum Überlegen zu lösen gilt. Und schon sind diese Mahnmale der Vergangenheit wieder da, wir glauben es nicht schaffen zu können und setzen uns selbst damit eine große Barriere. Wenn wir dann noch wissen, dass vor uns schon andere an dieser oder einer ähnlichen Aufgabe gescheitert sind, liegt die Frage nahe: „Warum sollte ausgerechnet ich das schaffen?" Diese Frage setzt natürlich voraus, dass man glaubt, die anderen seien besser. Und das verhindert oft die besten Leistungen.

Es gibt einen Satz von Jean Cocteau: „Er wusste nicht, dass es unmöglich war. Also hat er es getan." Das beste Beispiel ist die Hummel. Mit einer Flügelfläche von 0,7 Quadratzentimetern bei einem Gewicht von 1,2 Gramm ist es nach den bekannten Gesetzen der Aerodynamik unmöglich zu fliegen. Und dennoch tut sie es. Wahrscheinlich würde niemals mehr eine Hummel fliegen, falls irgendjemand es schafft, den Hummeln zu erklären, warum sie eigentlich gar nicht fliegen können dürften. Dies bedeutet nichts anderes, als dass man durchaus fähig sein kann, etwas zu schaffen, wenn man sich nicht davon beeinflussen lässt, dass andere sagen, es ginge nicht. Ein bisschen Mut, Intuition und Vertrauen in die eigenen Fähigkeiten reichen schon, um den ersten Schritt zu wagen. Es muss ja nicht gleich ein Sprung ins große Risiko sein.

71. Schon manchem ist es passiert, dass er sich mit der festen Überzeugung, etwas sei unmöglich, zurückgelehnt hat und irgendwann erfahren musste, dass jemand anderes es doch geschafft hat. Und wenn man dann weiß, wie er es getan hat, sagt man womöglich: „Das hätte ich doch auch gekonnt." Ja, vielleicht, aber der andere hat etwas gewagt, was man selbst nicht wagte. Er hat sich bewegt, vielleicht waren es nur 30 Zentimeter. Aber die waren entscheidend. Wenn Sie jetzt Ihren Allerwertesten 30 Zentimeter aus dem Sessel heben, haben Sie zwei Möglichkeiten: aufstehen oder sich wieder hinsetzen. Aufstehen bedeutet in diesem Zusammenhang: aktiv werden – einen Anruf erledigen, einen Brief schreiben, einen Termin vereinbaren ... Es sind nicht nur große Dinge, die scheinbar Unmögliches möglich machen. Oft sind gerade die kleinen Dinge entscheidend.

72. Es gibt noch etwas Wichtiges, das manchmal einfach missachtet wird: die Intuition. Die erste Idee ist oftmals wirklich die beste. Und wenn sie nicht sofort als unsinnig beseite geschoben wird, dann wird sie solange zerredet und zerdacht, bis nichts übrig bleibt als die blockierende Erinnerung an die negativen Erfahrungen und warnenden Worte anderer. Wir haben leider gelernt, dem Kopf mehr zu vertrauen als unserem Bauch.

3. Das perfekte Kamel

Vier Gelehrte zogen vor Jahren mit einer Karawane durch die Wüste Kawir. Am Abend saßen sie an einem großen Feuer zusammen und sprachen über ihre Erlebnisse. Voller Lob waren sie alle über die Kamele, deren Genügsamkeit sie erstaunte, deren Kraft sie bewunderten und deren bescheidene Geduld für sie fast unverständlich war. „Wir sind Meister der Feder", sprach der eine. „Lasst uns zum Lobe und zu Ehren des Kamels etwas über dieses Tier schreiben oder zeichnen." Mit diesen Worten nahm er eine Pergamentrolle und begab sich in ein durch Öllampen erleuchtetes Zelt. Nach wenigen Minuten kam er heraus und zeigte sein Werk seinen drei Freunden. Er hatte ein Kamel gezeichnet, wie es sich gerade aus seiner Ruhelage erhob. Das Kamel war so gut getroffen, dass man fast denken konnte, es lebe. Der nächste ging in das Zelt und kam bald wieder heraus. Er brachte eine kurze sachliche Darstellung über den Nutzen, den Kamele für eine Karawane brächten. Der dritte schrieb ein bezauberndes Gedicht. Da begab sich der vierte in das Zelt und verbot den anderen, ihn zu stören. Nach einigen Stunden, das Feuer war längst herabgebrannt und die Gefährten schliefen, hörte man immer noch das Kratzen der Feder aus dem schwach erleuchteten Zelt. Am nächsten Tag warteten die drei genauso vergeblich wie am zweiten und am dritten Tag auf ihren Gefährten. So wie die Felswand sich hinter Aladin geschlossen hatte, so verbarg das Zelt den vierten Gelehrten. Endlich, am fünften Tag lüftete sich der Zelteingang, und der Fleißigste aller Fleißigen trat heraus: übernächtigt, mit tiefen, schwarz geränderten Augen und eingefallenen Wangen. Das Kinn war von Bartstoppeln umrahmt. Mit müden Schritten und einem Gesichtsausdruck, als hätte er grüne Zitronen gegessen, kam er auf die anderen zu. Überdrüssig warf er ihnen ein Bündel Pergamentrollen auf den Teppich. Auf der Außenseite der ersten Rolle stand groß und breit: „Das vollkommene Kamel, oder: Wie ein Kamel sein sollte ..."

DISKUSSION

73. Wenn Sie in Ihrer Teamarbeit vor eine Aufgabe gestellt sind, die für Sie völlig neu ist, ist es sehr wahrscheinlich, dass Sie Sorge haben, es könnte Ihnen ein Fehler unterlaufen. Vielleicht wird Ihnen tatsächlich ein, wenn nicht sogar mehrere Fehler unterlaufen. Aber wer sagt eigentlich, dass man keine Fehler machen darf? Fehler sind das Beste, was einem Menschen passieren kann, wenn er etwas Neues lernen will. Fehler sind nicht dazu da, um zerknirscht den Kopf hängenzulassen und alles aufzugeben, sondern um zu erkennen, was anders und damit besser gemacht werden kann.

Natürlich führt jede neue Aufgabe erst einmal an die eigenen Grenzen. Es ist, als stünde man in einem Kreis, begrenzt von einer dicken, roten Linie, die es unmöglich macht, das dahinter liegende Gebiet, das Neuland zu betreten. Unsicherheiten, Angst vor dem Unbekannten und den Fehlern, die passieren könnten, hindern daran, diese rote Linie zu überwinden. Sie ist wie ein straff gespanntes Gummiband, das uns immer wieder zurückwirft, sobald wir aus dem Kreis der sicheren Gewohnheiten heraus wollen. Da hilft nur eines: Fassen Sie sich ein Herz, machen Sie einen großen Schritt und handeln Sie.

74. Was lange währt, wird nicht immer gut. Langes Überlegen, Philosophieren, Theoretisieren zerstört jegliche Kreativität. Manchmal ist es besser, einfach zu handeln, als lange zu grübeln. Natürlich hat jeder eine Vorstellung davon, wie das, was er erreichen will, sein sollte. Wer sich aber zu lange nur theoretisch damit auseinandersetzt, wird immer wieder neue Punkte finden, die ihn daran hindern, einfach zu tun, zu handeln, zu machen und seiner Intuition zu vertrauen. Denn rein theoretische Abhandlungen können zwar das Für und Wider abwägen, führen letztendlich aber in eine Sackgasse.

Denn auf jedes Pro gibt es ein Kontra. Was tatsächlich passiert, wenn man sich in das praktische Tun begibt, weiß man erst hinterher.

75. Wer glaubt, er könne in der Bewältigung einer Aufgabe perfekt sein, der irrt. Irgendwann wird jeder Perfektionist seinen Lehrmeister finden. Vielleicht ist er es sogar selbst, wenn er nach einiger Zeit feststellt, was er besser hätte machen können. Aber sollte man sich darüber ärgern? Wichtig ist, dass man gehandelt hat und sein Ziel so gut wie möglich erreicht hat.

Perfektionismus ist unproduktiv, hindert daran, etwas zu tun, weil man immer wieder darüber nachdenkt, wie es denn besser zu machen sei. Perfektionismus ist eine Illusion. Der Wunsch, immer einen guten Eindruck zu machen, aber auch die Angst, einen Fehler zu machen, sind ebenso kontraproduktiv.

4. Schwimmen gelernt?

Nasrudin setzte einen Pedanten über ein stürmisches Wasser.

Als er etwas sagte, was grammatikalisch nicht ganz richtig war, fragte ihn der Gelehrte: „Haben Sie denn nie Grammatik studiert?" – „Nein." – „Dann war ja die Hälfte Ihres Lebens verschwendet!"

Wenige Minuten später drehte sich Nasrudin zu seinem Passagier um: „Haben Sie jemals schwimmen gelernt?" – „Nein, warum?" – „Dann war Ihr ganzes Leben verschwendet – wir sinken nämlich."

DISKUSSION

76. Der ewige Streit zwischen rationellem Wissen und Intuition, zwischen theoretischen Kenntnissen und praktischem Tun! Wer ist besser und wichtiger? Der denkende Kopf an der Spitze oder der Arbeiter in der Maschinenhalle? In vielen Unternehmen ist es immer noch so, dass „die da oben" ihren Mitarbeitern jegliches Verstehen der Unternehmensstrategien absprechen, und „die da unten" halten ihre Vorgesetzten für Besserwisser, die keine Ahnung von der praktischen Arbeit haben.

Gebraucht werden in einem Unternehmen natürlich beide: Theoretiker und Praktiker, jeder entsprechend seinen Fähigkeiten. Aber ganz besonders die Führungskräfte sollten an sich selbst den Anspruch stellen, von beidem so viel wie möglich zu verstehen. Sonst könnte es geschehen, dass all ihr theoretisches Planen durch die Praxis ad absurdum geführt wird.

77. Manche Probleme würden gar nicht erst entstehen, wenn die Sachlage vor dem Handeln theoretisch durchdacht würde. Jeder tut, was er kann, aber keiner tut das Richtige, um ans Ziel zu kommen. Als einziger Erfolg ist der Misserfolg zu verbuchen. Vorher eine gemeinsame Strategie zu vereinbaren, wäre wohl klüger gewesen.

Andere Probleme dagegen ließen sich vermeiden, wenn endlich gehandelt statt bis ins Unendliche theoretisiert würde. Natürlich ist es wichtig, zu analysieren und immer wieder neue Informationen zusammenzustellen. Manch einer tut das am liebsten, weil es am einfachsten erscheint. Wer es aber nur dabei belässt und niemals ans Tun kommt, steht ebenso erfolglos da wie derjenige, der handelt, ohne vorher nachzudenken.

78. Welches Verhältnis zwischen Tun und Theorie ist nun aber das richtige? Eine schlussgültige Antwort kann es darauf nicht geben; es hängt immer von der jeweiligen Situation ab. Hilfreich kann es da sein, seiner Intuition mehr zu vertrauen und genau das zu tun, was man selbst für wichtig erachtet, ohne eine Bewertung möglicher Folgen.

5. Der Wesir und der Stier

Ein Zauberkünstler führte am Hofe des Sultans seine Kunst vor und begeisterte seine Zuschauer. Der Sultan selber war außer sich vor Bewunderung: „Gott, stehe mir bei, welch ein Wunder, welch ein Genie!" Sein Wesir gab zu bedenken: „Hoheit, kein Meister fällt vom Himmel. Die Kunst des Zauberers ist die Folge seines Fleißes und seiner Übungen." Der Sultan runzelte die Stirn. Der Widerspruch seines Wesirs hatte ihm die Freude an den Zauberkunststücken verdorben. „Du undankbarer Mensch! Wie kannst du behaupten, dass solche Fertigkeiten durch Übung kommen? Es ist wie ich sage: Entweder man hat das Talent oder man hat es nicht." Abschätzend blickte er den Wesir an und rief: „Du hast es jedenfalls nicht, ab mit dir in den Kerker. Dort kannst du über meine Worte nachdenken. Damit du nicht so einsam bist und du deinesgleichen um dich hast, bekommst du ein Kalb als Kerkergenossen." Vom ersten Tag seiner Kerkerzeit an übte der Wesir, das Kalb hochzuheben, und trug es jeden Tag über die Treppen seines Kerkerturmes. Die Monate vergingen. Aus dem Kalb wurde ein mächtiger Stier und mit jedem Tag der Übung wuchsen die Kräfte des Wesirs. Eines Tages erinnerte sich der Sultan an seinen Gefangenen. Er ließ ihn zu sich holen. Bei seinem Anblick überwältigte ihn das Staunen: „Gott, stehe mir bei, welch ein Wunder, welch ein Genie!" Der Wesir, der mit ausgestreckten Armen den Stier trug, antwortete mit den gleichen Worten wie damals: „Hoheit, kein Meister fällt vom Himmel. Dieses Tier hattest du mir in deiner Gnade mitgegeben. Meine Kraft ist die Folge meines Fleißes und meiner Übung."

DISKUSSION

79. Führungsstärke muss man sich erwerben, man muss an sich arbeiten, Einsatz zeigen, mitunter muss man sich sogar gewaltig anstrengen. Es mag vielleicht Führungskräfte geben, die dank genügend langer Firmenzugehörigkeit oder ihrer Bekanntschaft mit den maßgeblichen Herren ihre Position erlangt haben. Ob die aber zu qualifizierter Führung geeignet sind, sei dahingestellt. Eine befähigte Führungskraft ist aufgrund eigenen Lernens, eigener Erfahrungen, eigener Entwicklung, aber auch aufgrund eigener Fehler und Misserfolge in der Lage, ein Team sachkundig zu leiten, das geeignete Motivationsumfeld zu schaffen, die Erfordernisse zwischen Theorie und Praxis der Situation entsprechend abzuwägen.

80. Talent allein reicht nicht. Jede Fähigkeit verkümmert, wenn nichts getan wird, um sie zur Entfaltung zu bringen. Die Arbeit mit ihr erst gibt die Kraft zur Umsetzung des Könnens. Man muss den Willen haben, seine Talente und Fähigkeiten durch Übung und Disziplin zu entfalten und sie mit immer wieder neuen Anstrengungen beständig weiterzuentwickeln. Wer glaubt, sich auf den einmal erreichten Lorbeeren ausruhen zu können, der irrt. Angefangen bei der Schreibkraft bis hinauf zur Führungskraft ist jeder zum Scheitern verurteilt, der nicht mehr an sich arbeitet. Denn Talente, Fähigkeiten und Können brauchen fortwährend neue Nahrung, um nicht zu verkümmern. Wer zu müde ist, um sich weiterzubilden, dem bleibt irgendwann nur der Neid.

81. Leider wimmeln manche Menschen eine Arbeit, die nicht in ihren Aufgabenbereich fällt, mit eben dieser Begründung ab. Das mag manchmal richtig sein, je nachdem, wer aus welchem Grund diese Arbeit an sie weitergeben möchte. Manchmal nehmen sich die Menschen aber selbst die Möglichkeit, Neues kennenzulernen, ihren Erfahrungshorizont zu erweitern, mehr zu erfahren und voranzukommen.

Selbst widrige Umstände bergen die Chance, etwas Neues zu lernen, vielleicht sogar die Chance, sein wirkliches Talent zu entdecken. Es soll ja schon vorgekommen sein, dass jemand erst durch die Überantwortung einer ungeliebten Aufgabe Fähigkeiten an sich entdeckt hat, die ihm bisher völlig unbekannt waren, die ihm aber den Weg zu einem begeisternden Job bereiten.

6. In Allahs Obhut

Ein Meister reiste mit einem seiner Schüler. Der Schüler sollte sich um das Kamel kümmern. In der Nacht kamen die beiden müde zu einer Karawanserei. Zu den Pflichten des Schülers gehörte auch, dass er das Kamel anband. Er kümmerte sich aber nicht darum und ließ das Kamel draußen stehen. Er betete einfach zu Gott: „Kümmere du dich um das Kamel", und schlief ein.

Am nächsten Morgen war das Kamel weg – gestohlen oder entlaufen, was auch immer passiert war. Der Meister fragte: „Wo ist das Kamel?" Und der Schüler antwortete: „Ich weiß nicht, frag Gott. Ich habe Allah gesagt, er soll sich um das Kamel kümmern. Und ich war zu müde, also weiß ich nicht, was geschehen ist. Und außerdem bin ich nicht dafür verantwortlich, weil ich es Allah aufgetragen hatte, und zwar eindeutig! Du lehrst mich ständig: Vertraue auf Allah, also hab ich auf ihn vertraut."

Der Meister sagte daraufhin: „Vertraue auf Allah, aber binde zuerst dein Kamel fest – denn Allah hat keine anderen Hände als deine."

DISKUSSION

82. Wer hofft, dass irgendjemand die anstehenden Aufgaben schon erledigen werde, der braucht sich nicht zu wundern, wenn nichts geschieht. Kein Team kann eine Aufgabe effektiv umsetzen, wenn nicht untereinander eine konkrete Absprache stattfindet, wer was zu tun hat und wer wofür die Verantwortung trägt. Keine Führungskraft kann sich aus der Verantwortung stehlen, wenn eine Arbeit nicht erledigt wird, weil sie ohne präzise Absprachen ihre Mitarbeiter mit deren Durchführung betraute. Kein Mensch kann darauf hoffen, dass jemand anderes eine Aufgabe erledigt, für die er die Verantwortung trägt. Und wenn er es denn tut, sollte ihm klar sein: Vertrauen ist gut, Kontrolle ist besser.

83. Die Verantwortung für das, was man erledigt haben möchte, liegt allein in den eigenen Händen. Denn „Allah hat keine anderen Hände als deine". Und die haben wir nun einmal, um unser Leben, unsere Aufgaben, unseren Erfolg selbst in die Hand zu nehmen. Haben Sie während des Studiums oder der Berufsausbildung jemand anderem die Verantwortung übertragen zu lernen, sich anzustrengen, Erfahrungen zu machen und sich zu entwickeln, damit Sie alles Wissen und Können haben, um Ihre derzeitige Position ausfüllen zu können? Wohl kaum. Haben Sie einem anderen Menschen die Verantwortung übertragen, für Sie einen Beruf zu wählen, dem Sie mit Begeisterung und aus vollem Herzen nachgehen können? Das ist ebenso unwahrscheinlich. Für alles, was man erreichen will, muss man selbst etwas tun und die Verantwortung dafür übernehmen.

Es gibt einfach Dinge, die kann man nicht delegieren, die sollte man gefälligst selber machen, weil es in den eigenen Aufgabenbereich fällt, weil man dafür auch bezahlt wird. Und sollte es auch noch so unangenehm sein, es nützt nichts, sich davor zu drücken. Sonst kann man in die Situation geraten, etwas zu delegieren, was kein anderer aus welchen Gründen auch immer erledigen kann. Und schließlich muss man es dann doch selbst zu Ende bringen.

84. Wer sich immer darauf verlässt, dass ein anderer ihm Arbeiten abnimmt, braucht sich nicht zu beschweren, wenn die „Unerledigten" sich irgendwann auftürmen.

Wenn Sie sich vorstellen, dass die Ihnen zur Verfügung stehende Energie einem Apfel entspricht und die Unerledigten wie Würmer darin zu Hause sind, dann können Sie sich vorstellen, wie Sie sich fühlen werden, wenn viele Unerledigte anstehen. Unerledigte kosten eine Menge Energie: „Ich muss morgen die Statistik vorlegen. Hoffentlich hat Herr Mayer sie schon fertig. Übermorgen muss ich dem Aufsichtsrat den neuen Großauftrag vorstellen, vielleicht hat Schmidt schon mit der Ausarbeitung des Angebots angefangen. Ob sich Frau Müller denn inzwischen Gedanken über die Tagesordnungspunkte für das Meeting morgen früh gemacht hat? ..." Und am Ende eines langen Arbeitstages, der hauptsächlich daraus bestand, an all die Unerledigten zu denken, müssen Sie feststellen, dass weder Herr Mayer noch Frau Schmidt noch Frau Müller Ihren Erwartungen entsprochen hat. Konnten die auch nicht, weil die Aufgaben von Ihnen zu erledigen sind und nur nach konkreter Absprache von anderen erledigt werden können. Und mit all den anderen Unerledigten im Nacken müssen Sie jetzt die Nacht damit verbringen, all das zu tun, wovon Sie gehofft haben, dass andere es für Sie erledigen werden. Wer so arbeitet, dessen Energie ist bald auf dem Nullpunkt. Wer ein solches Verständnis von „Teamarbeit" hat, wird bald kein Team mehr zur Verfügung haben.

7. Der Blitz

Ich habe von zwei Männern gehört, die sich einmal in einer sehr dunklen Nacht im Walde verirrt hatten. Es war ein sehr gefährlicher Wald, voll wilder Tiere, sehr dicht, überall tiefe Dunkelheit.

Der eine war Philosoph, der andere Praktiker – der eine war ein Mann des Zweifels, der andere ein Mann des guten Mutes.

Plötzlich kam ein Sturm auf – ein Donnerschlag und ein ungeheurer Blitz.

Im Augenblick des Blitzes sah der Philosoph zum Himmel auf – der Praktiker dagegen auf den Pfad.

DISKUSSION

85. Wohl jeden, der den Weg des Tuns geht, treffen hin und wieder Donner und Blitzschlag – all die Dinge, die vorher nicht einkalkuliert werden können, wenn man etwas Neues wagt. Wer nun den Weg aus den Augen verliert und darüber zu philosophieren beginnt, was denn noch alles geschehen könne und wie gefährlich der Weg doch sei, wird wohl allzu schnell bereit sein aufzugeben. Ein anderer mag sich durch das grelle Licht der Blitze ablenken lassen, vom Weg abkommen und sich da wiederfinden, wo er eigentlich nicht hin wollte. Wer Blitz und Donner aber als naturgegeben akzeptiert, wird vielleicht kurz stehenbleiben, seine Augen aber weiter auf den Weg gerichtet halten, und wenn das Gewitter vorüber ist, seinen Weg des Tuns weitergehen.

86. Schon in der Schule hat jeder gelernt, dass Donner und Blitz eine ungeheure Energie freisetzen, eine Energie die vernichtend wirken kann, aber, entsprechend umgesetzt, auch sinnvoll genutzt werden kann. Wer sich dieser Energie in den

Weg stellt, um sie aufzuhalten oder abzublocken, der ist der Gefahr ausgesetzt, tatsächlich vernichtet zu werden. Ein kluger Mensch lässt diese Energie sich entfalten und nutzt dann die Kraft für sein eigenes Weiterkommen.

Ähnlich funktioniert es beim Judo und anderen Kampfsportarten. Kein Judoka versucht, sich selbst der Kraft seines Gegners entgegenzusetzen. Vielmehr weicht er so gut es geht aus, spart durch einen einzigen Schritt, den er zurückweicht, seine eigene Energie, die er dann nutzen kann, um seine Strategie zu verfolgen, seinen Weg weiterzugehen.

Wer Hindernisse auf sich zukommen sieht, sollte sich ihnen nicht entgegensetzen, sondern ausweichen, eine Erfahrung, einen Nutzen daraus ziehen, und mit neu gewonnener Kraft, vielleicht auch neuem Wissen seinen Weg fortsetzen.

87. Der Zweifelnde erwartet Hilfe von „oben" Und wenn „die da oben" grollen und blitzen, meint er, das habe etwas mit ihm zu tun, und eilig zieht er sich von seinem Weg zurück. Aber wer weiß, vielleicht haben „die da oben" nur Zahnschmerzen ...

Wer mutig genug ist, seinen Weg zu gehen, achtet auf das, was vor ihm liegt. Und natürlich schenkt er auch dem Aufmerksamkeit, was sich auf seinem Weg ergibt. Wenn Blitz und Donner seinen Weg kreuzen, ist er aber fähig, das Ereignis zu hinterfragen. Hat es mit ihm zu tun oder spielt seine Person und sein Tun dabei keine Rolle? Wenn er irritiert ist, weiß er, wen er was fragen muss, um sich dann zu entscheiden, ob er seinen Weg fortsetzen, ihn korrigieren oder abbrechen soll.

8. Das königliche Bad

Eine schwere Krankheit hatte den König befallen. Alle Behandlungsversuche schlugen fehl. Der große und bekannte Arzt Rasi wurde schließlich zu Rate gezogen. Er versuchte zu Beginn alle überlieferten Behandlungsformen, doch ohne Erfolg. Schließlich bat Rasi den König, ihn die Behandlung so durchführen zu lassen, wie er es für richtig finde. In seiner Hoffnungslosigkeit stimmte der König zu. Rasi bat den König, ihm zwei Pferde zur Verfügung zu stellen. Die schnellsten und besten Tasipferde wurden herbeigeschafft. Am frühen Morgen des folgenden Tages befahl Rasi, den König in das bekannte Bad „Jouze Mullan" in Buchara zu bringen. Da sich der König nicht bewegen konnte, trug man ihn auf einer Sänfte. Im Bad angekommen, hieß Rasi den König, sich zu entkleiden, und befahl, dass alle Diener des Königs sich so weit wie möglich vom Bad entfernen sollten. Die Diener zögerten, zogen sich aber zurück, als der König ihnen zu verstehen gab, dass sie so handeln sollten, wie der Hakim es ihnen befahl.

Die Pferde ließ Rasi vor dem Eingang des Bades festbinden. Zusammen mit einem seiner Schüler legte er den König in eine Wanne und übergoss ihn in schneller Folge mit heißem Wasser. Zugleich flößte er ihm heißen Sirup ein, der die Temperatur des Kranken erhöhte. Nachdem dies geschehen war, stellte Rasi sich vor den König hin und begann plötzlich, diesen auf die übelste Weise zu beschimpfen und zu beleidigen. Der König war schokkiert und regte sich in seiner Hilflosigkeit fürchterlich auf über diese Unhöflichkeit und ungerechte Beschuldigung. In seiner ungeheuren Erregung bewegte sich der König. Als Rasi dies sah, zog er sein Messer, trat nahe an den König heran und drohte, ihn umzubringen. Seine Furcht gab dem König plötzlich die Kraft, aufzustehen und zu fliehen. In diesem Augenblick verließ Rasi schnellstens den Raum und floh zusammen mit seinem Schüler auf dem Rücken der Pferde aus den Mauern der Stadt. Der König brach erschöpft zusammen. Als er von seiner Ohnmacht wieder erwachte, fühlte er sich freier und konnte sich wieder bewegen.

Noch vom Zorn beladen, schrie er nach seinem Diener, ließ sich ankleiden und ritt zu seinem Palast zurück. Die versammelten Menschen jubelten, als sie ihren König frei von seinen Gebrechen sahen. Acht Tage später erreichte den König ein Brief des Arztes, in dem er seine Vorgehensweise erklärte. „Ich habe zunächst alles gemacht, was ich als Arzt gelernt hatte. Als dies keine Früchte zeigte, erhitzte ich deinen Körper künstlich und gab dir über deinen Zorn die Kraft, deine Glieder zu bewegen. Als ich sah, dass deine Heilung begonnen hatte, verließ ich die Stadt, um deinem strafenden Arm zu entfliehen. Ich bitte dich, mich nicht zu dir zu holen, da ich mir der ungerechten und gemeinen Beleidigungen bewusst bin, die ich dir in deiner Hilflosigkeit zugefügt habe und für die ich mich abgrundtief schäme."

Als der König dies vernahm, erfüllte tiefe Dankbarkeit sein Herz, und er bat den Arzt, zu ihm zu kommen, damit er ihm seine Dankbarkeit beweisen könne.

DISKUSSION

88. Wenn die gewohnten „Hilfsmittel" fehlen, sollte man in der Lage sein, mit neuen Mitteln eine Lösung zu erreichen. Es mag manchem vielleicht „unverschämt" erscheinen, wenn sich ein anderer über allgemein gültige Verhaltensregeln hinwegsetzt. Aber manchmal bringen ungewöhnliche Methoden weiter, als lange zu lamentieren, weil die herkömmlichen Methoden versagen. Und wenn allen Beteiligten damit gedient ist, sind hilfreiche „Unverschämtheiten" allemal besser, als den Kopf in den Sand zu stecken. Wer das Ungewöhnliche aber wagt, sollte sich über die Konsequenzen im Klaren sein.

89. Der Zweck heiligt die Mittel – solange es nicht gegen einen anderen Menschen gerichtet ist. Und jeder, der meint, Ungewöhnliches oder gar Unverschämtheiten seien gegen ihn gerichtet, sollte überlegen, ob er dem Ganzen nicht einen anderen Rahmen geben kann, bevor er sich beleidigt zurückzieht oder in Wut ausbricht. Denn nicht alles, was gegen die eigene Person gerichtet erscheint, ist es auch. Manchmal verstehen wir es nur nicht.

Jeder Mensch lebt sozusagen in seinem eigenen Rahmen. Da kennt er sich aus, da weiß er, wie man sich wann zu verhalten hat. Wird er nun mit Dingen konfrontiert, die nicht in seinen Rahmen passen, reagiert er ablehnend, missbilligend, wütend, beleidigt. Und das nützt natürlich niemandem. Besser ist es, erst einmal ruhig Blut zu bewahren und eine positive Absicht hinter dem unverständlichen Verhalten eines anderen zu erkennen. Damit ist nicht gemeint, dass man sich selbst beschwichtigt, sondern dass man sich wirklich bemüht, das Tun des anderen zu begreifen. Das ist nicht nur eine gute Möglichkeit, den eigenen Seelenfrieden wieder herzustellen, sondern auch den gewohnten Rahmen um etwas bisher Fremdes zu erweitern.

90. In manchen Fällen bleibt keine Zeit, über die gescheiteste Lösung zu debattieren; es muss sofort gehandelt werden. Der Intuition vertrauend, ist dann genau das zu tun, was im Augenblick hilfreich und als das einzig Richtige erscheint. Und wenn es denn ungewöhnliche Maßnahmen sind, um zum Beispiel Ihr Team zum Erfolg zu führen, mag das bei den Beteiligten zuerst Unverständnis, vielleicht sogar Zorn auslösen. Auf derartige Reaktionen sollte man bei ungewöhnlichen Handlungen vorbereitet sein. Wenn dann ein befriedigendes Resultat erzielt werden konnte, ist es an der Zeit, den Betroffenen präzise zu erklären, warum so gehandelt werden musste.

9. Der Duft der Rose

Ein orientalischer König hatte eine zauberhafte Frau, die er über alles liebte und deren Schönheit sein Leben überstrahlte. Immer wenn er Zeit hatte, suchte er ihre Nähe. Eines Tages starb die Frau plötzlich und ließ den König in großer Trauer zurück. „Nie", rief er aus, „will ich mich von meinem geliebten jungen Weibe trennen, auch wenn der Tod jedes Leben aus ihren holden Zügen genommen hat." In einem gläsernen Sarkophag bahrte er seine Frau im größten Saal des Palastes auf und stellte sein Bett daneben, nur um keine Minute von ihr getrennt zu sein. Die Nähe zu seiner verstorbenen Frau war sein einziger Trost und gab ihm Ruhe.

Es war aber ein heißer Sommer, und trotz der Kühle des Palastes ging der Leichnam der Frau langsam in Verwesung über. Schon bald begann sich ihr holdes Antlitz zu verändern. Der König in seiner Liebe sah dies nicht. Bald erfüllte der süßliche Geruch der Verwesung den ganzen Raum, und kein Diener wagte es, auch nur seine Nase hereinzustecken. Der König nahm selber schweren Herzens sein Bett und trug es in den Nachbarraum. Obwohl alle Fenster sperrangelweit offen standen, kroch der Geruch der Vergänglichkeit ihm nach, und kein Rosenöl überdeckte ihn. Schließlich band er sich seine grüne Schärpe, das Zeichen seiner königlichen Würde, vor die Nase. Doch nichts half. Es flohen alle Diener und Freunde, und die einzigen, die ihm noch Gesellschaft leisteten, waren die großen, summenden, schwarzschillernden Fliegen.

Dann verlor der König das Bewusstsein. Der Hakim, der Arzt, ließ ihn in den großen Garten des Palastes bringen. Als der König erwachte, strich ein frischer Windhauch über ihn. Der Duft der Rosen umschmeichelte seine Sinne, und das Geplätscher der Fontänen erfreute sein Ohr. Es war ihm, als lebte seine große Liebe noch. Nach wenigen Tagen erfüllte wieder Gesundheit und Leben den König. Sinnend blickte er in den Blütenkelch einer Rose, und *plötzlich erinnerte er sich daran, wie schön seine Frau zu Lebzeiten gewesen und wie immer ekelerregender der Leichnam von Tag zu Tag geworden war. Er brach die Rose, legte sie auf den Sarkophag und befahl seinen Dienern, die Leiche der Erde zu übergeben.*

DISKUSSION

91. Man kann am Alten festhalten, bis man nicht mehr loslassen kann. Aber so gibt es keine Entwicklung, kein Weiterkommen, kein zielorientiertes Handeln. Wer partout an den verstaubten Meinungen und überholten Strategien der „guten alten Zeit" festhalten will, der weiß nicht, dass die Vergangenheit ein Sprungbrett für die Zukunft ist, was nicht heißt, Vergangenes aus der Erinnerung löschen zu müssen. Im Gegenteil. Man kann es in guter Erinnerung behalten, Nutzen daraus ziehen und sich mit diesen Ressourcen den Dingen der Gegenwart zuwenden. Die Ressourcen der Vergangenheit und die im Heute geschaffenen sind die beste Basis, um zu erkennen, was noch zu tun ist, um in der Zukunft dort anzukommen, wo man hin will.

In Unternehmen kann derartiges Denken herausarbeiten, was noch zu tun bleibt, wenn ein klar definiertes Ziel erreicht werden soll. Überlegen Sie, welche Ressourcen Sie in der Zukunft brauchen, um an Ihr Ziel zu gelangen. Dann bilden Sie die Summe der bereits vorhandenen Ressourcen: Was haben Sie in der Vergangenheit schon dafür getan und was tun Sie in der Gegenwart dafür? Die Differenz macht deutlich, was noch getan werden muss, um das Ziel tatsächlich zu erreichen.

92. Nicht immer werden Veränderungen willentlich herbeigeführt. Manchmal sind es äußere Umstände, die zu Veränderungen zwingen. Neue Markteinflüsse, ein verändertes Preisgefüge, eine unerfreuliche Auftragslage, ein allgemeiner Konjunkturrückgang … Sich dagegen zu wehren in der Hoffnung, dass dann alles so bleiben könne, wie es ist, führt eher in den Untergang, als wenn man sich den veränderten Gegebenheiten anpasst. Auch wenn es unangenehm ist, es muss das getan werden, was die Entwicklung fordert.

93. Wenn eine Veränderung ansteht – ob gewollt oder nicht gewollt – muss man bereit sein, Abschied zu nehmen, um sich öffnen zu können für Neues. Wer sich nur schwer von Vergangenem lösen kann, dem wird jeder Schritt zur Veränderung Mühe bereiten, sogar wenn er sie sich wünscht. Der Manager, dessen Zeit für den Ruhestand längst gekommen ist, die Sekretärin, die genau weiß, dass sie den Job wechseln muss, um weiterzukommen, der Mitarbeiter, der Karriere machen möchte, sich aber davor scheut, seine Freizeit für Seminare zu opfern … Sie alle wollen der Veränderung entfliehen, weil sie für die Konsequenzen der Veränderung nicht bereit sind.

10. Kochen oder Beten

'Abdu'l-Bahá, der Sohn Bahá'u'lláhs, des Begründers der Bahá'i-Religion, war auf einer Reise von einer Familie zum Essen eingeladen worden. Die Frau des Hauses meinte es besonders gut und wollte ihre ganze Kochkunst unter Beweis stellen. Als sie die Speisen auftrug, entschuldigte sie sich dafür, dass das Essen angebrannt sei. Sie habe nämlich während des Kochens Gebete gelesen, in der Hoffnung, dass das Mahl dadurch besonders gut gelingen werde. 'Abdu'l-Bahá antwortete mit einem freundlichen Lächeln: „Es ist gut, dass du betest. Nimm aber doch in der Küche das nächste Mal das Kochbuch und nicht das Gebetbuch."

DISKUSSION

94. Alles gleichzeitig tun zu wollen führt dazu, dass nichts richtig gemacht wird. Keiner Aufgabe gilt Ihre volle Aufmerksamkeit. Die Folge sind Stress und Unzufriedenheit, weil nichts richtig erledigt wird. Die eine Arbeit wird angefangen und bald zur Seite gelegt, denn eine zweite erscheint ebenso wichtig. Und während Sie daran sitzen, fällt Ihnen plötzlich noch eine dritte wichtige Aufgabe ein. Jetzt nehmen Sie die in Angriff, und währenddessen kehren Ihre Gedanken wieder zurück zur ersten Arbeit ... Das eine tun und dabei an etwas anderes zu denken, verhindert jede Konzentration und vergeudet eine Menge Energie.

95. Präsenz ist das Zaubermittel, um eine Aufgabe mit voller Konzentration und ohne sinnlosen Energieverlust zu bewältigen. Präsenz bedeutet, die derzeit anstehende Aufgabe mit Ausdauer anzugehen, gleichgültig, wie schwierig oder unerfreulich sie auch sein mag. Bei jeder Aufgabe sollten Sie Ihr Bestes geben. Konzentrieren Sie sich auf das, was Sie gerade tun. Jedes Handeln findet nur in der Gegenwart statt, nicht in der Vergangenheit und nicht in der Zukunft. Verschwenden Sie keinen Gedanken daran, was Sie vor einer Stunde, vor einem Tag oder einem Jahr getan haben, und denken Sie nicht daran, was Sie in einer Stunde, morgen oder in einem Monat erledigen müssen. Das, was Sie gerade tun, ist das Wichtigste, was es zu tun gibt.

96. Um nicht doch in die Gefahr zu kommen, zu viel auf einmal erledigen zu wollen, gönnen Sie sich morgens etwas Zeit, um aufzuschreiben, was Sie an diesem Tag erreichen wollen. Diese Aufgaben sortieren Sie nach ihrer Wichtigkeit und ordnen ihnen dann in immer kleiner werdenden Schritten zu, was erledigt werden muss, um sie erfolgreich beenden zu können. Nun können Sie Punkt für Punkt abarbeiten.

Es lohnt sich, diese Zeit zu investieren. Denn statt dass die Gedanken zwischen all den anstehenden Aufgaben hin und her fliegen, können Sie die Konzentration auf das lenken, was aktuell erledigt werden soll.

11. Es brennt!

Ein Brand brach aus in einem großen alten Haus. Der ihn entdeckte, lief die Zimmer entlang und rief: „Es brennt! Es brennt!" Aber die einen lachten ihn aus: Der Rauch käme doch nur von einem schlecht ziehenden Ofen. Die anderen fingen an zu diskutieren: Wo denn der Brand entstanden sei, warum er sich weiterverbreitete, ob er gefährlich sei wie der, von dem gestern in der Zeitung gestanden habe, wie es denn überhaupt habe passieren können, dass ausgerechnet in ihrem Haus ein Brand habe entstehen können ...

Da wurde der Mann, der diese alle vor dem Tod hatte retten wollen, unwillig und schrie ein letztes Mal: „Es brennt in unserem Haus! Wem sein Leben lieb ist, folge mir nach draußen!" Und stürmte aus dem Haus, über dem die Flammen schon zusammenschlugen.

DISKUSSION

97. Wenn es brennt, dann muss sofort gehandelt werden. Wichtig ist zu retten, was noch zu retten ist. Jedes Wieso und Warum, jede Frage nach dem Grund oder nach dem Schuldigen ist uninteressant, wenn es darum geht, sofort das Richtige in die Wege zu leiten.

Wenn nun aber jeder das tut, wovon er glaubt, dass es das Richtige sei, kann es passieren, dass nichts zusammenpasst. Und deshalb muss es jemanden geben, der auch ad hoc organisieren kann und fähig ist, die richtigen Anweisungen zu geben.

Eine gute Führungskraft weiß auch in brenzligen Situationen, was getan werden muss, wem sie welche Aufgabe zuweisen muss, von wem sie was erwarten kann. Sie kann die Fähigkeiten ihrer Mitarbeiter optimal nutzen. Und sie übernimmt die Verantwortung, wenn alle Löscharbeiten nichts bewirkt haben.

Kein Teammitglied, das motiviert und mit Begeisterung bei der Sache ist, wird lamentieren, diskutieren oder murren, wenn es eine Aufgabe zugeteilt bekommt, die unbequem ist. Jeder wird nach besten Kräften das tun, was der Sache dienlich ist.

98. Wohl in jedem Unternehmen gibt es Schwarzmaler, und das ist völlig unabhängig von der Position. Heute brennt es hier, morgen dort, aber selbst wer mit der Lupe hinsieht, wird noch nicht einmal einen Funken entdecken. Was solche Menschen ein Unternehmen kosten! Denn wahrscheinlich gehen die wenigsten sofort wieder an ihre Arbeit, wenn sich die neueste Brandmeldung mal wieder als Fehlalarm herausgestellt hat. „Wie kommt er denn darauf?" – „Vielleicht war ja doch etwas Wahres daran!" – „Haben Sie Näheres gehört?" Und tagelang wird darüber geredet, denn womöglich ist ja doch ...

Außerdem: Wer regelmäßig aus einer Mücke einen Elefanten macht, dem wird auch nicht geglaubt, wenn der Elefant tatsächlich vor der Tür steht.

99. Dann gibt es noch einen Bereich, in dem es manchmal sogar lichterloh brennt, ohne dass einer auf die Idee käme, ihn zu löschen: das Zwischenmenschliche. Manch einen verzehrt das Feuer jahrelang, weil er sich bei der Beförderung übergangen fühlt, weil ein Kollege ihn schneidet, weil er sich in seinem Aufgabenbereich unter- oder überfordert fühlt. Die Gründe dafür können mannigfaltig sein. Aber gleichgültig, ob es berufliche oder persönliche Ursachen sind, es hilft nur eines: sofort auf den anderen zugehen, mit ihm reden, die Situation klären. Und wenn es die Beteiligten selbst nicht schaffen, braucht es unter Umständen eine auch psychologisch qualifizierte Führungskraft, um den Frieden wieder herzustellen.

- *Der junge Adler*
- *Das Schloss*
- *Das perfekte Kamel*
- *Schwimmen gelernt?*
- *Der Wesir und der Stier*
- *In Allahs Obhut*
- *Der Blitz*
- *Das königliche Bad*
- *Der Duft der Rose*
- *Kochen oder Beten*
- *Es brennt!*

Welche drei Gedanken sind für Sie die wichtigsten?

1.
2.
3.

Und was wollen Sie dafür tun?

1.
2.
3.

4

Delegieren

1. Der Lehrvortrag
2. Richtiger Boden
3. Lebertran
4. Das Loch im Zaun
5. Zweite Geige
6. Futter für den Esel
7. Tauber Puma
8. Der Affe und die Kokosnuss
9. Woher kommt das Licht?
10. Früchte des Baumes
11. Die Rache des Ja-Sagers

1. Der Lehrvortrag

Nasrudin wurde eingeladen, vor der Gemeinde eines nahe gelegenen Dorfes einen Lehrvortrag zu halten. Er stieg aufs Podium und begann: „Liebe Gemeinde, wisst Ihr, worüber ich jetzt sprechen werde?" Ein paar Halbstarke, die nur ihren Spaß haben wollten, brüllten: „Nein!" – „Wenn das so ist", sagte der Mulla würdevoll, „werde ich von dem Versuch, eine so unwissende Gemeinde zu unterweisen, Abstand nehmen."

Nachdem die Dorfältesten von den Störenfrieden das Versprechen erhalten hatte, dass sie ihre Bemerkungen unterlassen würden, baten sie in der folgenden Woche Nasrudin, noch einmal zu ihnen zu sprechen.

„Liebe Gemeinde", begann er wieder, „wisst ihr, worüber ich jetzt sprechen werde?" Einige Leute, die nicht wussten, wie sie reagieren sollten, da der Mulla sie herausfordernd anstarrte, murmelten: „Ja."

„Wenn das so ist", erwiderte Nasrudin, „dann brauche ich ja nichts mehr zu sagen." Und er verließ den Saal.

Nachdem ihn erneut eine Abordnung der Dorfbewohner besucht und ihn angefleht hatte, es doch noch einmal zu versuchen, stellte er sich also ein drittes Mal vor die Versammlung. „Liebe Gemeinde! Wisst ihr, worüber ich jetzt sprechen werde?" Da er auf eine Antwort zu warten schien, riefen die Dörfler: „Einige von uns wissen es, und andere wissen es nicht." – „Wenn das so ist", sagte Nasrudin schon im Gehen, „dann sollen die, die es wissen, es denen erzählen, die es nicht wissen."

DISKUSSION

100. Es gibt Mitarbeiter, die nie wissen, worum es geht und was sie tun sollen, weil sie sich aus Bequemlichkeit nicht mit ihren Aufgaben auseinandersetzen, denn schließlich gibt es ja jemanden, den man fragen kann. Vielleicht haben sie aber generell keine Freude an ihrer Arbeit, können sich für ihre Aufgaben nicht begeistern. Um die geht es hier erst einmal nicht. Es gibt aber auch Mitarbeiter, die ihre Arbeit mit Begeisterung erledigen. Und die sind nicht zwangsläufig dumm, wenn sie nicht wissen, worum es geht. Sie brauchen vielleicht nur eine Erklärung, um ihre Aufgaben zu erfüllen. Sie sind überfordert, weil sie nicht wissen, welchem Zweck ihr Tun gilt. Sie kennen das Ziel nicht. Eine Führungskraft muss erkennen, wann eine Unterweisung, die weder über- noch unterfordert, notwendig ist.

101. Wer angeblich immer weiß, worum es geht und was er zu tun hat, der muss überprüft werden. Abgesehen von einigen Wichtigtuern, die schon Bescheid wissen, bevor man den Mund aufgemacht hat, kann es ja sein, dass es sich um einen Mitarbeiter handelt, der aus Angst, als unwissend oder unfähig abgestempelt zu werden, glaubt, er werde sich schon in die Sache hineinarbeiten können. Um ihn sollte man sich kümmern, ihm die Angst nehmen, seine Wissenslücken zuzugeben, sein Vertrauen in die eigenen Fähigkeiten aufbauen und ihn in seinem Können bestärken.

102. Eine Führungskraft trägt die Verantwortung fürs Gelingen, auch und gerade, wenn sie Aufgaben delegiert. Jeder Mitarbeiter muss entsprechend seiner Befähigung instruiert werden. Das Vertrauen darauf, dass diejenigen, die Bescheid wissen, es denen erzählen, die nicht Bescheid wissen, ist unzureichend. Denn dem Prinzip „Stille Post" entsprechend, glaubt sonst jeder, gut informiert zu sein und hat doch nichts richtig verstanden.

2. Richtiger Boden

Die Arbeit des Erziehers gleicht der eines Gärtners, der verschiedene Pflanzen pflegt. Eine Pflanze liebt den strahlenden Sonnenschein, die andere den kühlen Schatten; die eine liebt das Bachufer, die andere die dürre Bergspitze. Die eine gedeiht am besten auf sandigem Boden, die andere im fetten Lehm. Jede muss die ihrer Art angemessene Pflege haben, anderenfalls bleibt ihre Vollendung unbefriedigend.

DISKUSSION

103. Eine Führungskraft muss Wert darauf legen, die Vorlieben und Abneigungen, die Umstände, unter denen ein Mitarbeiter gedeiht, und die für jeden förderliche Umgebung zu kennen. Nur dann kann sie sicher sein, den richtigen Mitarbeiter für die zu delegierenden Aufgaben einzusetzen. Warum also zum Beispiel einem kreativ begabten Ingenieur eine Aufgabe zuteilen, in der mathematische Berechnungen das Wichtigste sind, wenn es einen anderen gibt, der Zahlen und Formeln geradezu liebt?

104. Jedem müssen auf besondere Art und Weise Aufgaben delegiert werden: Derjenige, der sandigen Boden bevorzugt, braucht vielleicht nur kurze und knappe Anweisungen. Ein anderer, der fetten Lehm braucht, muss ausführliche Erklärungen erhalten.

Wie einem Menschen Aufgaben zugewiesen werden müssen, ist also abhängig von einigen seiner Eigenschaften. Aber was ihm aufgetragen werden kann, ist abhängig von seiner Befähigung. Je höher die Befähigung, umso mehr Befugnisse können dem Mitarbeiter übertragen werden. Und wer delegiert, ist verpflichtet, auch zu befähigen.

105. Sie können nur delegieren, wenn Sie vorher befähigt, den Mitarbeiter in seiner Entwicklung unterstützt haben. Überlegen Sie einmal für jeden Ihrer Mitarbeiter, auf welcher der folgenden fünf Stufen der Befähigung er steht:

- Mitarbeiter auf der ersten Stufe brauchen das Wie und das Was detailliert erläutert.

- Auf der zweiten Stufe ist es nur das Was, das Wie kann er selbst übernehmen.

- Ein Mitarbeiter auf der dritten Stufe der Befähigung braucht nur noch festgelegte Ergebnisse, um das richtige Wie und Was zu erkennen.

- Einem Mitarbeiter auf der vierten Stufe kann die Aufgabe bereits komplett delegiert werden, ihm muss vorher nur noch die Notwendigkeit erklärt werden.

- Der Mitarbeiter auf der fünften Stufe schließlich ist so weit befähigt, dass es reicht, ihm die prinzipielle Aufgabe zu übertragen, den Rest kann man ihm getrost überlassen.

Sollten Sie nun feststellen, dass eigentlich keiner über die dritte Stufe hinaus befähigt ist, dann sollten Sie sich einmal ernsthaft überlegen, was Sie an Ihrer Delegationspraktik verändern können, um Ihre Mitarbeiter weiterzubringen.

3. Lebertran

Ein Mann begann, seinem Hund große Mengen Lebertran zu geben, weil man ihm gesagt hatte, das Zeug sei gut für Hunde. Jeden Tag pflegte er den Kopf des widerstrebenden Tieres zwischen seinen Knien festzuhalten, seine Schnauze gewaltsam zu öffnen und ihm die Flüssigkeit mit einem Löffel einzuflößen.

Eines Tages riss sich der Hund los. Zum größten Erstaunen seines Herrn begann er dann jedoch, den Löffel abzulecken. So kam der Mann darauf, dass der Hund nichts gegen den Lebertran hatte, sondern nur gegen die Art der Verabreichung.

DISKUSSION

106. Keiner möchte autoritär behandelt werden, keiner möchte zu etwas gezwungen werden. Oft liegt es gar nicht an der übertragenen Aufgabe, wenn Mitarbeiter störrisch oder ablehnend darauf reagieren. Sie haben vielleicht nur etwas gegen die Art und Weise, wie ihnen etwas „verabreicht" wird. Die Aufgabe mag ihnen sogar sehr entsprechen, aber sie wehren sich dagegen, weil sie sich von oben herab behandelt fühlen.

107. Delegieren heißt, jemanden an eine Aufgabe heranzuführen, nicht sie ihm diktatorisch zu übertragen.

„Die Aufgabe X muss erledigt werden. Übermorgen erwarte ich Ihr Ergebnis." – Jede zur Lösung notwendige Frage des Mitarbeiters wird damit vermutlich im Keim erstickt. Das Motto „Friss oder stirb" ist bestimmt nicht förderlich für ein motivierendes Abteilungsumfeld.

„Die Aufgabe X muss erledigt werden. Das Ziel ist Y. Haben Sie eine Idee für die Lösung?" schafft eine freundlichere

Atmosphäre und bietet die Chance, Unklarheiten bei der Aufgabenstellung aus dem Weg zu räumen. Dass ein Termin für das Ergebnis festgelegt werden muss, ist natürlich auch in diesem Fall unumgänglich.

108. Auch wenn eine Führungskraft genau weiß, was sie einem Mitarbeiter delegieren kann, um sein Weiterkommen zu unterstützen und seine Karriere zu fördern, wichtig ist, sich auf den Menschen einzustellen und die richtige Form zu finden, ihn an die Aufgabe heranzuführen. Jeder braucht eine andere Art der Ansprache, um Zuversicht in sein eigenes Können zu bekommen und eine vielleicht unangenehme, beschwerliche oder völlig unbekannte Arbeit mit Begeisterung anzufassen.

4. Das Loch im Zaun

Ein Schaf auf der Weide entdeckte ein Loch im Zaun und zwängte sich durch. Es freute sich über die Freiheit und lief weg. Weit, weit weg lief es, bis es sich verlaufen hatte.

Bald merkte das Schaf, dass es von einem Wolf verfolgt wurde. Es lief und lief, aber der Wolf blieb hinter ihm. Bis der Hirte kam und das Schaf rettete. Er trug es behutsam zurück zur Herde. Und obwohl jeder ihn drängte, weigerte er sich, das Loch im Zaun zuzunageln.

DISKUSSION

109. Delegieren heißt nicht, die Lösung einer Aufgabe nur innerhalb eines kleinen Bereichs zu akzeptieren. Mitunter wird dadurch die nötige Kreativität für die Erledigung einer Aufgabe verhindert. Zudem wirkt sich das Gefühl, innerhalb eines gewissen Rahmens die persönliche Freiheit leben zu können, meist sehr positiv auf die zu erledigenden Aufgaben aus.

Mitarbeiter wollen Handlungsfreiheit. Nur dann können sie eigene Ideen entwickeln, nötige Lösungsansätze finden, sind mit Freude bei der Sache und bereit, die Verantwortung für das Ergebnis zu tragen. Natürlich darf die Führungskraft die Verantwortung nicht allein dem Team aufbürden. Vielmehr muss sie genügend Kompetenz haben, um eine mögliche Gefahr frühzeitig zu erkennen und mit schützender Hand abzuwenden.

110. Wenn ein Mitarbeiter durch die gewährte Freiheit in eine missliche Lage kommt, ihm ein Fehler unterläuft oder ein Problem auftaucht, nützt es anschließend niemandem, ihn durch einen Zaun zu begrenzen, hinter dem es nicht mehr viel Möglichkeiten zur Entfaltung gibt. Außerhalb des Zauns liegen für Mitarbeiter und Unternehmen vielleicht manche Gefahren, aber auch viele neue Erkenntnisse. Und von den negativen Erfahrungen kann man dann sogar noch profitieren.

111. Wer aber immer wieder so weit davonläuft, bis er von einem selbst erzeugten Problem fast aufgefressen wird, dem sollte unmissverständlich klar gemacht werden, dass er für dieses Tun die Verantwortung allein zu übernehmen hat. Schließlich sind Führungskräfte nicht dazu da, immer wieder neue Probleme aus der Welt zu schaffen, die nicht entstanden wären, wenn man sich an die Vorgaben gehalten hätte. Verständnis zu zeigen und Hilfestellung zu geben, ist gut und richtig. Aber immer wieder das gleiche Schaf retten zu müssen, ist auf die Dauer anstrengend und unergiebig, zumal wenn die Auswirkungen das gesamte Team und die zu leistende Arbeit in Mitleidenschaft ziehen. Wer nicht bereit ist, mitzuziehen, der soll bei einer anderen Herde nicht mitziehen!

5. Zweite Geige

Ein berühmtes Orchester war zu Gast bei einem arabischen Fürsten, dem es eine Ehre war, nach dem Konzert das gesamte Orchester mit einem köstlichen Mahl zu bewirten. Im Verlauf der angeregten Unterhaltung schien eine Frage des Fürsten sehr naiv zu sein: „Welches Instrument wird am wenigstens gern gespielt?" Verschmitzt lächelnd und ohne zu zögern, antwortete daraufhin der Dirigent: „Die zweite Geige. Jeder möchte furchtbar gern die erste Geige spielen, und es gibt nur wenige, welche die gleiche Begeisterung und das gleiche Interesse für die zweite Geige aufbringen. Alle streben nur nach der Stellung des ersten Geigers, und nur wenige verstehen, wie wichtig der zweite Geiger ist. Alle Orchester haben ausgezeichnete erste Geiger. Aber ohne die zweite Geige gibt es keine Harmonie!"

DISKUSSION

112. Kein Unternehmen kann bestehen, wenn es nur aus ersten Geigern, sprich Führungskräften, besteht. Die Mitarbeiter abzuwerten, weil sie ja nur die „zweite Geige" spielen, beweist, dass deren Wichtigkeit nicht erkannt worden ist. Ohne Mitarbeiter gäbe es das Orchester „Unternehmen" nicht.

113. Wer immer die erste Geige spielen will, dem fällt es schwer zu delegieren. Aber da gibt es ja Gott sei Dank genügend Gründe, warum man keine Arbeiten abgibt: „Ich möchte das Projekt nicht aus den Augen verlieren", „Die Sache ist zu heikel für meine Mitarbeiter", „Das muss ordentlich gemacht werden, da erledige ich es besser selbst." Jeder, der so argumentiert, während ihm die Arbeit über den Kopf wächst und seine Mitarbeiter Däumchen drehen, sollte sich ruhig einmal fragen, warum er keinem Mitarbeiter Verantwortung übertragen möchte. Vielleicht weiß er nicht, dass man

Menschen nur dadurch zur Verantwortlichkeit erziehen kann, dass man ihnen Verantwortung überträgt. Also lassen Sie Ihre Mitarbeiter ruhig einmal die erste Geige spielen. Sie werden erstaunt sein, welche Fähigkeiten in Ihrem Team vorhanden sind.

114. Auch im Kollegenkreis wollen viele die erste Geige spielen. Ein Hinweis auf die eigene Wichtigkeit ist natürlich die Höhe des Gehaltes, manchmal aber auch fast lächerliche Statussymbole: Wer hat den besten Parkplatz, das größte Büro…

Und dann das Gerangel um die profiliertesten Jobs! Alle vermeintlich wichtigen Aufgaben an sich reißen, mit niemandem zusammenarbeiten, lieber Überstunden machen als irgendwann in der zweiten Reihe zu stehen.

Achtung gebührt aber denen, die sowohl fähig sind, die erste Geige zu spielen als auch die Bereitschaft haben, sich mit der zweiten zu bescheiden. Solche Menschen investieren ihre Arbeitskraft und ihr Können in die Gesamtheit und nicht in das eigene Ansehen.

6. Futter für den Esel

Der Mullah kaufte einen Esel. Jemand sagte ihm, er müsse ihm täglich soundso viel Futter geben. Das erschien ihm aber zu viel. Er wollte, so entschied er, den Esel an weniger Futter gewöhnen. Darum verringerte er täglich die Futtermenge. Als der Esel schließlich so gut wie gar kein Futter mehr bekam, fiel er um und war tot.

„Schade", sagte der Mullah, „ich hätte nur noch ein wenig mehr Zeit gebraucht, um ihn daran zu gewöhnen, von gar nichts zu leben."

DISKUSSION

115. Wer delegiert, muss darauf achten, dass Aufgabenstellung und die Menge des „Futters" in Relation zueinander stehen.

Futter ist sowohl materiell als auch ideell zu sehen. Nur langweilige Aufgaben töten die Verantwortungsbereitschaft und führen eher zur inneren Kündigung denn zu verstärktem Verantwortungsbewusstsein. Zu wenig Entlohnung für anspruchsvolle Aufgaben führt zu einem ähnlichen Effekt.

116. Wer seine „Esel" bei Kräften halten will, muss ihnen genügend Futter geben. Das ist natürlich keine einseitige Verpflichtung. Der Mitarbeiter muss beweisen, dass er genügend motiviert ist, um sich aus eigenem Antrieb heraus weiterzubilden. Er muss selbst Einsatz zeigen. Dann kann man fördern, dann kann man ihn unterstützen.

Das Delphin-Training mag das veranschaulichen: Futter gibt es immer über der Leine. Zuerst liegt die Leine unter der Wasseroberfläche und dem Delphin fällt es leicht, an sein Futter zu kommen. Auch wenn die Leine knapp über der Wasseroberfläche liegt, ist es noch einfach, das Futter zu schnappen. Schritt für Schritt wird die Leine dann höhergelegt, bis der Delphin hoch und immer höher springen muss, um an sein Futter zu kommen.

117. Vielleicht bekommen Ihre „Esel" aber auch deshalb kein Futter, weil Sie alles für sich allein behalten wollen? Artig heißt es dann: „Ich möchte niemanden um etwas bitten, wozu ich nicht selbst bereit wäre." Böse ausgedrückt hört es sich so an: „Man bekommt heute doch keinen guten Mitarbeiter mehr." Kann es sein, dass es sich hier um einen fröhlichen Selbstbetrug handelt und Ihnen die Arbeit Ihrer Mitarbeiter mehr Freude macht als die eigene? Dann kann es ebenso sein, dass Sie Ihre jetzige Position an einen anderen abtreten sollten.

7. Tauber Puma

Ein Puma, vom Alter taub, nahm einen Raben in seine Dienste. Der musste ihn warnen, wenn eine Gefahr nahte. Zum Lohn sollte der Rabe einen guten Teil der Beute bekommen, die der Puma erlegte.

In der ersten Zeit ging das ganz gut: Der Vogel passte scharf auf und rettete seinen Herrn mehrere Male, und der Puma gab seinem Diener stets genügend zu fressen. Als der geizige Puma aber nach und nach den Anteil seines Dieners kleiner machte, wurde der Rabe magerer. Der Hunger quälte ihn. Umsonst beklagte er sich bei seinem Herrn. Der erhöhte den Anteil nicht. Unzufrieden und zornig beschloss der Rabe, sich zu rächen. Sorglos verzehrte der Puma eines Tages sein Mahl, da sah der Rabe zwei Männer heranschleichen, aber er zeigte es seinem Herrn nicht an. So wurde der Puma verwundet und gefangen. Noch im Sterben rief er seinem schlechten Diener zu: „Du hast mich verraten! Du hast mich im Stich gelassen!"

„Glaube das nicht", rief ihm der Rabe aus der Luft zu, obwohl der Puma es nicht mehr hören konnte, „ich habe die zwei Männer nicht gesehen. Du hast mich so sehr hungern lassen, dass ich blind geworden bin."

DISKUSSION

118. Selbst auf der faulen Haut liegen, das Team für sich arbeiten lassen und für erbrachte Leistungen auch noch die Lorbeeren einheimsen – das kann nur eine Zeitlang gutgehen. Irgendwann kommt der Zeitpunkt, an dem die Mitarbeiter merken, dass sie ausgenutzt werden. Das kann dazu führen, dass sie murren, übertragene Aufgaben liegenlassen und dadurch Termine nicht eingehalten werden können. Und sollte es der Vorgesetzte dann allein nicht schaffen, das Versäumte rechtzeitig aufzuholen, wird er, falls nicht klüger geworden, den Mühlen der Bürokratie zum Opfer fallen.

Möglicherweise geschieht aber auch folgendes: Die Mitarbeiter merken, dass ihre Führungskraft völlig überflüssig ist, dennoch arbeiten sie fleißig und erfolgreich weiter. Aber klug wissen sie, sich bei den maßgeblichen Managern ins rechte Licht zu rücken. Und eines Tages steht einer aus dem Team neben dem Vorgesetzten und fordert ihn freundlich, aber bestimmt auf, seinen Platz für ihn zu räumen.

119. Wer Aufgaben delegiert und damit Verantwortung überträgt, muss auch dafür sorgen, dass Belohnung und Entlohnung im richtigen Verhältnis dazu stehen. Die negative Auftragslage, die miese Konjunktur, das gekürzte Budget sind für fähige Mitarbeiter ein schlechtes Argument für die nicht gewährte Gehaltserhöhung, wenn sie bemerken, dass sehr wohl genügend finanzielle Mittel da sind, um die Einkommen der Führungskräfte zu erhöhen.

120. Es ist bedenklich, sich auf Mitarbeiter zu verlassen, denen man eine ungerechte Behandlung zukommen lässt. Aufgaben delegieren, Verantwortung abschieben, Pflichten aufbürden und keine Gegenleistung bieten, und sich dann beschweren, weil man in Gefahr geraten ist und sich im Stich gelassen fühlt! Da hilft nichts – für das eigene Verhalten muss man auch selbst die Verantwortung übernehmen, die kann man diesmal nicht delegieren. Und das fällt naturgegeben in einer solchen Situation natürlich besonders schwer.

8. Der Affe und die Kokosnuss

Eine indische Geschichte gibt Anweisung, wie man Affen fängt. Man nehme eine Kokosnuss, höhle sie aus, binde sie an einen Baum und gebe etwas Reis hinein. Das Loch soll gerade groß genug sein, dass der Affe seine Pfote hindurchschieben kann. Wenn er sie nun mit Reis gefüllt hat, ist sie so groß geworden, dass er sie nicht mehr herausziehen kann. Er will aber um jeden Preis den Reis festhalten und ist daher gefangen.

DISKUSSION

121. Die Angst, etwas abzugeben, zu delegieren kann natürlich auch den Grund haben, sich unentbehrlich machen zu wollen. Es gibt keinen Nachfolger, noch nicht einmal einen Stellvertreter, niemand wird in die Materie eingearbeitet, alles wird allein erledigt. Man ist schlicht und einfach nicht ersetzbar. Und das ist doch wohl der beste Schutz gegen Versetzung und Kündigung, oder?

122. Delegieren bringt Erleichterung: Wer nicht loslassen kann, bleibt gefangen in einem unaufhörlichen Räderwerk der Aufgabenbewältigung.

Beleuchten wir einmal die Erleichterung in der Führungsarbeit, wenn normative statt direktive Führung möglich ist.

Die fünf Stufen der Befähigung durch Delegation sind bereits dargestellt worden. Natürlich liegt ihr Sinn nicht allein darin, Mitarbeiter zu befähigen, sondern auch selbst mehr Zeit zu gewinnen. Schauen wir uns die Stufen, erweitert um eine sechste, noch einmal aus dieser Sicht an.

Stufe 1: Die Mitarbeiter sind zu keinen Befugnissen befähigt. Sie können sich nur reaktiv verhalten. Für die Führungskraft heißt das, sie muss Inhalte festlegen, erläutern, anweisen, kontrollieren, vormachen.

Stufe 2: Die Mitarbeiter sind selbst aktiv. Dennoch brauchen sie für jeden Einzelfall präzise Zielvorgaben, sie brauchen Anweisungen, die für diesen Job notwendigen Fähigkeiten müssen trainiert, die Arbeit muss zwischendurch und besonders nach der Zielerreichung kontrolliert werden. Es bleibt also noch viel zu tun für die Führungskraft!

Stufe 3: Auf dieser Stufe zeigt sich schon eine deutliche Arbeitserleichterung: Die Führungskraft muss die Strategien zwar noch entwerfen und organisieren, Ziele und Wege brauchen mit den Mitarbeitern jedoch nur noch als genereller Rahmen vereinbart zu werden. Ihre Fähigkeiten werden jetzt durch Feedback-Systeme erweitert.

Stufe 4: Anweisungen im Detail, Planung und Organisation der Strategien entfallen auf dieser Stufe gänzlich. Die Führungskraft kann sich mehr als Moderator sehen, der umfassend informiert, Sinn und Nutzen der Aufgabe interpretiert, überzeugt und koordiniert.

Stufe 5: Bei Mitarbeitern auf dieser Stufe agiert die Führungskraft vornehmlich als Coach. Sie entwickelt die Rollenidentität, sichert den Spielraum, gibt Freiräume, weckt Ressourcen, betont und verstärkt die Selbständigkeit und Selbstverantwortung des Einzelnen.

Stufe 6: Wer seine Mitarbeiter bis zu dieser Stufe befähigt hat, braucht sich selbst vorrangig nur noch als Vorbild und Mentor zu sehen, der Vertrauen gibt und die Integration in die Firmenvision herausfordert.

Dass die sechste Stufe nicht frei von Verantwortung ist, sondern im Gegenteil eher ein hohes Verantwortungsbewusstsein erfordert, leuchtet ein. Dennoch ist die Erleichterung durch den Wegfall der vielen kleinen Notwendigkeiten offensichtlich. Nun, es liegt an Ihnen, ob Sie weiterhin alles krampfhaft festhalten oder ob Sie Ihre Mitarbeiter durch Delegation zur Befähigung führen und sich selbst dadurch einen größeren Freiraum schaffen.

123. Wer das Erreichte krampfhaft festhält, nicht loslässt, der wird dort verhungern, wo er sich selbst gefangen hält. Und das hat unterschiedliche Auswirkungen.

Derjenige, der aus Angst vor Neuem das einmal Erreichte festhält, wird nicht weiterkommen. Er kann sich weder beruflich noch persönlich entwickeln, solange er nicht bereit ist, etwas aufzugeben.

Und derjenige, der, obwohl seit langem reif für den Ruhestand, immer noch an seiner Position festhält, verhindert das eigene Wohlbefinden. Denn statt sich die durchaus angenehmen Erlebnisse eines neuen Lebensabschnitts zu gönnen, setzt er sich dem Stress des täglichen Berufslebens aus und gerät unter Druck, weil er Sorge hat, nicht mehr gut genug zu sein und irgendwann diskret darauf hingewiesen zu werden, dass er seine Aufgabe nun doch nicht mehr erfüllen kann. Zudem boykottiert er zusätzlich noch das Weiterkommen jüngerer und vielleicht sogar tatsächlich besser qualifizierter Mitarbeiter.

9. Woher kommt das Licht?

Aus Spaß fragte der Mullah einen Jungen: „Hast du die Kerze selbst angezündet?" Er antwortete: „Ja, Herr." Und der Mullah fragte weiter: „Vorher war die Kerze nicht angezündet, und dann brannte sie plötzlich – kannst du mir die Quelle zeigen, woher das Licht kam?" Und der Junge lachte, blies die Kerze aus und sagte: „Jetzt hast du gesehen, wie das Licht gegangen ist. Wohin ist es gegangen? Sag es mir!"

DISKUSSION

124. Demut gegenüber anderen Menschen, also gegenüber den Mitarbeitern, in der beruflichen Zusammenarbeit ist eine bemerkenswerte Haltung. Demut wird leider oft missverstanden als Unterwürfigkeit, heißt aber, jemand anderem mit Respekt und Achtung zu begegnen, ihn nicht als „Untergebenen" zu behandeln, sondern zu wissen, dass auch er Fähigkeiten hat, von denen mancher „Höhergestellte" sehr viel lernen kann. Delegieren und sich damit unter Beweis stellen zu wollen, ist dumm. Dadurch wird jede Chance verbaut, von seinen Mitarbeitern etwas zu lernen. Mitarbeiter sind keine dummen Schafe, denen alles bis ins Detail vorgekaut werden muss. Ihre Ideen können durchaus geeignet sein, um den Horizont des Unternehmens zu erweitern.

125. Führungskräfte und Mitarbeiter sind sich gegenseitig gute Lehrer, besonders wenn es nicht um theoretisches, beweisbares Wissen geht. Denn das ist nur ein Teil des menschlichen Wissens, und nicht immer hilft es weiter. Sollen schwer zu lösende Aufgaben delegiert werden, mag es hilfreich sein, wenn Führungskraft und Mitarbeiter mit Gedanken spielen und dadurch Fragen aufwerfen, die niemand beweisbar beantworten kann, aber dennoch eine Ahnung entstehen lassen, wie vorgegangen werden kann. Vielleicht kann sich dann intuitiv der richtige Weg zum gewünschten Ergebnis herausbilden – nicht erklärbar, nicht beweisbar. Aber auch so kann es funktionieren.

126. Belehrende Führungskräfte, die bei der Erläuterung einer zu delegierenden Aufgabe nur ihr eigenes Wissen zur Schau stellen wollen, werden manchmal eines Besseren belehrt. Wer durch seine Fragestellung jemand anderen bloßstellen will, baut sich selbst eine böse Falle, wenn mit einer Gegenfrage geantwortet wird, die nicht beantwortet werden kann.

10. Früchte des Baumes

Beobachte auch, wie die Frucht, bevor sie wächst, als Anlage im Baume liegt! Würde der Baum in Stücke gehauen, so könnte man doch keine Andeutung und nicht das kleinste Stückchen einer Frucht darin finden. Sobald sie sich aber entwickelt, kommt sie, wie du gemerkt hast, in wunderbarer Schönheit und herrlicher Vollkommenheit zum Vorschein. Manche Früchte erreichen die höchste Entwicklung sogar erst, nachdem sie vom Baum gepflückt worden sind.

DISKUSSION

127. Wer delegiert, sollte darauf achten, welcher Mitarbeiter durch seine Anlagen und sein Talent für welche Aufgaben geeignet ist. Nicht immer sind Fähigkeiten offensichtlich, und manchmal liegen besondere Fähigkeiten außerhalb des vermeintlich wichtigen beruflichen Könnens. Aber jeder trägt eine

Anlage für etwas Bestimmtes in sich. Wer das erkennt, ist in der Lage, das Potenzial eines Unternehmens zu entwickeln und den nötigen Nachwuchs richtig fördern.

128. Jeder ist zu irgendetwas befähigt, und eine Führungskraft, die darauf achtet, was ein Mitarbeiter besonders gut kann, und ihn unterstützt beim Ausbau seiner Fähigkeiten, wird mit etwas Geduld eine vorzügliche Frucht zur Entwicklung bringen.

Allerdings: Es muss sichergestellt sein, dass man seine Energie nicht in „faules Obst" investiert. Faules Obst darf mit gesunden Früchten nicht in eine Kiste geworfen werden. Denn dann besteht die Gefahr, dass bald alle „verdorben" sein werden.

129. Nehmen wir den Baum als Sinnbild für eine Abteilung, dann hilft es einem Mitarbeiter vielleicht sogar, ihn „vom Baum zu pflücken", in eine andere Abteilung versetzen zu lassen, in der es für seine Fähigkeiten geeignetere Aufgaben gibt.

Steht der Baum hingegen als Sinnbild für einen Mitarbeiter, dann sollte die Führungskraft nicht nur Art und Weise der Aufgabenerledigung bewerten, sondern auch beobachten, was die Folge dieser Arbeit ist. Die Arbeit mag noch so gering erscheinen, die Frucht kann ungeheuer groß sein und zur Entwicklung des gesamten Unternehmens beitragen.

11. Die Rache des Ja-Sagers

Im Garten eines Weisen lebte einst ein prächtiger Pfau. Das Tier war die besondere Freude des Gärtners, der es hegte und pflegte. Voller Neid und Habsucht schaute ein Nachbar immer wieder über den Zaun, konnte er es doch nicht zulassen, dass jemand einen schöneren Pfau hätte als er selber. In seinem Neid bewarf er das Tier mit Steinen.

Dies sah wiederum der Gärtner und war darüber sehr erbost. Doch der Pfau ließ dem Nachbarn keine Ruhe. Nach einiger Zeit begann er, dem Gärtner zu schmeicheln und fragte, ob er nicht wenigsten ein Pfauenküken bekommen könnte. Kategorisch lehnte der Gärtner ab.

Schließlich wandte sich der Nachbar demütig an den weisen Herrn des Hauses, ob er nicht wenigstens ein Ei des Pfauen bekommen könnte. Er wollte es einer Henne unterlegen und es von ihr ausbrüten lassen. Der Weise bat seinen Gärtner, dem Nachbarn ein Ei aus dem Gelege des Pfauen zu schenken. Der Gärtner tat wie ihm geheißen.

Nach einiger Zeit kam der Nachbar und beklagte sich bei dem Weisen. „Mit dem Ei stimmt etwas nicht, meine Hühner saßen Wochen darauf, und doch will kein Pfau ausschlüpfen." Zornig zog er sich zurück.

Der Weise rief seinen Gärtner: „Du hast doch unserem Nachbarn ein Ei gegeben. Warum schlüpft aus ihm kein Pfau?" Der Gärtner antwortete: „Ich habe ihm das Ei vorher gekocht." Der Weise schaute erstaunt. Darauf meinte der Gärtner entschuldigend: „Sie haben mir gesagt, ich solle ihm ein Pfauenei schenken. Davon, ob es gekocht oder nicht gekocht sein sollte, haben Sie mir nichts gesagt ..."

DISKUSSION

130. Der Befehl, etwas tun zu müssen, mag unter Umständen den eigenen Werten widersprechen. Vielleicht ist es sinnvoll, das Delegieren einer Aufgabe mit der Frage nach Einwänden oder Überlegungen zu verbinden, die dem gewünschten Ergebnis entgegenstehen könnten. Manchmal mag es die delegierte Aufgabe allein sein, die den Werten des Mitarbeiters entgegensteht. Manchmal ist es aber nicht die Aufgabe an sich, sondern die streng vorgegebenen Verhaltensweisen, mit denen er sie bearbeiten soll. In beiden Fällen wird die Durchführung schwer zu bewältigen sein.

131. Wird Ihnen als Führungskraft das Ergebnis einer delegierten Arbeit vorgelegt, und es ist anders ausgefallen als von Ihnen erwartet, dann begeben Sie sich bitte nicht sofort in eine Negativ-Bewertung des Mitarbeiters. Fragen Sie ihn, welche Vorgehensweise er gewählt hat, warum er sie gewählt hat oder was ihn zu diesem Ergebnis hat kommen lassen. Vielleicht stellt sich heraus, dass der Grund nicht mangelndes Können oder fehlendes Sachwissen ist, sondern darin liegt, dass die Aufgabenstellung von Ihnen nicht korrekt formuliert wurde.

132. Delegieren heißt, eine Aufgabe so präzise wie möglich zu übertragen, denn die Bandbreite der Interpretationsmöglichkeiten kann sehr groß sein. Versuchen Sie, durch Fragen des Mitarbeiters und durch eigene Fragestellungen zu erkennen, ob irgendwo noch Unklarheiten bestehen. Und geben Sie sich ruhig die Mühe, auf den unterschiedlichen Erklärungsbedarf Ihrer Mitarbeiter einzugehen. Es dient dem gesamten Unternehmen.

- Der Lehrvortrag
- Richtiger Boden
- Lebertran
- Das Loch im Zaun
- Zweite Geige
- Futter für den Esel
- Tauber Puma
- Der Affe und die Kokosnuss
- Woher kommt das Licht?
- Früchte des Baumes
- Die Rache des Ja-Sagers

Welche drei Gedanken sind für Sie die wichtigsten?

1. _____
2. _____
3. _____

Und was wollen Sie dafür tun?

1. _____
2. _____
3. _____

5

Kommunizieren
Gespräche
Moderieren
Kontakt

1. Schlaue Dörfler
2. Mond im Eimer
3. Geraubter Kuss
4. Argumente
5. Der König sprach zu mir
6. Zwei Kilo dicke Bohnen
7. Verlorene Zähne
8. Drei Siebe
9. Der Polstersessel
10. Momo
11. Teure Fragen

1. Schlaue Dörfler

Ein Bauer kam zum Mullah und sagte: „Dein Stier hat meine Kuh auf die Hörner genommen. Habe ich Anspruch auf Schadenersatz?"

„Nein", sagte der Mullah sofort, „der Stier ist nicht für seine Handlungen verantwortlich."

„Äh, Verzeihung", sagte der schlaue Dörfler, „ich habe es ganz verdreht dargestellt. Was ich meinte ist, dass deine Kuh von meinem Stier aufgespießt wurde. Aber die Situation ist ja die gleiche."

„Da bin ich nicht so sicher", sagte Nasrudin, „ich werde lieber mal in meinen Gesetzbüchern nachschlagen, um zu sehen, ob es einen Präzedenzfall dafür gibt."

DISKUSSION

133. Entscheidend ist, von welcher Seite man die Dinge betrachtet. Hier sei noch einmal die Geschichte von dem Elefanten strapaziert, der in einem dunklen Stall steht, umgeben von etlichen Menschen, die noch niemals einen Elefanten gesehen haben und herausfinden wollen, wie denn nun ein Elefant aussieht. Vorsichtig berühren sie das mächtige Tier, jeder an einer anderen Stelle. Der erste fühlt den Rüssel und behauptet: „Ein Elefant ist ein längliches, glattes Ding, ähnlich einer Schlange." Ein zweiter, der das Ohr ergriffen hatte, widersprach: „Nein, ein Elefant ist einem Fächer sehr ähnlich", worauf ein dritter, der den Rücken ertastet, einwarf: „Das stimmt alles nicht. Ein Elefant ist gerade und flach wie eine Liege." Undsoweiter, undsoweiter. Jeder der das Tier berührte, glaubte, die Wahrheit zu wissen. Doch jeder konnte nur das interpretieren, was er wahrgenommen hatte.

Wenn es der Sache dient, mag es in Gesprächen durchaus richtig sein, die gleiche Sache von verschiedenen Seiten zu beleuchten. Denn je mehr Sichtweisen ins Spiel kommen, um so eher kann man sich ein annähernd der Wahrheit entsprechendes Bild vom Ganzen machen.

Unfair ist es dagegen, jemanden ins Unrecht setzen zu wollen, nur um selber recht zu behalten.

134. Der Verstand ist schlau, besonders dann, wenn es darum geht, dass er recht behält. Und er strengt sich an, Gehörtes und Gesagtes so zu interpretieren, dass er recht behalten kann, logisch, belegbar, beweisbar. Jedes Mittel ist ihm recht. Und da nun der Verstand eines jeden Menschen recht behalten will, gibt es eine Unmenge an Wahrheiten, jede für sich alleine absolut logisch, belegbar, beweisbar.

Um nun aus den vielen persönlichen Wahrheiten eine möglichst objektive herauszufinden, können Sie sich des Mittels der Argumentationslogik bedienen. Stellen Sie jeweils zwei Behauptungen in Relation zueinander, und versuchen Sie, den gemeinsamen Nenner herauszufinden.

Anhand einiger, zugegeben banaler Beispiele kann das verdeutlicht werden.

1. Beispiel:
1. Behauptung: Alle Fische können schwimmen.
2. Behauptung: Ein Stein kann nicht schwimmen.
Schlussfolgerung: Ein Stein ist kein Fisch.

2. Beispiel:
1. Behauptung: Alle Vögel können fliegen.
2. Behauptung: Kein Baum kann fliegen.
Schlussfolgerung: Ein Baum ist kein Vogel.

3. *Beispiel:*
1. Behauptung: Alle Vögel können fliegen.
2. Behauptung: Ein Schmetterling kann fliegen.
Schlussfolgerung: Ein Schmetterling ist ein Vogel.
4. *Beispiel:*
1. Behauptung: Peter ist fleißig.
2. Behauptung: Chinesen sind fleißig.
Schlussfolgerung: Peter ist ein Chinese.

Ohne allzu tief in die Argumentationslogik eindringen zu wollen, ist klar, dass bestimmte Voraussetzungen gegeben sein müssen, um zu einer logischen Schlussfolgerung zu kommen. Die Beispiele drei und vier zeigen, dass zwei positive Behauptungen nicht immer eine logische Schlussfolgerung zulassen. Die beiden ersten Beispiele, in denen jeweils eine positive und eine negative Behauptung vorhanden sind, führen zu einer logischen, negativ ausgedrückten Schlussfolgerung.

Interessierte können mit entsprechender Literatur oder Seminaren zu diesem Thema dem Geheimnis näher kommen.

135. Die Aufgabe eines Team-Moderators, und als solchen sollte sich auch eine gute Führungskraft verstehen, ist es, gekonnte verbale Verdrehungen ebenso zu erkennen wie das mangelnde Vermögen, sich sprachlich geschickt auszudrücken. Sein Ziel muss es sein, die Gleichheit aller zu gewährleisten. Und das heißt natürlich auch, ungeschulte Redner und deren Argumente ebenso aufmerksam wahrzunehmen, wie Dialektiker und Rhetoriker, die ihre Standpunkte auf sophistische Art zu beweisen versuchen.

2. Mond im Eimer

Eine junge Frau sah, wie der Mond sich in einem Wassereimer spiegelte, den sie trug. Sogar Spiegelungen sind schön, wenn sie Schönheit widerspiegeln.

Während sie so ging, beobachtete sie das Spiegelbild des Vollmonds auf der Oberfläche des Wassers in ihrem Eimer. Plötzlich rissen die Bambusschnüre, die den Holzeimer zusammenhielten, und der Eimer fiel auseinander.

Das Wasser schoss heraus, das Spiegelbild des Mondes verschwand. Da verstand sie den Unterschied zwischen Original und Nachahmung.

DISKUSSION

136. Es ist eine schöne Sache, einen Gesprächspartner zu haben, der die eigenen Denk- und Verhaltensweisen widerspiegelt. Alles ist wohlbekannt und vertraut. So ist ein guter Kontakt schnell hergestellt.

Da ist es schon schwieriger, in der Kommunikation einem Menschen gegenüberzustehen, mit dem es wenig Übereinstimmung im Denken und Verhalten gibt. Irgendwie ist der Kontakt gestört, und schnell kann es zu Missverständnissen führen, weil das Fremde und Unbekannte nur den eigenen Mustern entsprechend wahrgenommen werden kann. Oft ist völliges Unverständnis das einzige Resultat eines solchen Gesprächs.

Gleich welcher Art die Kommunikation nun ist, sie ist immer eine Reflexion des eigenen Denkens und Verhaltens. Im ersten Fall ist das natürlich recht leicht zu erkennen. Im zweiten Fall ist das schon etwas diffiziler. Wir sind so gefangen in unserer eigenen Realität, halten fest an unseren eigenen Standpunkten, und übersehen dabei allzu leicht, welchen Lehrstoff uns gerade derjenige bietet, der konträr zu uns denkt und handelt.

137. Wer möchte nicht gut angesehen sein, verstanden und gelobt werden! Auch aus diesem Grund gibt es unter Mitarbeitern und Führungskräften gleichermaßen Menschen, die anderen das Wort reden. Sie sind, um das Bild der Geschichte zu benutzen, das Wasser, in dem sich der Mond spiegelt. Der Ursprung der Meinungen, die sie vertreten, liegt nicht in ihnen. Sie ahmen nur nach, weil sie ihr Gesicht nicht verlieren wollen. Und sollten einmal die „Bambusschnüre" reißen, das derzeitige Gefüge sich auflösen, dann bleibt nichts zurück. Denn kein Mensch kann sein Gesicht auf Dauer wahren, wenn es nur die Widerspiegelung eines anderen ist.

Also: Nicht jeder ist gleich ein Querulant, wenn er seine eigene Meinung mit Überzeugung und guten Argumenten vertritt, auch wenn sie der Meinung des Vorgesetzten entgegensteht. Denn in Gesprächen, die zu einer Lösung führen sollen, geht es darum, der Wahrheit ein Stück näherzukommen, nicht darum, die eigenen Meinungen durch den Gesprächspartner widergespiegelt zu bekommen.

138. Bestmögliche Ergebnisse, effiziente Lösungen, die optimale Bewältigung anstehender Aufgaben sind unter anderem das Spiegelbild eines guten Teams. Doch das Spiegelbild droht sich aufzulösen, wenn durch Konfliktgespräche die Bambusschnüre bis zum Zerreißen gespannt sind. Den Eimer vor dem Auseinanderfallen zu retten, das Wasser vor dem Herausfließen zu bewahren, hängt dann von der Fähigkeit ab, eine gute Moderation zu führen. Meist ist das wohl die Aufgabe der Führungskraft, und die sollte keine Zeit verlieren, um diesen Konflikt so schnell wie möglich aus der Welt schaffen. Welche Methode sie dabei benutzt, ist natürlich abhängig von der Art des Konflikts. Manchmal hilft ein konstruktives Brainstorming mit allen Mitarbeitern, manchmal ist ein komplizierter, gut strukturierter Problemlösungsprozess vonnöten, manchmal ist es vielleicht nützlicher, sich nur mit denjenigen zusammenzusetzen, die das Problem haben entstehen lassen.

Eine gute Führungskraft ist geschult genug, um die geeigneten Maßnahmen zu erkennen und durchzuführen. Sie trägt die Verantwortung dafür, dass das Spiegelbild des Teams bewahrt bleibt.

3. Geraubter Kuss

Eine Frau kam sehr aufgeregt zum Ghazi, zum Bezirksrichter, und beklagte sich, dass ein fremder Mann sie mit Gewalt küssen wollte. Die Frau rief: „Ich verlange von Ihnen Gerechtigkeit. Ich komme nicht zur Ruhe, bis Sie den Übeltäter bestraft haben. Das verlange ich von Ihnen, das ist mein Recht." Dabei stampfte sie temperamentvoll mit ihrem kleinen Fuß auf und blitzte den Richter zornig an. Dieser war ein weiser Mann. Er überlegte lange und sprach dann den Richterspruch: „Man hat dich ungerecht behandelt. Du solltest also Gerechtigkeit erfahren. Der Mann hat dich gewaltsam und ohne deinen Willen geküsst. Damit Gerechtigkeit herrscht, lautet mein Richterspruch: Du sollst ihn auch mit Gewalt und gegen seinen Willen küssen." An den Gerichtsdiener gewandt, befahl er, den Mann herbeizuholen, damit er seine Strafe empfange.

DISKUSSION

139. Das in der Geschichte geschilderte Urteil des Richters mag für die Frau die gewünschte Rechtfertigung bedeuten, ob der verurteilte Mann sich dadurch bestraft fühlt, sei unter den gegebenen Umständen allerdings dahingestellt. Eines ist aber wohl sicher: Durch den weisen Richterspruch wird kein neuer Streit heraufbeschworen.

Das ist gekonnte Konfliktlösung: Dem „Ankläger" ist Gerechtigkeit widerfahren, der „Angeklagte" fühlt sich nicht zu weiterführenden Vergeltungsmaßnahmen veranlasst.

140. Wer Gerechtigkeit als „Auge um Auge, Zahn um Zahn" interpretiert, setzt einen Prozess in Gang, der immer wieder neue Konflikte heraufbeschwört und niemals ein Ende findet.

Sie als Führungskraft stehen vor der Aufgabe, einen extremen Konflikt zwischen zwei Mitarbeitern zu bereinigen. Tun Sie um Gottes willen nichts, was neue Rachegefühle bei einem der beiden heraufbeschwören könnte. Ziel kann nur sein, Verständnis und Auseinandersetzung mit dem Denken des anderen zu bewirken, statt „schlagende Argumente" ins Feld zu führen.

Und wenn Sie sich mit der Rolle eines weisen Richters überfordert fühlen, dann lassen Sie die beiden Widersacher doch einfach selbst das Problem lösen – unter Ihrer Moderation natürlich.

Spannend, aber auch sehr hilfreich ist es, wenn Sie die beiden Mitarbeiter für eine fast spielerische Klärung gewinnen können. Dafür stellen Sie am besten drei Stühle so auf, dass sie die Spitzen eines Dreiecks bilden. Jedem von Ihnen wird ein Stuhl zugeordnet, und wer beim jetzt beginnenden „Spiel der unterschiedlichen Sichtweisen" den Stuhl wechselt, muss in die Rolle desjenigen schlüpfen, auf dessen Stuhl er sitzt, das heißt, er muss dessen Meinung vertreten. Niemand darf unterbrochen werden, während er redet.

Zuerst schildern die beiden Mitarbeiter das Problem aus ihrer jeweiligen Sicht. Sie als Moderator des Spiels tauschen dann nacheinander mit den beiden die Plätze und wiederholen die unterschiedlichen Darstellungen. Wenn Sie dann wieder auf dem Ihnen zugeordneten Stuhl sitzen, tauschen die beiden Kontrahenten ihre Plätze und schildern aus der Sichtweise des jeweils anderen das Problem. Zwei gegnerische Sichtweisen sind nun jeweils dreimal vorgetragen worden.

Nun geht's an die Lösung. Auch dafür werden wieder die Plätze getauscht, so dass jeder einmal in die Rolle des Moderators und der beiden Mitarbeiter geschlüpft ist und aus dieser Position heraus einen Lösungsvorschlag angeboten hat – natürlich wieder aus der Sicht desjenigen, dessen Platz er eingenommen hat.

Aus den so gewonnenen neun Vorschlägen wird sich mit größter Wahrscheinlichkeit ein Weg herauskristallisieren, der alle Beteiligten zufriedenstellt.

141. Gerechtigkeit am Ziel orientiert, ist in der Kommunikationsführung für alle ein Gewinn. Was aber ist Gerechtigkeit? Das Prinzip „Wie du mir, so ich dir" bestimmt sicherlich keine „weise" geführte Kommunikation. Das führt nur zu einem unfruchtbaren Schlagabtausch, zu mehr nicht. Wer ein Gespräch moderiert, muss darauf achten, dass allen Gerechtigkeit widerfährt. Das erfordert die Fähigkeit zu einer geschickten Gesprächsführung, die jedem Beteiligten die gleichen Möglichkeiten bietet, seine Ansichten und Vorschläge darzustellen und seine Meinung zu den Diskussionspunkten zu äußern.

4. Argumente

Zwei Händler hatten auf der Straße eine hitzige Auseinandersetzung, und schnell sammelte sich ein Kreis von Neugierigen. Ein Fremder, der auch dabeistand, sagte zu den Umstehenden, dass die beiden wohl bald handgreiflich werden würden. „Das glaube ich nicht", antwortete einer der Einheimischen, „denn derjenige, der zuerst zuschlägt, gibt damit zu, dass ihm seine Argumente ausgegangen sind."

DISKUSSION

142. Sie kennen sicherlich die Vexierbilder, die unterschiedliche Motive darstellen, je nachdem, welche Sichtweise der Betrachter einnimmt. Das bekannteste ist wohl das, in dem sowohl die Gestalt einer jungen als auch das Gesicht einer alten Frau zu erkennen sind.

Jedes Ding hat zwei, meist sogar mehrere Seiten. Und es fällt schwer, mehr als nur die Seite zu sehen, die den eigenen Denkinhalten entspricht. Wenn bei Ihnen nur das Denkmuster „junge Frau" vorhanden ist, müssen Sie Ihren Standpunkt verteidigen, sobald jemand das Denkmuster „alte Frau" vertritt. Sie können Ihre Sichtweise nicht verändern, weil Ihr Denken begrenzt ist. Erfahrungen, Erkenntnisse, Lerninhalte, und natürlich auch Vorurteile und übernommene, nicht nachgeprüfte Meinungen anderer Menschen sind die Basis Ihrer Standpunkte und setzen den Rahmen für Ihr Denken. Alles, was außerhalb dieses Rahmens liegt, ist fremd und wird abgewehrt. Und das ist logisch. Denn außerhalb des Rahmens breitet sich ein Feld unendlicher Möglichkeiten für andere Sichtweisen aus. Das verunsichert, verwirrt und wirkt bedrohlich.

Standpunkte geben Sicherheit. Sie setzen den Rahmen für das, was wir wissen, was wir denken, meinen, glauben, wollen, dürfen, sollen ... Das ist gut so, denn damit haben wir Orientierungshilfen in den Vielschichtigkeiten des Lebens. Weniger gut ist, dass wir alles, was mit den eigenen Standpunkten nicht übereinstimmt, als falsch ablehnen und nur selten bereit sind, aus dem persönlichen Rahmen zu treten und eine veränderte Sichtweise einzunehmen. Und sei es auch nur für eine kurze Zeit, um denjenigen zu verstehen, der einen anderen Standpunkt als den unseren bezieht; vielleicht aber auch, um sich selbst die Möglichkeit zu geben, den Rahmen des eigenen Denkens zu erweitern.

143. So wichtig auch Standpunkte für das Leben eines jeden Menschen sind, sie bergen ein großes Risiko in sich: Wer seinen Standpunkt nicht verlassen kann, will recht haben, muss recht bekommen. Denn sonst besteht die Gefahr, aus dem gewohnten, sicheren Rahmen herauszufallen in die Verwirrung. Und Standpunkte zu verteidigen, recht haben zu wollen, kostet eine Unmenge Energie. Versuchen Sie einmal folgendes: Sie legen Ihre Handflächen gegen die eines anderen Menschen und sagen: „Ich habe recht." Dabei drücken Sie gegen seine Hände und halten den Druck aufrecht, während nun Ihr Partner behauptet, er habe recht. Mit jedem Mal, dass einer von Ihnen sagt: „Ich habe recht", verstärkt er den Druck. Wie lange halten Sie das durch?

Den anderen von seinem Standpunkt überzeugen zu wollen, recht haben zu wollen, übt Druck aus, selbst wenn die schönsten Argumente ins Feld geführt werden. Und Druck erzeugt bekanntlich Gegendruck.

144. Standpunkte sind Barrieren der Wahrnehmungsmöglichkeiten. In der Kommunikation führen sie zu Missverständnissen und Unterstellungen. Es werden Informationen herausgefiltert, Inhalte hinzugefügt, Interpretationen vorgenommen, die dem eigenen Denken zwar entsprechen, aber mit dem Gesagten nichts zu tun haben. Und das hängt nicht nur damit zusammen, dass es manchmal schwer fällt, Verständnis für das Denken anderer aufzubringen, sondern auch damit, dass wir nicht nur zuhören, sondern währenddessen schon Gegenargumente und Verteidigungsstrategien überlegen. Denn es geht darum, die eigenen Standpunkte zu verteidigen.

Sokrates, dem griechischen Philosophen, wird folgende Gesprächstechnik zugeschrieben, die zu einer sensibleren Wahrnehmung in der Kommunikation führt und zu der Fähigkeit, den Standpunkt eines anderen nachvollziehen zu können.

Drei Personen sind an diesem Gespräch beteiligt, sagen wir A, B und C. Die Übung besteht aus drei Gesprächsrunden von jeweils 10 bis 15 Minuten und einer anschließenden halbstündigen Analyse. In der ersten Runde haben A und B konträre Meinungen zu dem Thema, C fungiert als Beobachter, achtet darauf, dass die Regeln eingehalten werden und stoppt die vereinbarte Zeit. Nun stellt A mit einem Satz eine Behauptung auf. Bevor B darauf antworten darf, muss er diesen Satz wiederholen, ohne den Sinn zu entstellen. Wenn A mit „stimmt" oder „richtig" antwortet, darf B seine Antwort geben. Sagt A hingegen „falsch" oder „stimmt nicht", muss B den Satz so lange wiederholen, bis er mit der Aussage von A übereinstimmt. Erst dann darf er antworten. Nach Ablauf der ersten Runde ist C Gesprächsteilnehmer und A übernimmt die Aufgabe des Beobachters. In der dritten Runde ist B der Beobachter, A und C führen das Gespräch. Danach erfolgt gemeinsam die Analyse der geführten Gespräche.

Wenn Sie mit Ihrem Team diese Technik üben, werden Sie feststellen, wie schwer es ist, etwas Gehörtes nicht sinnentstellend zu wiederholen. Das liegt zum einen natürlich daran, dass wir nicht richtig zuhören können, sondern während des Hörens schon über die Antwort nachdenken. Zum anderen liegt es aber auch daran, dass manche Informationen beim Zuhörer gar nicht ankommen oder dass er glaubt, Informationen wahrgenommen zu haben, die gar nicht gesagt wurden. Der Grund dafür sind unsere festgefahrenen Meinungen, unsere Standpunkte. Wir konzentrieren uns in einem Gespräch auf das, was uns vertraut ist; wir haben Schwierigkeiten, das zu behalten, was unserer Meinung stark widerspricht, und besonders schwierig ist es, dieses auch noch als positives Argument zu wiederholen. Und wir unterstellen dem anderen Aussagen, die er nie gemacht hat, weil wir sie unserer eigenen Meinung entsprechend interpretieren.

5. Der König sprach zu mir

Der Mullah war aus der Residenz in sein Heimatdorf zurückgekehrt. Die Dorfbewohner scharten sich um ihn, um zu hören, welche Abenteuer er zu berichten habe. „Ich will vorerst nicht mehr sagen", verkündete Nasrudin, „als dass der König zu mir gesprochen hat." Ein erregtes Raunen ging durch die Menge. Der König hatte tatsächlich zu einem Einwohner ihres Dorfes gesprochen! Dieser Happen war für die Dörfler mehr als genug. Die Menge zerstreute sich, und jeder ging, die wunderbare Nachricht zu verbreiten. Nur der Einfältigste blieb zurück und fragte den Mullah, was der König denn genau gesagt habe. „Nun, er sagte – und er sagte das ganz deutlich, damit du's weißt, so dass jedermann es hören konnte – er sagte: ‚Geh mir aus dem Weg.'"

Der Einfallspinsel war mehr als zufrieden. Die Brust schwoll ihm vor Stolz. Hatte er nicht des Königs eigene Worte vernommen und den Mann mit eigenen Augen gesehen, an den sie gerichtet waren?

DISKUSSION

145. Der Schein trügt. Wenn der Kollege an seinem Geburtstag zum obersten Direktor gerufen wird, hat das noch lange nichts mit einem persönlich ausgesprochenen Glückwunsch zu tun. Aber mit einem kleinen Lächeln und äußerst zurückhaltenden Äußerungen kann man alle in dem Glauben lassen, es sei so gewesen. Es braucht ja wirklich keiner zu wissen, dass ihm eine letzte Chance angeboten wurde, um seine drohende Kündigung zu vermeiden. Dieser Mensch kann sich geschickt präsentieren! Und vielleicht beeindruckt er damit den einen oder anderen, sicherlich aber ruft er bei manchen Neid hervor. Wieso der? Warum nicht ich? In der Gerüchteküche brodelt es. Und das ist uneffektiv, kostet Arbeitszeit und damit dem Unternehmen Geld, und außer einem gestörten Arbeitsklima kommt dadurch nichts zustande.

Wenn es in der Kommunikation ums Wesentliche geht, hat die geübte Selbstpräsentation der Wichtigtuer und Blender dort ebenso wenig zu suchen wie die Gerüchteküche. Beeindruckt werden kann damit ohnehin nur der Typus Mensch, der schluckt, was man ihm präsentiert, ohne nachzufragen und nachzudenken. Sollte es dennoch einmal in Ihrem Team dazu kommen, dass jemand mehr um die Darstellung seiner eigenen Person als um die Sache bemüht ist, muss es Ihre Aufgabe als Moderator sein, das Gespräch so schnell wie möglich wieder auf den Kern zu lenken.

146. Eine geschickte Präsentation ist natürlich immer dann wichtig, wenn es um die Darstellung von Ideen, Lösungen, Vorschlägen und dergleichen geht. Wie ein Theaterstück sollte Ihre Präsentation die richtige Dramaturgie haben. Wenn Sie nur wenig Zeit haben, sollte Ihre Präsentation so vorbereitet sein, dass sie stetig bis zum Höhepunkt führt. Haben Sie mehr Zeit, müssen Sie einkalkulieren, dass Ihre Zuhörer zwischendurch Phasen der Ruhe brauchen, Sie aber immer wieder die

Aufmerksamkeit der Zuhörer auf Ihre Darstellung lenken müssen. Achten Sie darauf, dass Bemerkenswertes und inhaltlich Wichtiges nicht Schlag auf Schlag folgen, sondern so plaziert sind, dass sie in größtmöglicher Erinnerung bleiben. Gönnen Sie den Menschen eine Ruhephase, bevor die nächste Informationsspitze folgt. Und noch eines: Bitte keine Verallgemeinerungen! Überprüfen Sie Ihr Präsentationskonzept auf möglichst präzise Aussagen. Sonst könnte es passieren, dass Sie ins Schwimmen kommen, wenn eine Ihrer Behauptungen hinterfragt wird.

147. Ihr Vorgesetzter weist alle Vorschläge ab mit einem Satz wie: „Das haben wir immer so gemacht ...", „Das machen alle so ...", „Das haben wir noch nie so gemacht, das kann nicht funktionieren" oder „Das ist doch viel zu kostspielig". Verallgemeinerungen also, mit denen niemand etwas anfangen kann, zumal wenn es um wirklich Wichtiges geht.

Wer jetzt aufsteht und geht oder schweigend sitzen bleibt, kann natürlich nicht wissen, was denn eigentlich getan werden soll. Es sei denn, dass er die Verallgemeinerungen präzise hinterfragt. Und wer genau hinhört, der weiß auch genau, wo er nachfragen kann.

Da gibt es diese generalisierenden Wörter wie: nie, alle, immer, jeder. Fragen Sie nach, ob es wirklich keine Ausnahme gibt, ob es wirklich kein Gegenbeispiel gibt. „Wirklich?" ist hier das Zauberwort.

Auf Aussagen wie: Das kann nicht, das geht nicht, das muss nicht ... reagieren Sie am besten mit dem Wörtchen „Was?" Was wäre, wenn wir könnten, was wäre, wenn es doch geht oder wenn wir müssten? Fragen Sie hier nicht nach dem Warum, denn das führt nur zu weiteren negativen Argumenten.

Ein Nächstes sind die unspezifischen Verben wie beispielsweise: verbessern, entwickeln, siegen. Die Produktivität hat sich verbessert! – Wie hat sie sich verbessert? Die Kommunikation hat sich gut entwickelt! – Wie hat sie sich entwickelt? Die Konkurrenz hat gesiegt! – Wie hat sie gesiegt?

Neben den unspezifischen Verben sind in diesen drei Aussagen auch unspezifische Substantive enthalten: Produktivität, Kommunikation, Konkurrenz. Welche Produktivität hat sich verbessert, welche Kommunikation hat sich entwickelt und welche Konkurrenz hat gesiegt?

Und dann gibt es noch Vergleiche, bei denen man nicht weiß, was womit verglichen wird: Das ist besser, das ist doch viel zu teuer, das ist zu arbeitsintensiv ... Fragen Sie nach, im Vergleich womit das besser, zu teuer oder zu arbeitsintensiv ist.

Präzise nachzufragen macht klug. Denn aus den gegebenen Erklärungen kristallisieren sich oft Vorschläge, Ideen und Lösungen heraus, auf die niemand kommt, wenn er sich mit Verallgemeinerungen zufriedengibt.

6. Zwei Kilo dicke Bohnen

Zum Arzt kam ein Schuster, der unter starken Schmerzen litt und dem Tode nahe war. Der Arzt gab sich Mühe, fand aber kein Rezept, das noch hätte helfen können. Ängstlich fragte der Patient: „Gibt es nichts mehr, was mich retten kann?" Der Arzt antwortete: „Ich kenne leider keine anderen Mittel."

Darauf antwortete der Schuster: „Wenn nichts mehr hilft, dann habe ich zum Schluss noch einen Wunsch. Ich möchte einen Eintopf mit zwei Kilo dicken Bohnen und einem Liter Essig." Der Arzt hob resigniert die Schultern: „Ich halte nicht viel davon, aber wenn Sie meinen, können Sie es versuchen."

Die Nacht über wartete der Arzt auf die Todesnachricht. Am nächsten Morgen aber war der Schuster zum Erstaunen des Arztes quicklebendig und gesund. So schrieb er in sein Tagebuch: Heute kam ein Schuster zu mir, für den es kein Mittel mehr gab. Aber zwei Kilo Bohnen und ein Liter Essig haben ihm geholfen.

Kurze Zeit darauf wurde der Arzt zu einem schwerkranken Schneider gerufen. Auch in diesem Fall war er am Ende seiner Kunst. Als ehrlicher Mann gestand er dem Schneider dies ein. Der bettelte: „Wissen Sie nicht doch noch eine Möglichkeit?"

Der Arzt dachte nach und sagte: „Nein, aber vor nicht allzu langer Zeit kam ein Schuster zu mir, der unter ähnlichen Beschwerden litt wie Sie. Ihm halfen zwei Kilo Bohnen und ein Liter Essig." – „Wenn nichts mehr hilft, werde ich das halt versuchen", antwortete der Schneider. Er aß die Bohnen mit Essig und war am nächsten Tag tot.

Daraufhin schrieb der Arzt in sein Tagebuch: Gestern kam ein Schneider zu mir. Ihm war nicht zu helfen. Er aß zwei Kilo dicke Bohnen mit einem Liter Essig, und er starb.

Was für die Schuster gut ist, ist nicht gut für die Schneider.

DISKUSSION

148. Jeder ist anders zu behandeln. Was bei dem einen wirkt, macht den anderen krank. Ein wesentlicher Aspekt in der Kommunikation und für den Moderator ist das Erkennen der Sinneskanäle, über die jeder Einzelne am besten anzusprechen ist.

Recht einfach lässt sich das an einem Beispiel darstellen: Die Führungskraft hat das Team zusammengerufen, um eine neue, höchst interessante Aufgabe zu erläutern. Diese Führungskraft ist ein auditiver Mensch, das heißt, sein vorwiegender Sinneskanal ist das Hören. Und so steht er vor seinen Mitarbeitern und erzählt, erklärt, erläutert. In seinem Wortschatz finden Sie Wörter wie: verstehen, hören, betonen, klingen, sprechen, reden ...

Nach kurzer Zeit blicken einige aus dem Team schon ziemlich verständnislos aus der Wäsche. Sie verstehen tatsächlich nichts mehr, sie würden lieber etwas sehen. Das sind die visuellen Typen, die über das Sehen mehr wahrnehmen als über das Hören. Ihnen würde es helfen, wenn das Gesagte auf einem Flip-chart zusätzlich dargestellt würde. Visuelle Menschen erkennen Sie an solchen Sätzen: „Ich sehe deutlich, was Sie meinen", „Das passt genau ins Bild", „Das ist für mich nicht durchschaubar", „Das sind gute Aussichten" ...

Dem Kinästheten, also dem Fühlmenschen, können Sie die Sache näherbringen, wenn Sie seine Sprache sprechen: „Ich habe ein gutes Gefühl dabei", „Damit stehen wir auf sicherem Boden", „Wir können den Erfolg mit Händen greifen", „Wir müssen uns vorsichtig herantasten", „Mit ein bisschen Fingerspitzengefühl werden wir das leicht auffangen können".

Da die Sinneskanäle Riechen und Schmecken selten die vorrangigsten sind, sollen sie hier nicht näher erläutert werden.

Wer verstanden werden möchte, ist gut beraten, wenn er möglichst alle Sinneskanäle anspricht. Und wer verstehen will, sollte wissen, über welchen Sinneskanal sein Gesprächspartner vorrangig sendet.

149. Nicht nur die Sinneskanäle machen den Unterschied zwischen „Schuster und Schneider" aus. Körpersprache, Kleidung, soziales Umfeld spielen eine ebenso entscheidende Rolle. Im Tagebuch einer Führungskraft könnte möglicherweise stehen: „Vorgestern habe ich mit einem Mitarbeiter kurz über die neuesten Börsenberichte gesprochen und ihm dann seine Aufgabe erklärt. Der Mann ist fähig, schon gestern konnte er mir das Ergebnis abliefern. Anschließend habe ich mit einem anderen Mitarbeiter kurz über die neuesten Börsenberichte gesprochen und auch ihm dann seine Aufgabe erklärt. Dieser Mann ist nicht fähig. Heute kam er noch einmal zu mir, um sich weitere Erklärungen geben zu lassen." Nein, liebe Führungskraft, auch der zweite Mitarbeiter ist fähig. Mit ihm hätten Sie vorher nur über französische Literatur sprechen müssen. Die Börsenberichte haben ihn zu sehr verwirrt.

Jeder Mensch ist von anderer Wesensart, und jeder hat es verdient, entsprechend wahrgenommen und respektiert zu werden. Jeans oder maßgeschneiderter Anzug – beides sagt nichts über die Qualitäten des Menschen aus, der eines der beiden trägt. Ebensowenig eine korrekt-steife Körperhaltung oder lebhafte Gestik. Leider haben wir eine Vorliebe für das, was uns bekannt und vertraut ist, weil es mit unserem eigenen Denken und Verhalten übereinstimmt.

150. Was für die Schuster gut ist, ist nicht gut für die Schneider – der Mensch ist leider nicht so einfach zu kategorisieren. Er ist vielschichtiger. Und ein Patentrezept für den richtigen Umgang miteinander gibt es nicht. Da hilft nur eines: ungeachtet aller Unterschiedlichkeiten sich gegenseitig Achtung und Respekt entgegenbringen. Nur so kann ein guter Kontakt zwischen den Beteiligten und damit die Basis für eine ergebnisreiche Kommunikation entstehen.

7. Verlorene Zähne

Ein Sultan hatte geträumt, er verliere alle Zähne. Gleich nach dem Erwachen fragte er einen Traumdeuter nach dem Sinn des Traumes. „Ach, welch ein Unglück, Herr!", rief dieser aus. „Jeder verlorene Zahn bedeutet den Verlust eines deiner Angehörigen!" – „Was, du frecher Kerl", schrie ihn der Sultan wütend an, „was wagst du mir zu sagen? Fort mit dir!" Und er gab den Befehl: „50 Stockschläge für diesen Unverschämten!"

Ein anderer Traumdeuter wurde gerufen und vor den Sultan geführt. Als er den Traum erfahren hatte, rief er: „Welch ein Glück! Welch ein großes Glück! Unser Herr wird alle die Seinen überleben!" Da heiterte sich des Sultans Gesicht auf, und er sagte: „Ich danke dir, mein Freund. Gehe sogleich mit meinem Schatzmeister und lasse dir von ihm 50 Goldstücke geben."

Auf dem Weg sagte der Schatzmeister zu ihm: „Du hast den Traum des Sultans doch nicht anders gedeutet als der erste Traumdeuter!" Mit schlauem Lächeln erwiderte der kluge Mann: „Merke dir, man kann vieles sagen; es kommt nur darauf an, wie man es sagt!"

DISKUSSION

151. Auch hier ist wieder das Thema „Präsentieren" anzusprechen. Konfuzius soll gesagt haben: „Sage die Wahrheit und renne davon." Nun ja, wer es sich zum Prinzip macht, auf diese Art zu kommunizieren und zu präsentieren, wird wohl oftmals auf der Flucht sein.

Da gibt es auch die Geschichte von einem Mönch, der gefragt wird, ob man während des Betens rauchen dürfe. Natürlich lehnte der Mönch das strikt ab. Ein anderer dagegen fragt ihn, ob man denn während des Rauchens beten dürfe und erhielt daraufhin ein Ja zu Antwort.

Alles, was gesagt werden soll oder muss, kann auf verschiedene Arten Ausdruck finden. Wenn Sie Ihre Ideen präsentieren, arbeiten Sie bestimmt nicht mit negativer Kritik, Anschuldigungen oder gar Beleidigungen. Oder können Sie sich vorstellen, Ihre Präsentation mit den Worten zu beginnen: „Was bisher hier gelaufen ist, war absolut uneffektiv und dilettantisch …"? Nein, Sie werden das Bisherige entweder gar nicht erwähnen, oder Sie werden es positiv ansprechen und Ihre Idee dann darauf aufbauen.

152. Es ist durchaus möglich, hart in der Sache und dennoch freundlich in der Beziehung zu sein. Jemanden als Volltrottel zu bezeichnen, weil ihm etwas misslungen ist, wird den Kontakt mit ihm empfindlich beeinträchtigen. Abgesehen einmal davon, dass die Bezeichnung „Volltrottel" keine Kritik an der jeweiligen Situation, sondern eine Beleidigung der Person ist. Kritik sollte nicht missbilligend sein, sondern zu Veränderungen oder Lösungen anregen. Sie können, Sie müssen ehrlich sein. Aber dennoch sollten Sie Rücksicht auf die Gefühle anderer nehmen. Wer fähig ist, die Sprache so zu nutzen, dass der andere bereit ist, das Gesagte anzunehmen, wird die Beziehung nicht belasten, vielmehr wird er die Bereitschaft zur Kommunikation damit erhöhen.

153. Nichts, was gesagt wird, ist in sich gut oder schlecht. Es ist immer die Bedeutung, die wir dem Gesagten beimessen. Wer will, kann selbst aus einer noch so freundlichen Aussage einen persönlichen Angriff heraushören. Besonders dann, wenn der Kontakt schon gestört ist, sind Negativinterpretationen schnell gefunden. Anders herum: Eine stabile und freundliche Beziehung kann auch schon mal einen Rüffel ertragen, ohne dass der Kontakt dadurch beeinträchtigt wird.

8. Drei Siebe

Aufgeregt kam jemand zum Mullah gelaufen. „Höre, Nasrudin, das muss ich dir erzählen, wie dein Freund ..." – „Halt ein!", unterbrach ihn der Mullah, „hast du das, was du mir sagen willst, durch die drei Siebe geschüttelt?" – „Drei Siebe?", fragte der andere voll Verwunderung. „Ja, mein Freund, drei Siebe! Lass sehen, ob das, was du mir erzählen willst, durch die drei Siebe hindurchgeht."

„Das erste Sieb ist die Wahrheit. Hast du alles, was du mir erzählen willst, geprüft, ob es wahr ist?" – „Nein, ich hörte es erzählen, und ..."

„So, so. Aber sicher hast du es mit dem zweiten Sieb geprüft, es ist das Sieb der Güte. Ist das, was du mir erzählen willst, wenn schon nicht als wahr erwiesen, wenigstens nützlich, hilfreich und sinnvoll?" Zögernd sagte der andere: „Nein, das nicht, im Gegenteil."

„Dann", unterbrach ihn Nasrudin, „lass uns auch das dritte Sieb noch anwenden und lass uns fragen, ob es notwendig ist, mir zu erzählen, was dich so erregt."

„Notwendig nun gerade nicht." – „Also", lächelte der Mullah, „wenn das, was du mir erzählen willst, weder wahr noch gut noch notwendig ist, so lass es begraben sein und belaste dich und mich nicht damit."

DISKUSSION

154. Achten Sie in der Kommunikation mit Ihren Teammitgliedern darauf, dass das, was Sie sagen, nützlich für die Sache ist. Das kann natürlich nicht immer nur Gutes sein, aber es muss wahr sein, und es muss notwendig sein, gesagt zu werden.

„Unbestätigten Gerüchten zufolge soll die Firma X den Auftrag bekommen." – Schon geht die Fragerei nach dem Wie und Warum los, es wird lamentiert und spekuliert. Und das kann sich hinziehen, viel Zeit und Energie wird aufgewandt, um sich mit zu dieser Zeit noch völlig Nebensächlichem zu beschäftigen.

Die Ressourcen Zeit und Kraft können von allen Beteiligten wesentlich sinnvoller genutzt werden, wenn durch vorheriges Überlegen die wichtigen Informationen ausgewählt werden.

155. Zeit und Energie sind wichtige Ressourcen für ein Unternehmen, und sie sollten wirtschaftlich eingesetzt werden. Wenn Ihnen ein Mitarbeiter bereits seit einer Viertelstunde mit der ausführlichen Schilderung eines Problems in den Ohren liegt, fragen Sie, welche Lösung er dafür sieht. Wenn er nicht mindestens eine Lösung anbieten kann, schicken Sie ihn fort mit der ehrlichen Versicherung, dass Sie ihm selbstverständlich wieder zur Verfügung stünden, sobald er den eigentlichen Problempunkt konkretisieren und einen Vorschlag zur Klärung unterbreiten könne.

156. Hinterfragen Sie, ob Sie das, was Sie sagen wollen, wirklich ehrlich meinen, ob es Ihrer Wahrheit entspricht. Müssen Sie die Frage mit Nein oder einem „Jein" beantworten, dann sagen Sie es nicht. Nur wenn ein klares Ja die Antwort ist, dann sagen Sie es. Aber bitte so, dass Ihre Worte niemanden verletzten. Trennen Sie Person von Verhalten! Achten Sie aber darauf, dass Sie sich dabei nicht in Freundlichkeiten verlieren. Ihre Aussage sollte genau das beinhalten, was Sie auch meinen. Denn Ihr Gesprächspartner hört ja nicht nur den Inhalt, er nimmt die zusätzlichen Botschaften Ihres Körpers ebenso wahr. Und wenn Inhalt und Körpersprache nicht übereinstimmen, können Sie nicht aufrichtig wirken, und Ihr Gegenüber spürt intuitiv, dass etwas nicht stimmt.

9. Der Polstersessel

Ein Polstersessel und ein Stuhl standen schon lange nebeneinander. Immer wieder wählten die Menschen den Sessel, und der einfache Holzstuhl ging leer aus, dabei fühlte er sich kernig und gesund und hätte gern etwas getan. „Wie kommt es eigentlich, dass man dich so bevorzugt?", fragte er eines Tages den Sessel. „Ich gebe nach", sagte verbindlich der Sessel und lächelte.

DISKUSSION

157. Nachgeben hat nichts mit Feigheit zu tun und auch nicht damit, die eigene Meinung zurückzuhalten. Aber wenn die Fronten verhärtet sind, kann der eine, der bereit ist, nachzugeben und ein bisschen Entgegenkommen zu zeigen, das Gespräch wieder in ein konstruktives Fahrwasser lenken.

158. Ohne in der Sache oder dem Ziel nachzugeben, kann die Kommunikation erleichtert werden, wenn nicht starrköpfig auf die eigene Meinung beharrt wird. Kompromissfähigkeit und das Anerkennen anderer Meinungen machen aus der Kommunikation einen Polstersessel, in dem sich jeder wohl fühlt. Der Holzstuhl dagegen schafft nur Druckstellen.

159. Der Mensch ist bequem, und wenn es möglich ist, verzichtet er gerne auf Disziplin und Anstrengung. Warum also nicht auch während eines Gesprächs in den weichen Polstersessel sinken und ein wenig plaudern? Das ist weit angenehmer als sich auf das anstehende Thema zu konzentrieren und womöglich auch noch selbst konkrete Aussagen machen zu müssen!

Und so kann es in Meetings immer wieder geschehen, dass jemand versucht, durch eine Bemerkung dem Gespräch eine neue Wendung zu geben: weg von der Anstrengung, hin zu

Belanglosigkeiten. Damit ist die Aufmerksamkeit der meisten nicht mehr bei der eigentlichen Aufgabenstellung, und schon nach einigen Minuten fällt es schwer, zu dem vorherigen Gedankengang zurückzufinden. Es liegt in der Verantwortung eines guten Moderators, solche „Sesselliebhaber" zu stoppen und die Konzentration schnell wieder auf das Eigentliche zu lenken.

10. Momo

Momo konnte so zuhören, dass dummen Leuten plötzlich sehr gescheite Gedanken kamen. Nicht etwa, wie sie etwas sagte oder fragte, brachte den anderen auf solche Gedanken, nein, sie saß nur da und hörte zu mit aller Anteilnahme und Aufmerksamkeit. Dabei schaute sie den anderen mit ihren großen dunklen Augen an, und der Betreffende fühlte, wie in ihm auf einmal Gedanken auftauchten, von denen er nie geahnt hatte, dass sie in ihm steckten. Sie konnte so zuhören, dass ratlose und unentschlossene Leute auf einmal ganz genau wussten, was sie wollten, oder dass Schüchterne sich plötzlich frei und mutig fühlten, oder dass Unglückliche und Bedrückte zuversichtlich und froh wurden.

Und wenn jemand meinte, sein Leben sei ganz verfehlt und bedeutungslos und er selbst nur irgendeiner unter Millionen, einer, auf den es überhaupt nicht ankommt und der ebenso schnell ersetzt werden kann wie ein kaputter Topf – und er ging hin und erzählte alles das der kleinen Momo, dann wurde ihm, noch während er redete, auf geheimnisvolle Weise klar, dass er sich gründlich irrte, dass es ihn, genauso wie er war, unter allen Menschen nur ein einziges Mal gab und dass er deshalb auf seine besondere Weise für die Welt wichtig war. So konnte Momo zuhören!

DISKUSSION

160. Zuhören können, nicht nur hinhören, ist für eine gute Kommunikation unerlässlich. Der Mensch kommuniziert nicht nur mit Worten, auch Stimme, Blick, Gestik und Mimik sind daran beteiligt. Wirkliches Zuhören lässt Sie Ihren Gesprächspartner in seiner Ganzheit wahrnehmen. Sie erkennen sofort, dass ein Mitarbeiter unsicher ist, auch wenn er sagt: „Das schaffe ich." Sie bemerken, dass ein anderer einen Fehler vertuschen möchte, ein dritter vielleicht in Sorge um seinen Arbeitsplatz lebt. Wer aktiv zuhört, hört sozusagen die Gefühle und die wirklichen Gedanken seines Gesprächspartners mit. Achten Sie nicht nur darauf, die Worte zu verstehen, sondern lernen Sie, auch die Gefühle zu verstehen. Wie vorher schon erwähnt: Der Inhalt ist nicht immer die Botschaft. Und wenn Sie glauben wahrzunehmen, dass Inhalt und Botschaft nicht übereinstimmen, dann nehmen Sie nicht sofort Ihre Interpretation als wahr an, sondern gehen Sie mit präzisen Verständnisfragen der Sache auf den Grund.

161. Jeder ist auf seine besondere Weise wichtig für das Unternehmen. Nicht nur das, was er tut, sondern auch das, was er zu sagen hat. Leider melden sich die Unsicheren, Bescheidenen und Schüchternen selten zu Wort, sondern lassen gerne den gewandten Rednern den Vortritt. Aber nicht jeder, der etwas sagt, hat auch etwas zu sagen. Hervorragende Ideen und Vorschläge finden Sie auch bei denen, die sich lieber im Hintergrund halten. Als Führungskraft sollte Ihnen die Meinung dieser Mitarbeiter ebenso wichtig sein, und Sie sollten geschult genug sein, um sie in das Gespräch miteinzubeziehen. Hören Sie aufmerksam zu, was die Zurückhaltenden zu sagen haben, und geben Sie ihnen mit der richtigen Hilfestellung das Gefühl, dass auch ihre Meinung wichtig ist.

162. Wirklich aufmerksames und anteilnehmendes Zuhören bewirkt Wunder: Keiner fühlt sich unter Druck. Das kann aber mitunter dazu führen, dass für Sie nach einem halbstündigen Monolog immer noch nicht klar ist, worum es denn eigentlich geht. Unendlichem Geschwafel aufmerksam zuzuhören ist ermüdend. Setzen Sie einen Punkt, und führen Sie Ihr Gegenüber mit der richtigen Frage an das Wesentliche heran.

Eine Faustregel für das Verhältnis von Zuhören und Reden ist: Zwei Drittel der Zeit redet der andere, ein Drittel Sie selbst. Es sei denn, Ihr Gegenüber wünscht sich einen wechselseitigen Dialog. Aber das werden Sie als aufmerksamer Zuhörer schnell herausfinden.

11. Teure Fragen

Nasrudin machte eine Bude auf und hängte ein Schild mit folgender Inschrift auf:

„Für fünf Pfund werden zwei Fragen über irgendeinen beliebigen Gegenstand beantwortet."

Ein Mann, der zwei dringende Fragen hatte, übergab sein Geld und sagte: „Fünf Pfund ist ziemlich teuer für zwei Fragen, nicht wahr?" – „Ja", sagte Nasrudin, „und die zweite Frage, bitte?"

DISKUSSION

163. Zeit ist Geld! Ein Meeting, das dringend zu klärende Fragen behandelt, sollte dazu und nur dazu genutzt werden, besonders dann, wenn es zeitlich limitiert ist. Wenn es möglich ist, sollte jeder Teilnehmer sich vorher stichpunktartig, aber präzise seine wichtigsten Fragen aufschreiben. Damit kann er vermeiden, dass die vorrangigste Frage ihm erst dann wieder einfällt, wenn das Meeting gerade beendet ist. Und es spart Zeit. Denn eine Frage erst während des Meetings so zu formulieren, dass ihr Sinn den anderen verständlich wird, braucht schon einige Sätze mehr.

164. Dem Moderator obliegt es, Abschweifungen zu anderen Themen zu unterbinden und immer wieder auf den Punkt zurückzuführen. Aber auch jeder Gesprächsteilnehmer sollte sich darüber klar sein, dass er mit unpräzisen, langen Ausführungen anderen die Zeit stiehlt für ebenfalls wichtige Aufgaben, die dann in Überstunden erledigt werden müssen – ein durchaus vermeidbarer Kostenfaktor für das Unternehmen.

165. Kontakte untereinander sind notwendig, auch wenn sich die Gespräche schon mal um andere Dinge als um die Arbeit drehen. Man kann aber oft beobachten, dass sich zwei Mitarbeiter zu einem „Arbeitsgespräch" zusammenfinden, um dringende Fragen zu klären – nach zwei Stunden allerdings ist über das Wesentliche noch nicht ein Wort gesprochen worden. Wahrscheinlich wären diese Mitarbeiter äußerst empört, würden ihnen diese zwei Stunden vom Gehalt abgezogen ...

- o *Schlaue Dörfler*
- o *Mond im Eimer*
- o *Geraubter Kuss*
- o *Argumente*
- o *Der König sprach zu mir*
- o *Zwei Kilo dicke Bohnen*
- o *Verlorene Zähne*
- o *Drei Siebe*
- o *Der Polstersessel*
- o *Momo*
- o *Teure Fragen*

Welche drei Gedanken sind für Sie die wichtigsten?

1. _____
2. _____
3. _____

Und was wollen Sie dafür tun?

1. _____
2. _____
3. _____

6

Commitment
Disziplin
Coach
Vorbild

1. Nicht nachtragend
2. Die Kerze
3. Der Schirm
4. Junger Dieb
5. Kein Fest!
6. Sage A!
7. Datteln, Datteln
8. Erziehungsmethoden
9. Das Wichtigste
10. Die Tore schließen?
11. Schatten

1. Nicht nachtragend

Zwei Mönche überquerten einen Fluss. Sie trafen eine sehr junge und schöne Frau, die ebenfalls den Fluss überqueren wollte, sich jedoch fürchtete. So hob der eine Mönch sie auf seine Schultern und trug sie zum anderen Ufer. Da packte den anderen Mönch die Wut. Er sagte kein Wort, aber innerlich kochte er. Das war verboten! Ein Mönch durfte doch keine Frau berühren, und sein Gefährte hatte diese Frau nicht nur berührt, er hatte sie sogar auf seinen Schultern getragen.

Nach Meilen, als sie den Tempel erreichten und durch das Tor traten, wandte sich der erboste Mönch dem anderen zu und sprach: „Hör zu, ich werde mit dem Meister darüber sprechen müssen, ich werde es ihm melden müssen. Es ist verboten!"

Der erste Mönch entgegnete: „Worüber redest du? Was ist verboten?" – „Hast du vergessen?", fragte der andere. „Du hast die junge, schöne Frau auf deinen Schultern getragen!" Da lachte der erste Mönch und sprach: „Ja, das habe ich. Aber ich habe sie am Fluss abgesetzt, viele Meilen weit zurück. Trägst du sie etwa immer noch?"

DISKUSSION

166. Spielregeln gibt es überall da, wo Menschen einer gemeinsamen Sache dienen. Jeder sollte diese Regeln ernst nehmen und bemüht sein, sie einzuhalten. Dennoch kann es geschehen, dass jemand eine der Regeln bricht, nicht aus Unachtsamkeit oder gar Böswilligkeit, sondern um zu helfen. Wenn dadurch niemandem ein Schaden entstanden ist, sollte die Begebenheit als erledigt angesehen und abgehakt werden. Wer jetzt als nachtragender Prinzipienreiter auftritt, hat den Gedanken von Spielregeln und Commitment nicht verstanden.

167. Natürlich sollte man zum Commitment stehen und die vereinbarten Spielregeln einhalten, wenn man sein Wort darauf gegeben hat. Aber Spielregeln sind keine Verbote, die niemals überschritten werden dürfen. Es sind Gebote, die einen Verhaltensrahmen abstecken. Ihr eigentlicher Sinn, ihre Interpretation ist abhängig vom jeweiligen Kontext. Und da mag es schon mal Situationen geben, in denen der Kontext sich ändert und eine Spielregel entsprechend variiert oder sogar außer Acht gelassen werden muss.

168. Jeder Lebensbereich hat seine eigenen Spielregeln: der Beruf, die Familie, der Kegelclub ... Als Führungskraft haben Sie mit Ihrem Team ein Commitment einzuhalten, ebenso aber auch mit der Firmenleitung. Und manchmal müssen Sie das eine Commitment dem anderen unterordnen. Mit Ihrem Team haben Sie eine Spielregel, und die heißt: absolute Ehrlichkeit. Mit der Firmenleitung gibt es eine Spielregel, die lautet: absolute Integrität. Beiden fühlen Sie sich verpflichtet. Was tun Sie, wenn die Firmenleitung Ihnen unter dem Gebot strengster Geheimhaltung etwas mitteilt, von dem Sie wissen, dass es das Arbeitsklima in Ihrem Team erheblich beeinträchtigen würde – welches Commitment steht jetzt an erster Stelle? Dürfen Sie als Vorbild das Commitment Ihrer Abteilung außer Kraft setzen? Ja, Sie dürfen, Sie müssen es vielleicht sogar. Wägen Sie die Risiken ab, nicht aus persönlicher Sicht, sondern aus der Sicht beider Seiten. Dann müssen Sie eine Entscheidung treffen, und Sie müssen die Konsequenzen daraus tragen.

Ordnung durch Commitment und Spielregeln ist nicht alles, und, wer weiß, vielleicht gibt es für Sie eine Ordnung mit ganz besonderen Spielregeln, die noch über dem Firmen-Commitment steht.

2. Die Kerze

Nasrudin schloss im Teehaus eine Wette ab, er könne trotz Eis und Schnee eine Nacht auf einem naheliegenden Berg verbringen und überleben. Einige Spaßvögel erklärten sich bereit, als Schiedsrichter zu fungieren.

Nasrudin nahm ein Buch und eine Kerze mit und verlebte die kälteste Nacht seines Lebens. Halb tot verlangte er am nächsten Morgen sein Geld. „Hattest du wirklich gar nichts, um dich warmzuhalten?", fragten die Gefährten. „Nichts." – „Nicht einmal eine Kerze?" – „Doch, ich hatte eine Kerze bei mir." – „Dann hast du die Wette verloren." Nasrudin erwiderte nichts.

Einige Monate später lud er dieselben Leute zu einem Festschmaus in sein Haus. Sie ließen sich in seinem Besuchszimmer nieder und warteten auf die Mahlzeit. Es vergingen Stunden. Schließlich murrten sie und wollten etwas zu essen haben.

„Lasst uns nachschauen, was los ist!", sagte Nasrudin. Sie zogen alle miteinander in die Küche. Dort stand ein riesiger Topf mit Wasser, unter dem eine Kerze brannte. Das Wasser war noch nicht einmal lauwarm. „Es ist noch nicht fertig", sagte der Mullah. „Ich kann das gar nicht verstehen, das Feuer dort brennt nämlich schon seit gestern."

DISKUSSION

169. Auch wenn ein Commitment noch so leicht einzuhalten scheint, überlegen Sie, bevor Sie Ihr Wort geben. Sagen Sie nicht einfach zu, in der Hoffnung, keiner werde es merken, wenn Sie sich nicht daran halten. Spielregeln sind nicht dazu da, um gebrochen zu werden. Schließlich werden Spielregeln vorher abgesprochen, und Sie haben durchaus die Möglichkeit, Ihre Wünsche mit einfließen zu lassen.

Wenn Sie aber zugestimmt haben, dann seien Sie fair, halten Sie sich an vereinbarte Regeln. Denn Ihre eigene Unfairness fordert die Unfairness der anderen heraus. Eine andere Möglichkeit: Sobald Sie merken, dass Sie eine Regel nicht einhalten können, sagen Sie Bescheid. Dann kann neu verhandelt werden.

170. Commitment erfordert Selbstdisziplin. Sie haben Ihr Wort zu bestimmten Spielregeln gegeben, und dann kommen Sie in eine Situation, in der Sie am liebsten diese Spielregeln über den Haufen werfen würden. Ein einfaches Beispiel: Sie haben wie das gesamte Team Ihr Wort darauf gegeben, eine Aufgabe bis zu einem bestimmten Termin zu erledigen. Jeder muss sich auf den anderen verlassen können, denn es ist eine anstrengende, zeitraubende Aufgabe, und darum haben auch alle den häufig notwendigen Überstunden zugestimmt. Und jetzt kommt Ihr bester Freund und lädt Sie ein zu einem einwöchigen Segeltörn in der Karibik! Davon hatten Sie immer schon geträumt. Die derzeit gültigen Spielregeln im Job sprechen allerdings dagegen.

Aber man könnte doch ... Die anderen schaffen das doch auch alleine ... Vielleicht würde ein Krankenschein ...? Stopp! Wenn Sie Ihren Job lieben und mit Begeisterung bei der Sache sind, dann seien Sie jetzt in der Lage, sich so zu disziplinieren, dass Sie wissen, wo Ihr Platz ist.

171. Manchmal gibt es Situationen, in denen es äußerst schwerfällt, den Spielregeln zu entsprechen und seinem Wort treu zu bleiben. Da geht es um wesentlichere Dinge als um die Frage „Vergnügen oder Job?". Es ist, als würden zwei unterschiedliche Ichs gegeneinander kämpfen.

Wenn wir ein Problem nicht lösen können, dann sollten wir uns von dem Problem lösen, also auf Distanz gehen. Und das können Sie erreichen, wenn Sie wie ein Außenstehender die beiden kämpfenden „Ichs" beobachten, ähnlich einem Fernsehzuschauer, der sich einen Film ansieht.

Sie sind also nun der außenstehende Beobachter von zwei unterschiedlichen „Ichs". In Ihrer Phantasie schaffen Sie zusätzlich eine dritte Figur, den Kritiker, der die Aufgabe hat, das Problem in den Griff zu bekommen. Nun werden die beiden „Ichs" aufgefordert, aus ihrer jeweiligen Sicht das Problem zu schildern und Lösungen zu finden. Es ist dabei strengstens verboten, die Lösungen im Vorfeld zu bewerten, denn es ist erst einmal gar nicht so wichtig, ob sie umsetzbar sind. Für Sie als Beobachter mag es hilfreich sein, sowohl die unterschiedlichen Problemschilderungen als auch die Lösungen aufzuschreiben. Wenn Ihren „Ichs" nichts mehr einfällt, werden die Ideen im Hinblick darauf diskutiert, welche Lösung für beide tragbar wäre. Die attraktivste wird ausgewählt und von der dritten imaginären Person, dem Kritiker, überprüft auf mögliche Hindernisse in der Umsetzung. Sollte es solche noch geben, wird nach einer abgeänderten oder ganz anderen Lösung gesucht. Das Spiel geht so lange, bis die beiden „Ichs" und der Kritiker eine Lösung gefunden haben, gegen die niemand mehr etwas einzuwenden hat.

Zugegeben, es ist nicht ganz einfach, sich selbst so wahrzunehmen, und es bedarf großer Selbstehrlichkeit. Aber es lohnt sich auf jeden Fall.

3. Der Schirm

Ein Schüler, der sich im Meditieren übte, suchte seinen Meister auf. Es regnete, und als er eintrat, ließ er Schuhe und Regenschirm draußen zurück. Nachdem er den Meister begrüßt hatte, fragte dieser ihn, auf welche Seite seiner Schuhe er den Regenschirm abgestellt habe.

Nun, was sollte diese Frage …? Was haben Schuhe und Regenschirme mit der Lehre zu tun?

Tatsächlich hat die Frage eine tiefe Bedeutung. Der Schüler konnte sich jedoch nicht erinnern – wen interessiert es schon, wo man seine Schuhe hingetan und auf welche Seite davon man den Regenschirm hingestellt hat? Aber das genügte – der Schüler wurde abgewiesen mit den Worten: „Dann kehre um und meditiere noch weitere sieben Jahre."

„Sieben Jahre!", sagte der Schüler, „nur wegen dieses kleinen Fehlers?" – „Fehler sind nicht klein oder groß", entgegnete der Meister, „du lebst einfach noch nicht meditativ, das ist das Entscheidende."

DISKUSSION

172. Eine Spielregel, die selten explizit genannt wird, aber bei jedem Commitment eine Rolle spielt, ist die Achtsamkeit im Umgang mit anderen. Und besonders eine Führungskraft als Vorbild des gesamten Teams sollte dieser Achtsamkeit eine große Bedeutung beimessen. Sachliche und fachliche Qualitäten spielen in einem Unternehmen sicherlich eine besonders wichtige Rolle, die menschlichen Qualitäten dürfen aber nicht außen vor bleiben. Das erschreckendste Beispiel ist wohl, wenn erst nach Stunden bemerkt wird, dass ein Kollege heute nicht da ist (und das gibt es wirklich!). Bemerken Sie das besorgte

Gesicht Ihres sonst so fröhlichen Mitarbeiters? Spüren Sie die Traurigkeit hinter der heiteren Fassade Ihrer Kollegin? Welche Kleidung trug gestern Ihre Sekretärin oder welche der Ihnen gegenüber sitzende Kollege?

173. Auf einer anderen Ebene heißt Achtsamkeit: Schauen Sie nach, ob das Licht ausgemacht ist, wenn Sie das Büro verlassen? Fahren Sie rechtzeitig los, um pünktlich zum Meeting zu kommen, damit die anderen nicht auf Sie warten müssen? Nehmen Sie Kugelschreiber und Schreibpapier mit nach Hause? Überziehen Sie regelmäßig die Mittagspause um fünf Minuten? Führen Sie häufig private Telefonate, die Sie ebensogut auch abends zu Hause erledigen könnten? Alles unausgesprochene Spielregeln, die mancher vielleicht als Kleinigkeit abtut. Aber sie sind die Pfeiler des Commitments mit Ihrem Arbeitgeber. Denn Commitment bedeutet auch, dass Sie per Unterschrift auf Ihrem Arbeitsvertrag zugestimmt haben, für und nicht gegen das Wohl der Firma zu arbeiten. Was würden Sie denn sagen, wenn Sie regelmäßig jeden Monat ohne Angabe von Gründen einfach zehn Euro weniger Gehalt auf Ihrem Konto hätten?

174. Nehmen Sie Ihre Rolle als Vorbild ernst. Und hier ist nicht nur die Führungskraft als Vorbild für das gesamte Team angesprochen. Denn letztlich kann jeder Mitarbeiter Vorbild für den anderen sein. Bemühen Sie sich darum, in allen Bereichen der Achtsamkeit und Aufmerksamkeit Gewicht zu geben.

Bedeutend sind wir nicht deshalb, weil wir wieder mal ein Projekt erfolgreich beschließen, den nächsten Großkunden gewinnen oder die Konkurrenz aus dem Feld schlagen konnten. Bedeutend ist nur derjenige, der auch in kleinen Dingen zu glänzen vermag.

4. Junger Dieb

Zu einem ehrwürdigen Weisen brachte man einen jungen Dieb, den man beim Stehlen ertappt hatte, aber wegen seiner Jugend nicht so bestrafen wollte, wie es die Gerechtigkeit forderte. Der Weise sollte dem Jungen den düsteren Weg und das bittere Ende eines Diebes zeigen und ihn so von dem verachtungswürdigen Stehlen abbringen. Doch der Weise erwähnte das Stehlen mit keinem Wort. Freundlich sprach er mit dem Jungen und gewann sein Vertrauen. Die einzige Forderung, die er an den Jungen stellte, war dessen Versprechen, immer wahrhaftig zu sein. Bereitwillig und in der Meinung, besonders gut davongekommen zu sein, versprach es der Junge und ging erleichtert nach Hause. Des Nachts bekam er, als unruhig treibende schwarze Wolken den Mond verdunkelten, Lust zu stehlen. Als er sich gerade mit schleichenden Schritten durch ein Seitentor des Hauses zwängte, überfiel ihn jedoch der Gedanke: „Wenn ich jetzt auf die Straße gehe und jemanden treffe, der mich fragt, was ich vorhabe, was sage ich dann? Was sage ich morgen? Wenn ich mein Versprechen halte, wahrhaftig zu sein, muss ich alles zugeben und entrinne nicht der gerechten Strafe." Indem der Junge versuchte, trotz aller Gewohnheiten Wahrhaftigkeit zu üben, wurde es ihm schwer zu stehlen. Die Entfaltung der Wahrhaftigkeit gab Raum für seine Ehrlichkeit und Gerechtigkeit.

DISKUSSION

175. Sein Wort geben, einem Commitment zustimmen, damit sollte man nicht leichtfertig umgehen. Denn die daraus resultierenden Spielregeln erfordern ein entsprechendes Verhalten, und das muss mit den persönlichen Werten übereinstimmen und darf der eigenen Identität nicht widersprechen.

Für den Jungen in der Geschichte ergibt sich durch das Commitment ein Konflikt: Der Wert der Wahrhaftigkeit steht seiner Identität eines Diebes entgegen. Wie soll er sich nun verhalten? Will er den Wert Wahrhaftigkeit leben, muss er seine bisherige Identität verändern. Will er seine Identität nicht aufgeben, kann er dem Wert nicht entsprechen. Aufgrund seines gewohnten Lebens war vielleicht die Wahrhaftigkeit ein bisher unerkannter Wert für ihn. Jedenfalls ist er eher bereit, seine Identität zu verändern, als dem Wert entgegenzuhandeln.

Die Identität und die damit einhergehenden Werte veranlassen einen Menschen zu einem bestimmten Verhalten. Wenn Sie aufgefordert sind, einem Commitment zuzustimmen, tun Sie es nicht unbedacht. Nehmen Sie sich die Zeit, um herauszufinden, welche Konsequenzen sich daraus ergeben können. Sonst verpflichten Sie sich möglicherweise zu einem Verhalten, das Ihren Werten und Ihrer Identität nicht entspricht.

Wenn sich jeder genau die Konsequenzen überlegt, die mit einem Commitment einhergehen, würde wohl mancher sein Wort darauf nicht geben.

176. Für ein Commitment bedarf es nun nicht unbedingt mehrerer Menschen. Man kann sich auch selbst sein Wort geben, um eine Veränderung an seiner Persönlichkeit herbeizuführen, einem Kollegen künftig mehr Achtung entgegenzubringen oder beruflich weiterzukommen. Nehmen Sie sich selbst ernst. Wie würden Sie denn reagieren, wenn das Commitment zwischen Ihnen und einem anderen Menschen von seiner Seite gebrochen würde? Könnten Sie das mit einem Achselzucken beiseite legen.

Wenn Sie wirklich etwas erreichen wollen, dann seien Sie diszipliniert genug, das sich selbst gegebene Wort auch einzuhalten.

177. Commitments sind keine Silvester-Vorsätze, die schon eine Woche später wieder vergessen sind. Sie sind mit einem hohen ideellen Wert verbunden, und jeder, der zustimmt, muss sich sicher sein, dass er die erforderliche Disziplin aufbringt. „Es ist ja nur dieses eine Mal ..." – und schon ist das Wort gebrochen. Auch wenn Sie glauben, keiner würde es merken, vielleicht ist es Ihr eigenes Gewissen, das Sie immer wieder daran erinnert. Seien Sie gewissenhaft genug, um vorher zu überlegen, welche Konsequenzen sich aus dem nicht eingehaltenen Wort ergeben, und denken Sie daran: Ein Vorbild erwartet von anderen nichts, was er selbst nicht bereit ist zu tun.

5. Kein Fest!

Es sollte einmal irgendwo ein großes Fest stattfinden. Ein Hochzeitsfest. Aber das Brautpaar war sehr arm. Darum hatten sie gebeten, jeder möge einen Krug Wein mitbringen und am Eingang in ein großes Faß schütten. So sollten alle zu einem frohen Fest beitragen.

Als aber alle trinken und auf das Wohl des Brautpaares anstoßen wollten, da versteinerten die Gesichter: In den Bechern war nur Wasser. Jetzt bereute wohl jeder seine Überlegung: „Ach, der eine Krug Wasser, den ich hineingieße, das wird niemand merken." Aber leider hatten alle so gedacht. Alle wollten auf Kosten der anderen mitfeiern. Und so konnte das große, schöne Fest nicht stattfinden!

DISKUSSION

178. Das Commitment, an einem gemeinsamen Ziel mitzuarbeiten, muss von jedem eingehalten werden. Keiner kann sich auf den Lorbeeren anderer ausruhen, weder die Führungskraft noch ein Teammitglied. Wenn Sie als Führungskraft den halben Tag damit verbringen, sich von Ihren emsig arbeitenden Mitarbeitern erklären zu lassen, was die gerade tun, dann sind Sie ebenso überflüssig wie das Teammitglied, das man selten an seinem Arbeitsplatz, dafür aber häufig bei einer „Zigarettenpause" antrifft. Beide könnten ihre Zeit woanders besser verbringen, für das Team sind sie entbehrlich.

179. Ein Team, einschließlich der Führungskraft, ist eine Gemeinschaft, für die auch unausgesprochene Commitments gelten, die sich zwangsläufig ergeben, wenn man einer Gemeinschaft angehört: Helfen, wo Not am Mann ist, respektvoller Umgang mit den anderen, bis hin zu „Kleinigkeiten" wie das Einhalten der Arbeitszeiten.

Teamarbeit verpflichtet automatisch zu bestimmten Verhaltensweisen, ohne die sich ein begeisternder Teamgeist nicht entwickeln kann. Wer dazu nicht bereit ist und statt dessen beständig auf seine Individualität verweist, sollte sich da tummeln, wo er niemandem verpflichtet ist.

180. Wer von der Gemeinschaft profitieren will, muss bereit sein, seinen Teil dazu beizutragen. Mitarbeiter, die sich als Mitläufer mit Anspruchsdenken darstellen, sind in einem leistungsorientierten Team fehl am Platz. Wer Wasser mitbringt, sollte den Wein der anderen auch nicht trinken dürfen. Sorgen Sie als Führungskraft dafür, dass kein Unfrieden entsteht, weil es immer wieder derselbe Mitarbeiter ist, der sehr zurückhaltend reagiert, sobald es Arbeiten zu erledigen gibt, sich aber in die vorderste Reihe schiebt, wenn es um eine Gehaltserhöhung geht. Finden Sie Gründe für sein Verhalten heraus: Ist er unterfordert, überfordert, nicht teamfähig oder schlicht und einfach faul? Führen Sie die notwendige Veränderung herbei, denn ein Team ist nur begeisterungsfähig, wenn alle am gleichen Strang ziehen.

6. Sag A!

In einer Unterrichtsstunde, im Orient als Maktab bezeichnet, hatte der Lehrer mit einem Jungen große Probleme. „Sag A!" Der Junge hob nur verneinend den Kopf und kniff die Lippen zusammen. Der Lehrer übte sich in Geduld und begann wieder: „Du bist ein so netter Junge, sag doch A. Das tut doch nicht weh." Dafür empfing er bloß einen abweisenden Blick des Kindes. Schließlich, nach einigen Versuchen, riss dem Lehrer die Geduld. „Sag A", schrie er, „sag A!" Die Antwort des Kindes war nur: „Mhmm." Daraufhin ließ der Lehrer den Vater kommen. Zusammen beschworen sie den Kleinen, er solle doch nur A sagen. Endlich gab der Junge nach und sagte zum Erstaunen aller klar und deutlich A. Der Lehrer, überrascht von diesem pädagogischen Erfolg, rief: „Maschallah, wie herrlich! Nun sag auch mal B." Da protestierte der Kleine heftig und schlug energisch mit seinen Fäustchen auf den Tisch: „Nun ist aber Schluss! Ich wusste ja, was auf mich zukommt, wenn ich bloß A sage. Dann wollt ihr, dass ich auch B sage, und dann muss ich noch das ganze Alphabet aufsagen, dann muss ich lesen lernen, schreiben lernen und rechnen lernen. Ich wusste schon, warum ich nicht A sagen wollte!"

DISKUSSION

181. Wenn Sie heute einem Commitment zustimmen, weil Sie sicher sind, dass Sie die daraus folgenden Regeln einhalten können, dann versäumen Sie nicht, einmal darüber nachzudenken, welche Folgen sich für die Zukunft daraus ergeben. Die Position einer Führungskraft zu erreichen, war Ihr Ziel, das haben Sie jetzt verwirklicht. Und aus voller Überzeugung geben Sie Ihr Wort, alles zum Wohle der Firma zu tun. Nun tragen Sie Verantwortung für ein Team und sind gleichzeitig dem Unternehmen gegenüber verantwortlich. Nun müssen Sie

Konflikte bereinigen und Probleme lösen. Sie müssen Entscheidungen treffen, und durchaus auch unangenehme, wenn beispielsweise Mitarbeiter entlassen werden müssen. Haben Sie darüber nachgedacht, als Sie Ihr Wort gegeben haben? Und haben Sie darüber nachgedacht, ob das, was daraus folgt, mit Ihren Werten übereinstimmt?

182. „Wer A sagt, muss auch B sagen." Nun ist es aber so, dass Sie nicht nur im Job einem Commitment zugestimmt haben, zum Beispiel, Ihre ganze Kraft in ein wichtiges Projekt zu stecken. Sie haben zudem mit Ihrer Familie das Übereinkommen, die Wochenenden gemeinsam zu verbringen, im Tennisverein sind Sie gerade zum Vorsitzenden gewählt worden, und weil Sie gegen den Ausbau der Autobahn sind, machen Sie sich auch noch in der Bürgerinitiative stark. Vier Bereiche, in denen Sie anderen Menschen Ihr Wort gegeben haben.

Wahrscheinlich nützt in einem solchen Fall alle Disziplin nichts, um das jeweilige Commitment einhalten zu können.

Bevor Sie einem Commitment zustimmen, sollten Sie sich klar machen, dass die Bereiche an sich zwar nichts miteinander zu tun haben, die Commitments aber ineinandergreifen können.

183. Werden Sie sich sicher, welche Konsequenzen sich aus einem Commitment für die Zukunft ergeben, in jedem einzelnen Bereich und für alle Bereiche zusammengenommen. Aber auch im Hinblick auf Ihre Ziele sollten Sie sich vergewissern, ob Sie einem Commitment zustimmen wollen. Natürlich können Sie niemals wirklich wissen, was sich in der Zukunft entwickeln wird. Aber Sie wissen, welche Ziele Sie anstreben. Und da ist es vielleicht hilfreich, wenn Sie sich einmal schriftlich vor Augen führen, wo Sie derzeit stehen, wo Sie hin wollen, welchen Weg Sie gehen wollen, was Sie noch tun müssen, um Ihr Ziel zu erreichen. Bringt das anstehende Commitment Sie weiter? Passen die sich ergebenden Konsequenzen in Ihr Bild von der Zukunft? Welche anderen Lebensbereiche werden dadurch unterstützt und welche beeinträchtigt? Je intensiver Sie sich damit auseinandersetzen, um so leichter können Sie Ihr Wort geben und die notwendige Disziplin aufbringen, um es einzuhalten.

7. Datteln, Datteln

Eine Frau kam mit ihrem kleinen Sohn zu dem weisen Ali. „Meister", sprach sie, „mein Sohn ist von einem widerwärtigen Übel befallen. Er isst Datteln von morgens bis abends. Wenn ich ihm keine Datteln gebe, schreit er, dass man es bis zum Himmel hört. Was soll ich tun, bitte hilf mir!" Der weise Ali schaute das Kind freundlich an und sagte: „Gute Frau, geht nach Hause und kommt morgen zur gleichen Zeit wieder." Am nächsten Tag stand die Frau mit ihrem Sohn wieder vor Ali. Der große Meister setzte den Jungen auf seinen Schoß, sprach freundlich mit ihm, nahm ihm schließlich die Datteln aus der Hand und sagte: „Mein Sohn, erinnere dich der Mäßigkeit. Es gibt auch andere Dinge, die gut schmecken." Mit diesen Worten entließ er Mutter und Kind. Etwas verwundert fragte die Frau: „Großer Meister, warum hast du das nicht schon gestern gesagt, warum mussten wir den langen Weg zu dir noch einmal machen?" „Gute Frau", antwortete da Ali, „gestern hätte ich deinem Sohn nicht überzeugend sagen können, was ich ihm heute sagte, denn gestern hatte ich selber die Süße der Datteln genossen!"

DISKUSSION

184. Jede Führungskraft lebt mit der Verantwortung, immer auch Vorbild für ihr Team zu sein. Vorbild zu sein heißt aber nicht, einfach so zu tun, als sei man pünktlich, fleißig, konfliktfähig, diskussionsbereit … Die Als-ob-Methode wirkt nicht. Das ist, als stünde vor Ihnen ein Ernährungswissenschaftler, der auf die Gefährlichkeit des Übergewichts hinweist und selber zwei Zentner wiegt. Ein Vorbild muss authentisch sein, um als solches wahrgenommen und angenommen zu werden. Authentisch kann aber nur derjenige sein, der das lebt, was seinem Wesen entspricht. Sie würden nicht ernst genommen werden, wenn Sie Ihre Mitarbeiter zur Pünktlichkeit auffordern und selber jeden Tag zu spät kommen. Ebenso wenig wären Sie glaubwürdig, wenn Sie dem Team etwas von Achtung und Respekt anderen gegenüber erzählten, und sich negativ über nicht Anwesende äußerten.

185. Verlangen Sie von Ihren Mitarbeitern nichts, was Sie nicht selbst bereit sind zu tun oder zu geben. Allerdings: Sie müssen nicht selbst perfekt am PC schreiben können, um von Ihrer Sekretärin einen fehlerfrei geschriebenen Brief zu verlangen. Aber Sie sollten selbst Einsatz zeigen, wenn Sie das von Ihren Mitarbeitern wünschen. Jede Führungskraft hat das Team, das sie verdient. Oder: Das Team ist der Spiegel der Führungskraft. Also schauen Sie einmal hin, wo es in Ihrem Team noch hapert. Dann wissen Sie, in welchen Bereichen Sie selbst etwas verändern müssen.

186. Als Führungskraft sind Sie nicht nur Vorbild, sondern auch Coach eines Teams. Sie sind also derjenige, der das Team anleitet, unterrichtet, trainiert im Hinblick auf Ziele, die erreicht werden sollen. Wenn das zu erreichende Ziel heißt: „Wir essen keine Datteln mehr", wie wollen Sie denn Ihren Mitarbeitern den Weg dorthin aufzeigen, wenn Sie selbst genüsslich zu jeder Dattel greifen, die sich Ihnen bietet? Das ist so, als würde ein Raucher dem anderen den einfachsten Weg zum Nichtrauchen erklären.

8. Erziehungsmethoden

Ein Weiser wurde gefragt: „Wie erzieht man am besten seine Kinder?" Er antwortete: „Es gibt drei Methoden: Erstens – durch Beispiel. Zweitens – durch Beispiel. Drittens – durch Beispiel."

DISKUSSION

187. Eine Führungskraft ist Vorbild, das Muster, an dem sich die Mitarbeiter orientieren. Geben Sie erstens ein Beispiel im Fachlichen. Sie müssen nicht alles selbst können, dafür haben Sie hervorragende Fachkräfte unter Ihren Mitarbeitern. Kein Architekt ist Maurer, Zimmerer, Klempner und Elektriker. Aber er kennt die Zusammenhänge, kann die Reihenfolge der Arbeiten festlegen, den Fortgang beurteilen und weiß, wann er korrigierend eingreifen muss.

188. Seien Sie zweitens ein Beispiel im Sachlichen, ein authentisches Vorbild, wenn es um die Einhaltung der Commitments, um Disziplin, Leistungsbereitschaft oder Motivation geht. Sie sind derjenige, der verantwortlich dafür ist, dass ein Team sich zu einem exzellenten Team entfaltet.

189. Und seien Sie drittens ein Beispiel im menschlichen Miteinander. Verständnis, Achtung und Respekt können Sie von Ihren Mitarbeitern nur erwarten, wenn Sie das Gleiche bereit sind zu geben.

9. Das Wichtigste

Bald nach dem Tode Rabbi Mosches wurde einer seiner Schüler von Rabbi Mendel gefragt: „Was war für euren Lehrer das Wichtigste?" Er besann sich, dann gab er die Antwort: „Das, womit er sich gerade abgab."

DISKUSSION

190. Täglich steht eine Unmenge Arbeit an, die erledigt werden muss. Zu bewältigen ist das nur, wenn man sich diszipliniert und auf das konzentriert, was gerade getan werden muss. Das schon besprochene Thema der Präsenz kommt auch hier wieder zum tragen. Sie haben Ihr Wort gegeben, eine wichtige Arbeit bis zum Abend fertig zu haben? Dann tun Sie es auch, zumal wenn sich andere darauf verlassen. Und mag auch noch so viel anderes auf dem Schreibtisch liegen, hier und jetzt konzentrieren Sie sich auf diese eine Arbeit. Vergessen Sie, was anschließend, morgen oder nächste Woche getan werden muss. Denken Sie auch nicht daran, was Sie statt dessen lieber tun würden. Tun Sie das, wozu Sie sich entschieden haben, mit absoluter Präsenz.

191. Wer zu einer Sache sein Wort gegeben hat, kann nicht einer widersprechenden Sache ebenso zustimmen. Sie können nicht dem Unternehmen versprechen, den Mitarbeitern klar zu machen, warum es in diesem Jahr keine Gehaltserhöhung gibt, und gleichzeitig Ihren Mitarbeitern zusagen, sich bei der Firmenleitung für eine Gehaltserhöhung einzusetzen. Sie müssen Stellung beziehen, auch wenn Sie beiden Seiten Verständnis entgegenbringen. Das ist ebenfalls Disziplin: die Bereitschaft, sich unterzuordnen oder sich in das Notwendige einzuordnen. Was das Notwendige, das Wichtigste ist, das müssen Sie aufgrund Ihrer Kenntnis der Unternehmenslage entscheiden. Und dann gibt es nichts anderes mehr, keine Wankelmütigkeit, keine Ausreden.

192. Haben Sie schon einmal bemerkt, dass es Arbeiten gibt, die Sie so richtig gefangennehmen, die Sie mit so viel Begeisterung erledigen, dass Sie alles andere ringsum vergessen? Denken Sie einmal darüber nach, welche Arbeiten das waren. Mit Sicherheit sind das Tätigkeiten, die Ihren Talenten entsprechen. Kennen Sie all Ihre Fähigkeiten und Begabungen? Wahrscheinlich nicht. Denn einige dieser Talente halten sich so im verborgenen, dass sie erst durch das Tun bewusst werden. Und je mehr Sie zu tun bereit sind, umso mehr Talente werden Sie in sich selbst entdecken. Wer Disziplin nicht als Zwang empfindet, sondern als Möglichkeit ansieht, durch das notwendige Tun neue Fähigkeiten in sich zu erkennen, wird seine Verpflichtungen mit Freuden erledigen.

10. Die Tore schließen?

Einst lebte ein orientalischer König, dessen Weisheit wie eine Sonne das Land fruchtbar beschien, dessen Klugheit von keinem übertroffen wurde und dessen Reichtum niemand je erreicht hatte. Eines Tages kam sein Wesir zu ihm mit missmutigem Gesicht: „Hoher Sultan, du bist der Weiseste, Größte und Mächtigste in unserem Land. Du bist Herr über Leben und Tod. Doch was musste ich hören, als ich über Stadt und Land fuhr? Überall wusste man dich zu loben. Manche Leute aber sprachen schlecht über dich. Sie machten Witze und nörgelten über deine weisen Beschlüsse. Wie kommt es denn, du Mächtigster aller Mächtigen, dass es solche Unbotmäßigkeit in deinem Reich gibt?" Der Sultan lächelte nachsichtig und sprach: „Wie jedermann in meinem Reich weiß du, welche Verdienste ich mir um euch erworben habe. Sieben Länder sind mir untertan. Sieben Länder erlangten unter mir Wohlstand und Fortschritt. In sieben Län-

dern liebt man mich wegen meiner Gerechtigkeit. Sicher, du hast recht, ich kann viel. Ich kann die riesigen Tore meiner Städte verschließen lassen, aber eines kann ich nicht: Ich kann meinen Untertanen nicht den Mund verschließen. Nicht darauf kommt es an, was einige über mich an Schlechtem sagen, sondern darauf, was ich Gutes tue."

DISKUSSION

193. In Unternehmen steht der Mensch im Mittelpunkt, zumindest sollte es so sein. Und wenn es nun ein Commitment gibt, dem zwar alle zugestimmt haben, das sich aber in der Durchführung als so wenig perfekt darstellt, dass es jedem schwerfällt, zu seinem Wort zu stehen, dann hindert nichts daran, die Spielregeln neu zu verhandeln. Commitments und Spielregeln sind jederzeit so veränderbar, dass sie allen Seiten gerecht werden. Natürlich sollte jede Veränderung immer nur in Absprache mit allen Beteiligten stattfinden.

193. Nichts im Leben ist hundertprozentig perfekt, keine Führungskraft, kein Mitarbeiter, kein Team. Und hundertprozentige Commitments gibt es ebenso wenig. Doch es ist nicht klug, gute Miene zum vermeintlich bösen Spiel zu machen. Richten Sie Ihre Aufmerksamkeit auf das, was positiv ist, was Sie unterstützt und weiterbringt. So entsteht Motivation, so wecken Sie Begeisterung. Anders laufen Sie Gefahr, den größten Teil des Tages lustlos und desinteressiert durch das Leben zu gehen.

195. Es gibt ein Gesetz, das auf die meisten Lebenssituationen anzuwenden ist: das 79/21-Gesetz. Das bedeutet, 79 Prozent einer Situation empfinden wir als positiv und 21 Prozent als negativ. Entscheidend ist, dass wir die 21 Prozent vermeintliche Negativität akzeptieren und damit umgehen können. Und wer versucht, die 21 Prozent durch eine Veränderung aufzulösen, wird feststellen, dass auch so keine 100 Prozent erreicht werden. Denn aus dem Zusammenwirken von Veränderung und Bestehendem erwachsen neue 21 Prozent. Man könnte sein Leben damit verbringen, alle Negativprozente aus der Welt zu schaffen – es wird nicht möglich sein.

Akzeptieren Sie, dass die Mitarbeiter nur zu 79 Prozent Disziplin zeigen, die Führungskraft nur zu 79 Prozent Vorbild ist und auch ein Commitment nur zu 79 Prozent angenehm ist.

11. Schatten

Ein König wollte einst seinen Untertanen eine Freude bereiten und brachte ihnen, die keine Uhr kannten, von einer Reise eine Sonnenuhr mit. Sein Geschenk veränderte das Leben der Menschen im Reich. Sie begannen, die Tageszeiten zu unterscheiden und ihre Zeit einzuteilen. Sie wurden pünktlicher, ordentlicher, zuverlässiger und fleißiger und brachten es zu großem Reichtum und Wohlstand. Als der König starb, überlegten sich die Untertanen, wie sie die Verdienste des Verstorbenen würdigen könnten. Und weil die Sonnenuhr das Symbol für die Gnade des Königs und die Ursache des Erfolges der Bürger war, beschlossen sie, um die Sonnenuhr einen prachtvollen Tempel mit goldenem Kuppeldach zu bauen. Doch als der Tempel vollendet war und sich die Kuppel über der Sonnenuhr wölbte, erreichten die Sonnenstrahlen die Uhr nicht mehr. Der Schatten, der den Bürgern die Zeit gezeigt hatte, war verschwunden, und der gemeinsame Orientierungspunkt, die Sonnenuhr, verdeckt. Der eine Bürger war nicht mehr pünktlich, der andere nicht mehr zuverlässig, der dritte nicht mehr fleißig. Jeder ging seinen Weg. Das Königreich zerfiel.

DISKUSSION

196. Mitarbeitern, die nur dann diszipliniert sind, wenn der „König" anwesend ist, fehlt es an wahrer Disziplin. Sie verwechseln Disziplin mit „Zucht und Ordnung". Wirkliche Disziplin entsteht aus einem besonderen Selbstverständnis, und das ist eine Frage der Identifikation. Wer sich nicht mit seinem Job, nicht mit den gültigen Regeln, den bestehenden Commitments und schon gar nicht mit dem Unternehmen identifizieren kann, wird wahrscheinlich zu den Mitarbeitern gehören, die nach dem Motto „Wenn die Katze das Haus verlässt, tanzen die Mäuse auf dem Tisch" ihren Job tun. Eigentlich sind solche Mitarbeiter besser beraten, das Unternehmen zu verlassen. Schon für ihr eigenes Wohlbefinden sollten sie sich ein Spielfeld suchen, mit dem sie sich mehr identifizieren können und mehr Begeisterung für ihr Tun entwickeln können.

197. Nicht der Führungskraft sind die Mitarbeiter verpflichtet, sondern dem Unternehmen. Es gibt beliebte und weniger beliebte, fähige und weniger fähige Führungskräfte. Und wenn aus irgendeinem Grund die Stelle eines sehr beliebten und sehr fähigen Vorgesetzten mit einem weniger beliebten und fähigen besetzt wird, dann kann es sein, dass die Leistung des Teams nachlässt. Das liegt dann aber nicht notwendigerweise an der neuen Führungskraft, sondern möglicherweise an dem Irrglauben der Teammitglieder, sie würden für die Führungskraft arbeiten.

198. Eine Führungskraft kann kündigen, sich pensionieren lassen und auch sterben. Dadurch werden bestehende Commitments nicht außer Kraft gesetzt. Disziplin und Einhalten der Commitments dürfen nicht abhängig von der Führungskraft sein. Ein begeistertes und zu Höchstleistungen fähiges Team ist aus sich selbst heraus dazu bereit, sein Bestes für die Unternehmensziele zu tun.

- o *Nicht nachtragend*
- o *Die Kerze*
- o *Der Schirm*
- o *Junger Dieb*
- o *Kein Fest!*
- o *Sag A!*
- o *Datteln, Datteln*
- o *Erziehungsmethoden*
- o *Das Wichtigste*
- o *Die Tore schließen?*
- o *Schatten*

Welche drei Gedanken sind für Sie die wichtigsten?

1. _____
2. _____
3. _____

Und was wollen Sie dafür tun?

1. _____
2. _____
3. _____

7

Motivation
Leistungsbereitschaft
Wollen

1. Scharfer Geruch
2. Das Samenkorn
3. Tod auf Verordnung
4. Variationen auf einem Esel
5. Tod statt Honig
6. Der 101. Schlag
7. Der Könner
8. Der Eichenwald
9. Das Chamäleon
10. Die Schildkröte
11. Der Tempel

1. Scharfer Geruch

Eine Taube wechselte ständig ihr Nest. Der scharfe Geruch, den die Nester im Laufe der Zeit entwickeln, war für sie unerträglich. Darüber beklagte sie sich bitter bei einer alten und erfahrenen Taube. Diese nickte mehrmals mit dem Kopf und sagte: „Durch einen ständigen Wechsel der Nester änderst du nichts. Der Geruch, der dich stört, kommt nicht von den Nestern, sondern von dir selbst."

DISKUSSION

199. Es gibt Menschen, die wechseln ständig den Job, immer auf der Suche nach dem Unternehmen, in dem sie sich endlich anerkannt fühlen, gefördert werden und ihre Leistung voll entfalten können. Sie warten darauf, dass sie irgendwann das Unternehmen finden, das sie so richtig motiviert. Diese Menschen vergessen, dass niemand sie motivieren kann. Jeder Mensch kann sich nur selbst motivieren. Impulse, Antriebe oder Anreize können wohl von außen kommen. Wer aber nicht bereits motiviert ist, wird diese Dinge gar nicht wahrnehmen und für sich nutzen können.

200. Die Aufgabe des Unternehmens und der Führungskräfte kann es nur sein, ein geeignetes Motivationsumfeld zu schaffen, in dem sich jeder selbst motiviert. Ihre Aufgabe ist es nicht, Mitarbeitern mit psychologischen oder sozialen Defiziten erst einmal die Grundlagen der Selbstmotivierung beizubringen. Ihre Aufgabe ist es vielmehr, Projekte zu bearbeiten und Ziele zu erreichen. Und dafür brauchen sie Menschen, die aus sich heraus motiviert sind, mit Begeisterung Aufgaben erledigen und etwas leisten wollen. Wer also glaubt, sein Arbeitsplatz motiviere ihn nicht genügend, sollte genügend motiviert sein, sich einen anderen zu suchen.

201. Weder das Umfeld noch andere Menschen sind schuld, wenn man nicht motiviert ist, wenn man keine Leistung erbringt. Gleichgültig, an welchem Platz man steht, überall ist es möglich, sich selbst zu motivieren und Leistungsbereitschaft zu entwickeln. Es gibt Hausboten, die mit mehr Spaß bei der Arbeit sind als Mitarbeiter der höheren Ebenen. Der Status allein genügt nicht, es ist ein innerer Motor, der zur Leistung anregt.

2. Das Samenkorn

Ein Samenkorn opfert sich selbst auf für den Baum, der aus ihm entsteht. Äußerlich gesehen, geht der Samen verloren, aber die gleiche Saat, die geopfert wird, verkörpert sich im Baum, seinen Zweigen, Blüten und Früchten. Würde das Bestehen jenes Samenkorns nicht vorerst für den Baum geopfert, hätten keine Zweige, Blüten oder Früchte entstehen können.

DISKUSSION

202. Die beste Motivation ist der Wille, sich seiner Veranlagung gemäß zu entwickeln. Der Wunsch allein reicht nicht aus. Ich wünsche mir einen interessanteren Job, mehr Gehalt, aber auch: fähigere Mitarbeiter – und dann nichts dafür tun, sondern darauf warten, dass die Erfüllung des Wunsches von außen an einen herangetragen wird. Durch träges Herumsitzen ändert sich nichts. Alles bleibt, wie es war, oder wird sogar noch schlimmer.

Das Samenkorn würde irgendwann verkümmern, würde es sich nicht seiner Bestimmung entsprechend entwickeln. Natürlich tut es das nicht bewusst, es wächst einfach, wenn die richtigen Bedingungen dafür gegeben sind. Wir Menschen haben ein Bewusstsein und die Freiheit, uns zu entscheiden zwischen Wachstum und Verkümmern. Das ist nicht abhängig von Umweltbedingungen. Denn wir haben auch die Freiheit, uns die Bedingungen zu schaffen, die unserem Wachstum förderlich sind.

203. Die heutige sich ständig wandelnde Zeit bringt Aufgaben mit sich, an die vor fünf Jahren niemand dachte. Wer nicht aus sich selbst heraus genügend motiviert ist, seine Entwicklung diesem Wandel anzupassen, gerät schnell ins Aus. Der Buchhalter, der nur mit den seit Jahren gewohnten Karteikärtchen seine Arbeit verrichten kann, die Führungskraft, die in dem Glauben lebt, Mitarbeiter seien Untertanen – das ist Schnee von gestern. Freude an der Entwicklung, Interesse am Fortschritt, Wille zur Leistung – das sind die Stützen der Motivation, und die können nicht von außen errichtet werden, sondern müssen von einem selbst aufgebaut werden.

204. Was wirkt motivierend? Ist es der Status oder die Macht, der Wettbewerb, das Laissez-faire, Sanktionen oder Geld? Sind es diese Dinge allein, die anspornen zu Wachstum und Leistungsbereitschaft? Überlegen Sie einmal, was Sie wirklich begeistert und fasziniert hat, was Sie tage-, wochen- oder auch monatelang in Atem gehalten hat. Wenn Sie das einmal Revue passieren lassen, werden Sie bald erkennen, dass es nicht nur Äußerlichkeiten sind, die wirklich motivieren. Es muss noch etwas anderes hinzukommen, etwas, was dem Inneren entspringt, den Funken entzündet.

3. Tod auf Verordnung

Ein Mann lag schwer krank darnieder, und es schien, als sei sein Tod nicht fern. Seine Frau holte in ihrer Angst einen Hakim, den Arzt des Dorfes. Der Hakim klopfte und horchte über eine halbe Stunde lang an dem Kranken herum, fühlte den Puls, legte seinen Kopf auf die Brust des Patienten, drehte ihn in die Bauch- und in die Seitenlage und wieder zurück, hob die Beine des Kranken an und dann den Oberkörper, öffnete dessen Augen, schaute in seinen Mund und sagte dann ganz überzeugt und sicher: „Liebe Frau, ich muss Ihnen leider die traurige Mitteilung machen, Ihr Mann ist seit zwei Tagen tot." In diesem Augenblick hob der Schwerkranke erschreckt seinen Kopf und wimmerte ängstlich: „Nein, meine Liebste, ich lebe noch!" Energisch schlug da die Frau mit der Faust auf den Kopf des Kranken und rief zornig: „Sei du still! Der Hakim, der Arzt, ist Fachmann, und der muss es ja wissen."

DISKUSSION

205. Das ist ein Beispiel für ein Motivationsumfeld, das nur wenig anregt: Einer hat das Sagen, und unten wird gekuscht. Und sollte es jemand wagen, seine eigene Meinung kundzutun, sind Sanktionen das Resultat – und sollte er auch einen noch so sichtbaren Gegenbeweis anführen.

Auch der Profi kann sich einmal irren, und dann braucht er Mitarbeiter, die genügend motiviert sind, ihn darauf aufmerksam zu machen, bevor das Kind in den Brunnen gefallen ist.

206. Motivation und Leistungsbereitschaft entwickeln sich stetig aus sich selbst heraus fort, allerdings nur unter der Voraussetzung, dass sie immer wieder neue Nahrung durch das Tun und die daraus resultierenden Erfahrungen erhalten.

Sie können noch so motiviert und leistungsbereit sein, wenn Sie sich den vermeintlich Erfahrenen beugen, die eigenen kreativen Ideen und Gedanken nicht ernst nehmen, wo wollen Sie dann die Nahrung hernehmen?

Nur die eigene Erfahrung zählt, sie stärkt den Glauben an sich selbst, hilft dabei, immer wieder zu neuen Kräften zu kommen, und motiviert zu neuer Leistung.

207. Das heißt natürlich nicht, dass Sie in jedem Fall mit dem Kopf durch die Wand gehen müssen, wenn Sie anderer Meinung sind. So können Sie weder Motivation noch Leistung aufrechterhalten. Fragen Sie Ihren gesunden Menschenverstand! Prüfen Sie, was andere Ihnen sagen, und wägen Sie es ab gegen die eigene Meinung. Dann entscheiden Sie sich. Denn schließlich müssen Sie für Ihre Erfahrungen und Resultate geradestehen. Aber Vorsicht: Sie können dreimal so viel Leistung erbringen wie Ihr Vorgesetzter, wenn Sie etwas anderes wollen als das Unternehmen, wenn Ihre Motivation Sie in eine Richtung führt, die dem Unternehmensziel entgegensteht, dann müssen Sie auch die Konsequenzen tragen. Sie sind selber verantwortlich.

4. Variationen auf einem Esel

Ein Vater zog mit seinem Sohn und einem Esel in der Mittagsglut durch die staubigen Gassen von Keshan. Der Vater saß auf dem Esel, den der Junge führte. „Der arme Junge", sagte da ein Vorübergehender. „Seine kurzen Beinchen versuchen, mit dem Tempo des Esels Schritt zu halten. Wie kann man so faul auf dem Esel herumsitzen, wenn man sieht, dass das kleine Kind sich müde läuft?" Der Vater nahm sich dies zu Herzen, stieg hinter der nächsten Ecke ab und ließ den Jungen aufsitzen. Gar nicht lange dauerte es, da erhob schon wieder ein Vorübergehender seine Stimme: „So eine Unverschämtheit. Sitzt doch der kleine Bengel wie ein Sultan auf dem Esel, während sein armer, alter Vater nebenherläuft." Dies schmerzte den Jungen und er bat den Vater, sich hinter ihn auf den Esel zu setzen. „Hat man so etwas schon gesehen?", keifte eine schleierverhangene Frau, „solche Tierquälerei! Dem armen Esel hängt der Rücken durch, und der alte und der junge Nichtsnutz ruhen sich auf ihm aus, als wäre er ein Diwan, die arme Kreatur!" Die Gescholtenen schauten sich an und stiegen beide, ohne ein Wort zu sagen, vom Esel herunter. Kaum waren sie wenige Schritte neben dem Tier hergegangen, machte sich ein Fremder über sie lustig: „So dumm möchte ich einmal sein! Wozu führt ihr denn den Esel spazieren, wenn er nichts leistet, euch keinen Nutzen bringt und noch nicht einmal einen von euch trägt?" Der Vater schob dem Esel eine Hand voll Stroh ins Maul und legte seine Hand auf die Schulter seines Sohnes. „Gleichgültig, was wir machen", sagte er, „es findet sich doch jemand, der damit nicht einverstanden ist. Ich glaube, wir müssen selbst wissen, was wir für richtig halten."

DISKUSSION

208. Motivation und Leistungsbereitschaft werden von jedem Menschen unterschiedlich interpretiert. Glaubt der eine, Leistungsbereitschaft zeige sich nur dadurch, dass jemand bereit ist, über Monate jeden Tag Überstunden zu machen, meint der andere, Leistungsbereitschaft beweise sich allein durch gute Arbeitsergebnisse. Der eine ist motiviert durch die Teamarbeit, der andere durch sein Tun im stillen Kämmerchen. Nichts ist richtig, und nichts ist falsch, und für alles gibt es das passende Spielfeld.

209. Eine Kernaufgabe der Führungskraft ist es, herauszufinden, welches Motivationsumfeld die Leistung eines Mitarbeiters optimal unterstützt. Um beste Ergebnisse zu erzielen, muss sie herausfinden, was für den Mitarbeiter wichtig ist, was ihn wirklich interessiert, wo seine Leidenschaften liegen und wo er hin will. Wer alle über einen Kamm schert, kann auch nur durchschnittliche Leistungen erwarten.

210. Die Aufgabe ist, zwei Personen und einen Esel unbeschadet an ein bestimmtes Ziel zu bringen. Die Vielfalt der Möglichkeiten haben Sie gerade kennengelernt. Und wenn vorher nicht präzise Verhaltensweisen für den Weg zum Ziel vereinbart wurden, ist Kritik an dem Wie unangebracht, vorausgesetzt natürlich, es schadet keinem. Bemerkungen wie beispielsweise: „Sie schreiben das von Hand? Machen Sie das mit dem Computer, das geht doch viel schneller." Oder: „Was soll diese merkwürdige Skizze? Sie werden doch nie mehr wissen, was damit gemeint ist." Solche Bemerkungen sind Motivationskiller. Denn es gibt Menschen, die gerne einen Stift und ein Blatt Papier spüren oder sich an visuelle Darstellungen besonders gut erinnern können. Der Weg ist letztendlich gleichgültig, wenn das Ziel ohne Schaden für irgendjemanden erreicht wird. Wichtig ist, die Motivation aufrechterhalten zu können.

5. Tod statt Honig

„Wann willst du uns ins Honigland führen?", fragte eine Schar junger Bären einen alten. Dieser erwiderte: „Das will ich gleich tun, aber vorher sollt ihr noch sehen und erkennen, was ich für ein Bär bin. Seht diese Tanne; so weit sie geschunden ist, haben sie vorher schon andere Bären erklommen, ich aber will ihren obersten Gipfel erklimmen."

Also sprach er und kletterte die hohe Tanne hinan. So weit sie geschunden war, ging es wie nichts, aber da er höher kam, schwankte der Baum mit jedem Schritt mehr auf beide Seiten. Doch er strengte sich an und krallte die schon wunden Tatzen in den schwankenden Baum. So ging es langsam doch eine Weile immer höher hinan. Aber plötzlich kam ein Sturm auf; der Bär bohrte seine blutenden Klauen mit äußerster Kraft in den schwankenden Baum. Also überlebte er den Sturm; aber seine Kraft war dahin; er konnte die eingebohrten Klauen nicht mehr aus dem Baumstamm herausziehen; er fühlte, dass sein Leben dahin ist, und rief von seiner Höhe hinab zu den jammernden Jungen: „Meine große Tat ist mein Tod; ich führe euch nicht ins Honigland, aber das seht ihr, und ihr könnt bezeugen, dass ich auf dieser Tanne als der Bär, der am höchsten klettern konnte, gestorben bin."

DISKUSSION

211. Leistungsbereitschaft und Motivation dienen der eigenen Entwicklung und dem eigenen Fortschritt. Doch es soll Menschen geben, die zu beidem nur fähig sind, wenn sie glauben, dafür von anderen bewundert zu werden. Und das, was sie tun, entspricht noch nicht einmal ihrem eigenen Wesen. Es ist nur eine Reaktion auf die Annahme, was andere bewundernswert finden werden.

Solche Menschen sind nicht wirklich motiviert und haben keine eigene Leistungsbereitschaft. Begeisterung ist für sie ein Fremdwort, sie empfinden nur Druck. Sie haben keine Kraft mehr zu erkennen, was ihnen selbst wichtig ist, weil sie ihre Energie in Dinge investieren, die ihnen nicht entsprechen.

Leistungsbereitschaft und Motivation sind falsch verstandene Begriffe, wenn sie benutzt werden für Handlungen, die nicht dem Zweck der Weiterentwicklung und Verwirklichung dienen und – im übertragenen Sinne – den Tod bedeuten. Denn es ist tödlich für das Ich, wenn sein wirkliches Wollen nicht beachtet wird.

212. Auch falsch verstandener Ehrgeiz ist eine falsche Motivation: „Als Führungskraft muss ich doch beweisen, dass ich es kann, was sollen meine Mitarbeiter sonst denken?" – Niemand erwartet, dass Sie alles können, und wer allein aus diesem Grunde leistungsbereit ist, wird bald statt Begeisterung nur noch Stress empfinden. Die Folgen daraus sind wohl nur allzu bekannt.

213. Haben Sie sich schon einmal überlegt, wie sich Ihre Mitarbeiter fühlen, wenn ihnen alles abgenommen wird? Auch sie wollen ins „Honigland". Sie hungern nach Aufgaben und nach Erfolg. Und es ist ziemlich demotivierend, wenn man anscheinend für nichts gut genug ist.

6. Der 101. Schlag

Ein berühmter Weiser wurde einmal gefragt, warum er eine Sache trotz großer Hindernisse weiterverfolge. Und er gab einen Ratschlag, den alle beherzigen sollten, die versucht sind zu verzagen, wenn sie für eine gute Sache arbeiten. „Haben Sie schon einmal einen Steinmetzen bei der Arbeit beobachtet?", fragte er. „Er schlägt vielleicht hundertmal auf die gleiche Stelle, ohne dass auch nur der kleinste Riss sichtbar würde. Aber dann, beim 101. Schlag, springt der Stein plötzlich entzwei. Es ist jedoch nicht dieser eine Schlag, der den Erfolg bringt, sondern die hundert, die ihm vorhergingen."

DISKUSSION

214. Motiviert zu sein und Leistung zu erbringen führen nicht sofort zum erhofften Ziel. Es ist noch kein Meister vom Himmel gefallen, und keine Führungskraft wurde als solche geboren. Die Strategie der kleinen Schritte ist der einzige Weg, der zum Ziel führt. Und wer sich zu schade ist für das Kleine, der ist auch nicht gut genug für das Große.

215. Sie sind bestens motiviert, bereit zur Leistung, und Sie wollen Ihr Ziel erreichen. Seien Sie darauf vorbereitet, dass Sie Ausdauer brauchen. Sie müssen Bücher lesen, Seminare besuchen, Prüfungen bestehen, eventuell sogar angrenzende, aber ganz neue Bereiche erlernen. Und das kostet: Freizeit, um Seminare und Kurse zu besuchen, Geld, um diese zu bezahlen, angenehme Abende mit Freunden, weil ein wichtiges Fachbuch gelesen werden muss, und, und, und. Jedes für sich genommen ist unfruchtbar, erst alles zusammengenommen führt ans erwünschte Ziel.

216. Wer glaubt, dass nur das Erreichen des großen Ziels für das nächstfolgende motivieren kann, der irrt. Jeder auch noch so kleine Schritt auf dem Weg zum Ziel ist ein Ziel in sich und ausreichend für neue Motivation und Leistungsbereitschaft für die folgenden Schritte. Konzentrieren Sie Ihre Aufmerksamkeit auf das, was Sie unmittelbar umgibt, dann wird Sie jeder Schritt auf dem Weg zu Ihrem Ziel begeistern.

7. Der Könner

Ein im ganzen Land berühmter Meister der persischen Rohrflöte sagte: „Wenn ich einen Tag nicht übe, merke ich es. Wenn ich zwei Tage nicht übe, merken es meine Freunde. Wenn ich drei Tage nicht übe, merkt es das Publikum."

DISKUSSION

217. Nur die Leistung zu erbringen, zu der man bereits fähig ist, führt nicht zum Ziel. „Das kann ich nicht" ist kein Argument, um aufzugeben. Halten Sie Ihre Gehirnzellen auf Trab, und holen Sie jeden Tag das Beste aus sich heraus. Sie werden sehen: Das, was Sie heute für das Bestmögliche halten, ist morgen das Einfachste von der Welt. Wer motiviert ist, dem ist nichts zu schwer und zu anstrengend. Er ist jeden Tag zu neuer Leistung bereit. Niemand, der motiviert ist, nimmt ein erreichtes Ziel zum Anlass, sich für alle Zeit genüsslich zurückzulehnen und nichts mehr zu tun. Im Gegenteil. Die Messlatte für den Erfolg wird immer höher gehängt.

218. Selbst wenn das erreichte Resultat nicht dem gewünschten entspricht, ist das kein Grund, die Motivation aufzugeben. Sehen Sie es als Übung, als Erfahrung, wie es nicht zu machen ist. Wenn Ihr Wollen stark genug ist, ist das letztendlich auch wieder eine Motivation, sich erneut einzusetzen und herauszufinden, wie es besser geht.

219. Mitarbeiter sollen die Chance bekommen, ihr Können zu üben. Dazu müssen sie innerhalb des Unternehmens genügend Freiräume haben. Auch wenn sie aus eigener Motivation Bücher lesen, Seminare und Kurse besuchen – die Theorie ist die eine Sache. Die praktische Umsetzung aber kann selten außerhalb der Arbeitsstelle geübt werden. Ein Unternehmen ist auch Trainingslager für die Leistung jedes Einzelnen.

8. Der Eichenwald

Ein Bauer lebte viele Jahre lang mit seiner Frau und seinem Sohn. Doch er musste großes Unglück erfahren: Zuerst starb seine Frau, dann sein einziger Sohn. Wofür soll er jetzt noch leben? So lässt denn der Mann seinen Bauernhof in einer fruchtbaren Ebene zurück. Nur 50 Schafe nimmt er mit. Er zieht in eine trostlose Gegend, fast eine Wüstenlandschaft. Dort kann er vielleicht vergessen. Weit verstreut liegen fünf Dörfer mit zerfallenen Häusern. Die Menschen streiten sich; viele ziehen fort. Da erkennt der Mann: Diese Landschaft wird ganz absterben, wenn hier keine Bäume wachsen!

Immer wieder besorgt er sich einen Sack mit Eicheln. Die kleinen sortiert er aus, auch die mit den Rissen wirft er fort. Die guten, kräftigen Eicheln legt er in einen Eimer mit Wasser, damit sie sich richtig vollsaugen. Er nimmt noch einen Eisenstab mit, dann zieht er los. Hier und dort stößt er den Eisenstab in die Erde und legt eine Eichel hinein. – Nach drei Jahren hat er auf diese Weise 100 000 Eicheln gesetzt. Er hofft, dass 10 000 treiben. Und er hofft, dass ihm noch ein paar Jahre gegönnt sein werden, um so weitermachen zu können. Als er im hohen Alter von 90 Jahren stirbt, hat er einen der schönsten Wälder in dieser vormals trostlosen Gegend geschaffen.

Und was sonst noch geschehen ist? Die unzähligen Wurzeln halten jetzt den Regen fest, saugen Wasser an. In den Bächen fließt wieder Wasser. Es können wieder Wiesen mit Gräsern und Blumen wachsen. Die Vögel kommen zurück. Selbst in den Dörfern verändert sich alles: Die Häuser werden wieder aufgebaut, angestrichen. Alle haben wieder Lust am Leben, freuen sich, feiern Feste. Keiner weiß, wem sie das zu verdanken haben, wer die Luft, die ganze Atmosphäre geändert hat.

DISKUSSION

220. Äußere Umstände können dazu führen, dass die Motivation für eine Sache genommen wird. Ein aus sich selbst heraus motivierter Mensch wird nun nicht in dieser demotivierenden Situation ausharren, die Umstände verantwortlich machen und Trübsal blasen. Er wird sich eine neue Aufgabe suchen, der er sich wieder mit voller Leistungsbereitschaft und Motivation widmen kann.

221. Nicht nur die eigene Entwicklung ist Resultat von Motivation und Leistung, auch das große Ganze ist ein Teil davon. Von jeder erbrachten Leistung eines Einzelnen profitieren auch andere, die nichts dafür getan haben. Denken Sie einmal an die großen Forscher! Aus ihren Leistungen können wir alle Nutzen ziehen.

Wer nicht will, dass andere aus seinen Handlungen Gewinn ziehen, sollte darauf achten, dass er sich jedem Gemeinschaftsgefüge entzieht. Die Auswirkungen von Leistungsbereitschaft und erbrachter Leistung ziehen automatisch Kreise – sie bleiben nie auf eine Person konzentriert. Aber gerade das ist auch Sinn eines Unternehmens: Jeder ist motiviert für sich selbst und für das Wohlergehen aller.

222. Manchmal trägt das die besten Früchte, was gar nicht als Leistung bemerkt wird. Vielleicht weil es im Stillen geschieht oder auf den ersten Blick als zu nichts nutze erscheint. Leistung ist mehr als die direkt sichtbare Erfüllung von Aufgaben. Eine Führungskraft erbringt auch dann Leistung, wenn sie für jeden Mitarbeiter das richtige Motivationsumfeld findet, eine gute Arbeitsatmosphäre schafft, ein Team aufbaut, das mit Begeisterung bei der Sache ist. Das ist Leistung an der Basis, die oft noch nicht einmal erkannt wird.

9. Das Chamäleon

Es lebte einst ein Chamäleon, das wie alle anderen Chamäleons die Fähigkeit besaß, seine Farbe zu verändern und sich seiner Umgebung anzupassen. Eines Tages verirrte es sich in den Laden eines Teppichhändlers. Niemals zuvor hatte es eine solche Farbenpracht gesehen! Und es begann alsbald, sich mit den Farben vertraut zu machen, weil es den tiefen Wunsch hegte, sich unbedingt diesen Farben anzugleichen. Das war aber gar nicht so einfach! Stundenlang mühte sich das Chamäleon, um gleichzeitig die verschiedenen Farben der Teppiche anzulegen. Aber es wollte ihm einfach nicht gelingen. Schließlich starb das arme Chamäleon an Überanstrengung.

DISKUSSION

223. Vorsicht vor den Leuten, die nur nachplappern! Wenn der Beweggrund für eine Leistung nur der ist, es jemand anderem recht zu machen, können Sie fast sicher sein, dass es nicht funktioniert. Gewiss ist es bequem, eine Arbeit an denjenigen zu delegieren, der sich nicht wehrt, nicht etwa, weil er unsicher ist, sondern weil er glaubt, katzbuckelnd weiterzukommen. Und er wird sich bemühen, er wird eifrig versuchen, sein Bestes zu geben. Er wird aber kein exzellentes Ergebnis erzielen, wenn die Aufgabe seinen Talenten und Fähigkeit nicht entspricht. Ein anderer Mitarbeiter, der wegen eigener Ideen und konkreter Fragen vielleicht etwas unbequem ist, hätte es dagegen in der Hälfte der Zeit und mit bestem Resultat geschafft, weil die Aufgabe genau seinem Können entspricht.

224. Die Welt ist voller herrlicher, motivierender Dinge! Und jede Abteilung bietet fantastische Aufgaben, jede für sich eine besondere Herausforderung. Heute bin ich für dieses Projekt motiviert, morgen für jenes, und übermorgen ist es wieder ein anderes. Wer alle Aufgaben erfüllen will, wird trotz höchster Motivation und Leistungsbereitschaft, trotz allen Wollens bald überanstrengt sein. Sicher gibt es jeden Tag neue spannende Aufgaben, aber kein Mensch kann alle gleichzeitig erledigen. Schützen Sie sich vor der Übermotivation und konzentrieren Sie sich auf das, was Ihrem persönlichen Können am besten entspricht.

225. Erwarten Sie von Ihren Mitarbeitern nicht die Fähigkeit, alle Aufgaben gleich gut zu erfüllen. Manchmal hilft auch das beste Motivationsumfeld nicht weiter – der Mitarbeiter kann es einfach nicht. Und nicht jeder Mitarbeiter kann sich jeder Situation anpassen. Menschen sind nun einmal keine Chamäleons. Fordern Sie von Ihren Mitarbeitern nur die Leistungen, die sie aufgrund ihrer Fähigkeiten auch erbringen können.

10. Die Schildkröte

Ein kleiner Junge, der zu Besuch bei seinem Großvater war, fand eine kleine Landschildkröte und ging gleich daran, sie zu untersuchen. Im gleichen Moment zog sich die Schildkröte in ihren Panzer zurück, und der Junge versuchte vergebens, sie mit dem Stöckchen herauszuholen.

Der Großvater hatte ihm zugesehen und hinderte ihn, das Tier weiter zu quälen. „Das ist falsch", sagte er, „komm, ich zeig' dir, wie man das macht." Er nahm die Schildkröte mit ins Haus und setzte sie auf den warmen Kachelofen. In wenigen Minuten wurde das Tier warm, steckte den Kopf und seine Füße heraus und kroch auf den Jungen zu. „Menschen sind manchmal wie Schildkröten", sagte der alte Mann. „Versuche niemals, jemanden zu zwingen. Wärme ihn nur mit etwas Güte auf, und er wird sicherlich tun, was du möchtest."

DISKUSSION

226. Jemanden zu einer Leistung zu zwingen fordert nur offenen oder versteckten Widerstand heraus. Und dann auch noch mit Sanktionen zu drohen, führt bei den meisten eher zum inneren Rückzug, als dass man damit Leistung herausholen könnte. Sätze wie „Wenn Sie nicht ..., dann sehe ich mich gezwungen ..." sollen ja trotz allen Wissens um gute Mitarbeiterführung bei manchem noch im Sprachgebrauch sein.

Niemand kann so motiviert werden und selbst die Motiviertesten werden ihre Leistungsbereitschaft auf andere Gebiete verlagern.

227. Im Hinblick auf Motivation liegt die hauptsächliche Aufgabe einer Führungskraft zwar darin, für jeden Einzelnen und für das Team ein Motivationsumfeld zu schaffen, in dem jeder seine Motivation einbringen kann. Darüber hinaus ist es aber für eine gut funktionierende Gemeinschaft wichtig, herauszufinden, wo der Interessenschwerpunkt jedes Einzelnen liegt, welche Ziele er hat, was ihn wirklich interessiert. Eine Führungskraft, der viel daran liegt, dass es jedem im Team gut geht, stärkt die Motivation jedes einzelnen Mitarbeiters, damit er Leistungsbereitschaft entsprechend seinen Anlagen entwickeln kann.

228. Mit Verständnis und Güte kann mancher Mitarbeiter wesentlich mehr motiviert und zu Leistungen ermutigt werden, zu denen er sich nicht fähig glaubte. Ein erster Schritt ist die Art des Umgangs, zum Beispiel auf verbaler Ebene. „Wir müssen damit bis morgen fertig sein. Wie, glauben Sie, können wir das schaffen?", zeigt wesentlich mehr Verständnis als ein barsches „Sehen Sie zu, dass Sie fertig werden." Allerdings: Verständnis und Güte kommen aus dem Herzen, nicht aus dem Kopf. Nur wenn es wirklich ehrlich gemeint ist, kann es zur verstärkten Leistungsbereitschaft motivieren.

11. Der Tempel

Ein König beschloss einmal, zu Ehren seines obersten Gottes einen Tempel bauen zu lassen. Während der Tempel gebaut wurde, fragte man drei Arbeiter nach ihrem Tun. Der eine saß und haute Quader zurecht für die Mauern der Wand. „Was machst du da?" – „Ich haue Steine."

Ein anderer mühte sich um das Rund einer kleinen Säule für den Eingang. „Was machst du da?" – „Ich verdiene Geld für meine Familie."

Der dritte meißelte vorsichtig ein Ornament in den Fensterbogen. „Was machst du da?" – „Ich baue an einem Tempel."

DISKUSSION

229. Die Motivation ist abhängig von der Einstellung zu dem, was man tut. Wer nur des Geldverdienens wegen arbeitet oder nur seine Arbeit tut, ohne sich für die Zusammenhänge zu interessieren, dem fehlt zumindest der Teil der Leistungsbereitschaft, die nur aus Begeisterung am Tun entstehen kann.

230. Interesse an der Arbeit, Interesse am Ziel und das Wissen um die Bedeutung und den Zweck der übertragenen Aufgaben vergrößern die Bereitschaft, so viel wie möglich dafür zu leisten. Sicherlich kann kein Mitarbeiter vorrangig die Ziele eines Unternehmens erfüllen. An erster Stelle stehen für ihn seine eigenen Ziele. Beides in Einklang bringen zu wollen, das macht Begeisterung, Motivation und Leistungsbereitschaft aus.

231. Die gemeinsame Vision im Auge zu haben und sich als wichtigen Teil für die Verwirklichung zu sehen, das schafft Leistungsbereitschaft und Motivation.

Nur Schreibkraft, nur Buchhalter, nur Lagerist – das ist nicht die richtige Einstellung. Wo stünde denn ein Unternehmen ohne diese Mitarbeiter? Jeder ist wichtig an seinem Platz. Und jeder, der sich seiner Bedeutung innerhalb des Unternehmens klar ist, kann sich als wichtigen Teil zur Verwirklichung des Firmenziels empfinden.

Eine Führungskraft muss genügend Einfühlungsvermögen haben, um ihren Mitarbeitern ihre Bedeutung für das Unternehmen zu bestätigen. Das schafft zusätzliche Motivation und spornt zur Leistung an, zumindest bei denen, die ihre Arbeit gerne tun und etwas leisten wollen.

- Scharfer Geruch
- Das Samenkorn
- Tod auf Verordnung
- Variationen auf einem Esel
- Tod statt Honig
- Der 101. Schlag
- Der Könner
- Der Eichenwald
- Das Chamäleon
- Die Schildkröte
- Der Tempel

Welche drei Gedanken sind für Sie die wichtigsten?

1.
2.
3.

Und was wollen Sie dafür tun?

1.
2.
3.

8

Feedback
Lob
Tadel
Entwicklung
Potenzial

1. Die Ohrfeige vorab
2. Senfkörner
3. Der Krieger
4. Die Rose
5. Gerechtigkeit
6. Sonne in den Wolken
7. Krebsgang
8. Salz
9. Die Kokosnuss
10. Das Lob
11. Die Nachtigall

1. Die Ohrfeige vorab

In den heißeren Regionen des Iran gehört Trinkwasser zu den Kostbarkeiten des Lebens. Es wird in besonderen Zisternen gesammelt und oft über längere Strecken in großen Krügen geholt. Ein Vater schickte seinen Sohn, damit er Wasser holen sollte: „Mein Sohn, nimm diesen Krug und hole uns Wasser." Dabei holte er mit der Hand weit aus und gab seinem Sohn eine schallende Ohrfeige. Mit Tränen in den Augen, aber den Krug krampfhaft festhaltend, ging der Sohn zur Zisterne. „Warum hast du unser Kind geschlagen?", entrüstete sich die Mutter. „Es hat doch nichts getan." Darauf antwortete der Vater: „Diese Ohrfeige wird ihm eine Gedächtnisstütze sein. Ich sage dir, nie in seinem Leben wird er es wagen, einen Krug mit Wasser fallen zu lassen. Was nützt es denn, wenn ich ihm die Ohrfeige hinterher gebe, nachdem er den Krug vielleicht schon zerschlagen hat?"

DISKUSSION

231. Wenn etwas wirklich wichtig ist, so wichtig, dass kein Fehler geschehen darf, muss das natürlich in aller Deutlichkeit klar gemacht werden. Auch den besten und gewissenhaftesten Mitarbeitern müssen Sie als Chef unmissverständlich vor Augen halten, welche Konsequenzen sich auch aus einem noch so kleinen Fehler ergeben werden. In einem solchen Fall nützt es nichts, auf die Verantwortlichkeit und das Können der Mitarbeiter zu vertrauen.

232. Eine „Vorab-Ohrfeige" ist eher demotivierend als aufbauend. Natürlich ist derjenige, der einen Krug zerschlagen hat, beim nächsten Mal besonders vorsichtig. Aber gerade das beinhaltet vielleicht schon das Ende des nächsten Krugs.

Was also nützt es, dem Mitarbeiter zu sagen: „Wenn Sie das nicht schaffen, werde ich Ihnen kündigen"? Stärken Sie ihn lieber mit entwicklungsförderndem Feedback. In formender oder korrigierender Absicht informieren Sie ihn über das, was zu verbessern ist und wie er die Verbesserung vornehmen könnte. Seien Sie sein Berater auf dem Weg zu einer besseren Leistung.

233. Wenn Sie als Führungskraft einem Mitarbeiter zusätzlich zu seiner bisherigen Aufgabe eine neue und weitaus schwierigere übertragen wollen, dann tun Sie das sicherlich nicht so, dass der Mitarbeiter überängstlich an diese Aufgabe herangeht. Gerade jetzt muss er zur Leistung ermutigt werden. Sie setzen im Gespräch mit dem Mitarbeiter zuerst einmal einen positiven Rahmen, indem Sie Lob und Anerkennung für seine bisherige gute Aufgabenerfüllung aussprechen. Dann erläutern Sie ihm seine zusätzlich zu übernehmende Aufgabe und bitten ihn um Vorschläge, wie er die neue mit der bisherigen verbinden kann. Aus den genannten Möglichkeiten suchen Sie gemeinsam die beste Lösung heraus und leiten dann – wiederum gemeinsam – die konkreten Schritte daraus ab. Sie können sicher sein, dass der Mitarbeiter sich eingebunden fühlt und im Laufe des Gesprächs Potenziale entdeckt, die ihm Sicherheit für diese neue Aufgabe geben.

2. Senfkörner

Eine Frau kommt zum Mullah: Ihr Kind ist tot, und sie klagt und weint; und sie ist eine Witwe, und sie wird nie wieder ein Kind haben, und das einzige Kind ist tot, und das war ihre ganze Liebe und ihre ganze Sorge ...

Und was tat der Mullah? Er lächelte und sprach zu ihr: „Geh in die Stadt und besorge dir dort ein paar Senfkörner aus einem Haus, in dem noch nie jemand gestorben ist."

Die Frau eilte in die Stadt, und sie ging in jedes Haus. Und wo sie auch hinkam, sagte man ihr: „Wir können dir Senfkörner geben, so viele du möchtest, aber die Bedingung wäre dann nicht erfüllt – denn in unserem Hause sind schon viele Menschen gestorben." Und so war es immer wieder.

Sie aber hoffte: „Vielleicht ... wer weiß? Irgendwo wird es vielleicht doch ein Haus geben, das nie dem Tod begegnet ist." Und so rannte sie den ganzen Tag herum.

Gegen Abend dämmerte ihr eine große Einsicht: „Der Tod ist ein Teil des Lebens. Er kommt einfach. Er ist nichts Persönliches, kein persönliches Unglück, das mir zugestoßen ist." Mit dieser Einsicht ging sie zurück zum Mullah.

Dieser frage sie: „Wo hast du die Senfkörner?" Da lächelte sie ...

DISKUSSION

235. Sie wollen Ihrem Mitarbeiter eine Aufgabe erklären, und schon an seinen Fragen erkennen Sie, dass dieser eigentlich sehr fähige Mensch nichts verstanden hat. Und je mehr Sie erklären, umso verständnisloser schaut er sie an. Er wird auch nichts verstehen, wenn Sie ihn als Dummkopf bezeichnen, stundenlang weitere Erklärungen abgeben oder einen anderen Mitarbeiter mit dieser Arbeit betrauen. Es gibt aber eine

Möglichkeit, ihn die Zusammenhänge verstehen zu lassen: Fordern Sie sein Potenzial heraus! Statt an der Aufgabe hängenzubleiben, gehen Sie einfach auf eine andere Ebene. Drehen Sie den Spieß doch um! Das kann sich beispielsweise so anhören: „Unser Ziel ist X, wir haben den Weg Y gewählt und möchten Ihnen die Aufgabe Z übertragen. Wie wollen Sie diese Aufgabe erledigen?"

236. Ein Mitarbeiter hat einen Fehler gemacht. Und nun sitzt er vor Ihnen, beklagt sein Versagen, ist völlig demotiviert und versteht nicht, wie das hatte passieren können. Aufmunternde Worte „Das kann doch jedem passieren", oder „Davon geht die Welt nicht unter", sind zwar freundlich, helfen ihm aus seinem Kummer aber nicht heraus. Und wohlgemeinte Ratschläge, wie er es hätte besser machen können, sind jetzt ebenso wirkungslos.

Es ist zwar gut, Verständnis zu zeigen. Es ist aber noch besser, dem Mitarbeiter eine Chance geben, durch eigene Erfahrungen klug zu werden und neue Erkenntnisse zu gewinnen. Vielleicht fehlt ihm das Erkennen der großen, vielleicht aber auch der ganz kleinen Zusammenhänge, und das können Sie ihm nicht erklären, das kann er nur durch eigenes Tun erfahren.

237. Helfen Sie Ihren Mitarbeitern, ihr Potenzial weiter zu entwickeln. Übertragen Sie auch Aufgaben, ohne das Wie und Warum genauestens zu erklären. Das Gehen haben Sie auch nicht dadurch gelernt, dass Ihre Eltern Ihnen den Vorgang des Gehens rein theoretisch erklärt haben. Sie haben es immer wieder versucht, Sie mussten selbst erfahren, wie es funktioniert, bevor Sie gehen konnten, ohne hinzufallen.

3. Der Krieger

Zum Meister kam einst ein Krieger, ein großer Soldat; der fragte: „Gibt es eine Hölle? Gibt es einen Himmel? Und wenn es Himmel und Hölle gibt, wo sind die Tore? Von wo aus betrete ich sie?"

Er war ein einfacher Krieger, Krieger sind immer einfach, ohne Hintergedanken, ohne Berechnung. Für sie gibt es nur zwei Dinge: Leben oder Tod. Er war nicht gekommen, um irgendeine Ideologie zu hören; er wollte wissen, wo das Tor war, um die Hölle zu meiden und den Himmel betreten zu können. Und der Meister antwortete auf eine Art und Weise, die nur ein Krieger verstehen konnte: „Wer bist du?" Der Krieger antwortete: „Ich bin ein großer Krieger, der nicht einen Augenblick zögert, sein Leben zu opfern."

Der Meister lachte und sagte: „Du, ein großer Krieger? Du siehst aus wie ein Bettler!" Der Stolz des Kriegers war verletzt, und er vergaß, weshalb er gekommen war. Er zog sein Schwert und wollte den Meister auf der Stelle umbringen. Da lachte der Meister und sagte: „Dies ist das Tor zur Hölle. Mit diesem Schwert, dieser Wut, diesem Ego öffnet sich hier das Tor."

Der Krieger verstand unmittelbar. Er steckte das Schwert zurück in die Scheide ... und der Meister sagte: „Hier öffnet sich das Tor zum Himmel."

DISKUSSION

238. Tadel, der sich auf die gesamte Persönlichkeit bezieht, verletzt und führt bei dem Getadelten zu Aggressionen. Würde der Krieger wegen eines tatsächlich begangenen Fehlers oder wegen eines konkreten Aspekts seiner Persönlichkeit getadelt, er würde sich wahrscheinlich damit auseinandersetzen, um zu lernen und besser zu werden. Vorausgesetzt, dieser Tadel ist nicht abwertend, sondern konstruktiv.

239. Wer tadelt, braucht Beweise. Und als Beweis reicht das Resultat oder die Handlung an sich nicht aus. „Die Sache ist schiefgelaufen", mag zwar ein Fakt sein, ist aber kein Beweis. Es fehlt das „Warum". Und wenn Sie das nicht wissen, kann das ja gemeinsam mit dem Getadelten herausgearbeitet werden. Denn womöglich stellt sich heraus, dass gar nicht er verantwortlich ist, sondern etwas bisher nicht Berücksichtigtes. In beiden Fällen hat der Getadelte die Chance, etwas hinzuzulernen und sein Potenzial zu vergrößern. Und noch einmal: Wer aus wichtigem Grund tadelt, sollte das verbinden mit einem Feedback. Das ist der einzige Weg, der ermutigt und die Entwicklung fördert.

240. Wie oft passiert es, dass jemand einen anderen tadelt, nur um sich selbst ins rechte Licht zu setzen oder den anderen abzuwerten oder weil er gerne mit Schuldzuweisungen arbeitet! Und wie oft veranlasst die Wut oder sein Ego einen Menschen dazu, einen anderen zu tadeln. In beiden Fällen ist aber nicht nur der Tadelnde Verursacher dafür, wenn sich das Tor zur Hölle öffnet.

Wenn Sie auf die eine oder andere Art getadelt werden, ist es zwar naheliegend, dass Sie am liebsten mit einer aggressiven Reaktion darauf antworten würden. Das ist verständlich. Aber versuchen Sie statt dessen doch einmal anders zu reagieren: Hinterfragen Sie im Stillen die Gefühle und Beweggründe desjenigen, der Sie tadelt. Hinterfragen Sie, ob ein Grund und wenn ja, welcher für einen Tadel vorliegt. Damit geben Sie sich die Chance, entweder etwas über den anderen zu lernen oder in Ihrer eigenen Entwicklung einen Schritt weiterzukommen. Natürlich sollen Sie weder den Märtyrer spielen noch jedem alles verzeihen. Aber Sie vermeiden so eine Eskalation der Emotionen. Und wenn Sie zu dem Schluss kommen, der Tadel sei wirklich als Angriff auf Ihre Persönlichkeit gemeint oder in der Sache ungerechtfertigt, dann können Sie zumindest ohne negative Gefühle die Sache noch einmal ins Gespräch bringen.

4. Die Rose

Ein Dichter schöner Verse ging täglich um die Mittagszeit in Begleitung seines Freundes an einer alten Bettlerin vorbei. Stumm und unbeweglich saß die Frau da und nahm die Gaben der Vorübergehenden ohne jedes Anzeichen von Dankbarkeit entgegen. Der Dichter gab ihr zur Verwunderung seines Begleiters, der selbst immer eine Münze bereit hatte, nichts. Vorsichtig darüber befragt, sagte er: „Man müsste ihrem Herzen schenken, nicht ihrer Hand." An einem der nächsten Tage erschien der Dichter mit einer wundervollen, halb erblühten Rose. Und er legte die Rose in die Hand der Bettlerin.

Da geschah etwas Merkwürdiges. Die Frau stand auf, griff nach seiner Hand, küsste sie und ging mit der Rose davon. Eine Woche lang blieb sie verschwunden. Dann saß sie wieder auf ihrem Platz, stumm, starr wie zuvor. „Wovon mag sie die ganzen Tage über gelebt haben?" „Von der Rose", antwortete der Dichter

DISKUSSION

241. Walkaround ist sinnlos, wenn es nicht vom Herzen kommt, sondern vom Kopf. Geben Sie kein positives Feedback, wenn Sie es nicht ehrlich meinen. Sie erreichen eher das Gegenteil. Denn Sie können Ihre nonverbalen Signale nicht kontrollieren. Und die sagen die Wahrheit.

242. Lob für alles und jeden lässt irgendwann nur noch ein schales Gefühl zurück, wird zur Gewohnheit und erinnert eher an eine allgemein gehaltene Pensionierungs-Laudatio. Loben Sie einen Mitarbeiter nach erbrachter Leistung. Damit verstärken Sie sein Können, sind ihm dabei behilflich, um Zuversicht für weitere Aufgaben zu gewinnen, und unterstützen ihn darin, mit seiner Leistung zufrieden zu sein.

243. Loben Sie dann, wenn es angebracht ist, wenn eine konkrete Situation den Anlass bietet. Eine „Rose" ist es aber, mit dem Lob auch ein konkretes Verhalten anzusprechen. „Gestern bei der Besprechung haben Sie sich sehr gut geschlagen" bezieht sich zwar auf die Situation, ist aber unklar. Der Interpretation sind Tür und Tor geöffnet. Ist mein freundliches Lächeln gemeint oder meine Stellungnahme zu der Sache, oder ist es vielleicht, weil ich Herrn Müller korrigiert habe, als er eine falsche Zahl nannte? Sie sehen, unter Umständen kann in das Lob etwas hineininterpretiert werden, was gar nicht gemeint war. Aber wenn Sie sagen: „Bei der gestrigen Besprechung mit Herrn Schmidt haben Sie ihm gesagt, dass ... Das fand ich sehr kompetent, und ich glaube, es hat auf Herrn Schmidt einen positiven Eindruck gemacht." Nun weiß jeder, was gemeint ist und warum er gelobt wird.

5. Gerechtigkeit

Ein junger Mann war bei einem älteren Freund zu Gast, dessen Gerechtigkeitssinn berühmt war. Er sah, wie der Ältere mit seinen Kindern umging, und er wunderte sich sehr: „Du sagst, dass du jedes deiner Kinder so liebst wie das andere. Nun sehe ich aber, dass du sie unterschiedlich behandelst. Wo bleibt da die Gerechtigkeit?" – „Sie besteht darin", antwortet der Ältere, „dass ich mich bemühe, jedem Kind gerecht das zu geben, was es braucht. Würde ich sie alle gleich behandeln, wäre ich wohl sehr ungerecht."

DISKUSSION

244. Wie die Kinder sind auch Mitarbeiter unterschiedlich. Der eine braucht mehr Lob, um motiviert zu sein, als der andere. Ein dritter erfährt seine Motivation besser durch konstruktiven Tadel, der ihn zur Weiterentwicklung bringt. Und ein vierter, der seiner Fähigkeiten vielleicht nicht ganz sicher ist, braucht zumindest eine Zeitlang sehr viel positives Feedback. Dadurch fühlt er sich bestärkt, so weiterzumachen oder seine Leistung noch zu steigern.

245. Jeden gleich behandeln zu wollen würde beinhalten, von jedem das gleiche zu erwarten. Und das ist bei den oft sehr verschieden ausgeprägten Fähigkeiten und Tätigkeitsbereichen der Mitarbeiter nicht möglich. Jeder muss natürlich seinem Aufgabenfeld entsprechend wahrgenommen werden und auf diese Aufgabe bezogen Feedback erhalten. Oder würden Sie einem kaufmännischen Mitarbeiter jegliches positive Feedback verweigern, weil er keine statischen Berechnungen durchführen kann?

246. Nun kann natürlich angenommen werden, dass positives Feedback durchweg freudig aufgenommen wird. Das ist aber nicht immer so. Denn unter Umständen ist der Gelobte ganz anderer Meinung. Geben Sie ich-bezogenes Feedback, zeigen Sie, dass es Ihre Meinung ist. Statt also zu sagen: „Das Problem haben Sie glänzend gelöst", fügen Sie ein „Ich finde ..." oder „Ich meine ..." hinzu. Damit verdeutlichen Sie, dass das Feedback Ihren eigenen Kriterien und Prioritäten entspricht, und die müssen nicht unbedingt mit denen des Gelobten übereinstimmten. Auch das ist Gerechtigkeit: die Chance zum Sagen der eigenen Meinung zu bieten.

6. Sonne in den Wolken

Ein Gelehrter kam jeden Tag zum Propheten Mohammed. Eines Tages nahm ihn der Prophet zur Seite und sprach: „Komm nicht jeden Tag, damit unsere Wertschätzung zunimmt", und erzählte folgende Begebenheit:

Ein Gelehrter wurde gefragt: „Die Sonne ist so großartig und wunderbar, und doch hören wir nicht, dass jemand sie besonders liebt." Der Gelehrte antwortete: „Die Sonne scheint bei uns jeden Tag. Und erst im Winter beginnt man sie zu schätzen, weil sie sich dann hinter den Wolken verbirgt."

DISKUSSION

247. Es gibt Mitarbeiter, die sind immer gut. Sie sind immer leistungsbereit, erledigen alle Aufgaben im Handumdrehen. Es fällt schon gar nicht mehr auf, dass sie alles schaffen. Und darum werden sie nie gelobt. Sie sind wie die Sonne, die jeden Tag scheint, aber nicht mehr wahrgenommen wird. Erst wenn sie krank sind oder gekündigt haben, fällt auf, was sie wert waren.

248. Meist werden solche Mitarbeiter aber mit Arbeit geradezu überhäuft. Denn sie schaffen doch alles! Und sie werden zugepackt mit Aufgaben und Verantwortung, aber irgendein positives Feedback erhalten sie nicht. Wozu auch? Sie sind motiviert genug, sie brauchen weder korrigiert noch „geformt" zu werden. Das geht bis zu einem bestimmten Punkt. Dann fühlen sich diese Mitarbeiter in ihrer erstklassigen Leistung gar nicht mehr wahrgenommen, sie fühlen sich nicht anerkannt, und sie suchen sich ein Spielfeld, das ihr Können richtig zu würdigen weiß.

248. Eine Führungskraft, die jeden Tag „Sonne" ist, jeden Tag an alle ein dickes Lob verteilt, muss damit rechnen, dass ihr positives Feedback nicht mehr als solches wahrgenommen wird, und wenn es auch noch so ehrlich gemeint ist. Und damit ist der eigentliche Sinn des Feedbacks nicht mehr gegeben: Niemand fühlt sich durch solches Feedback ermutigt, niemand empfindet es als entwicklungsfördernde Rückmeldung.

7. Krebsgang

„Geh doch gerade und vorwärts!", rief eine Krebsmutter ihrem Jungen zu. „Ja, gerne, liebe Mutter", antwortete dieser, „wenn du es mir vormachst!"

Aber die Mutter strengte sich vergeblich an.

DISKUSSION

250. Tadeln ist leicht, es besser zu machen, zuweilen um einiges schwerer. Wer tadelt und daraufhin um Hilfestellung gebeten wird, der sollte dazu auch in der Lage sein. Zumindest sollte er Möglichkeiten anbieten, wie und wo die gewünschte Hilfe zu bekommen ist.

251. Besonders beim Tadeln ist es wichtig, es selber besser zu machen. Wer tadelt, muss in dieser Sache auch Vorbild sein. Wie würde ein Team wohl reagieren, wenn die Führungskraft für 10 Uhr ein Meeting anberaumt hat, bei dem die Pünktlichkeit der Mitarbeiter als wichtigstes Thema ansteht, und alle müssen bis 10.15 Uhr warten, weil der Vorgesetzte zu spät kommt. Wie viel Glaubwürdigkeit hätte er dann noch?

252. Kann es nicht durchaus auch so sein, dass wir gerade denjenigen tadeln, der uns einen Spiegel vorhält, in dem wir etwas von uns selbst erkennen, das wir aber gar nicht bewusst wahrnehmen?

Der Geschäftsführer bemängelt bei jedem Gespräch mit seinem Vertriebsleiter, dass dieser nach etlichen Stunden immer noch keine Lösung parat hat, weil er einfach nicht in der Lage ist, auf den Punkt zu kommen. Und was hat der Herr Geschäftsführer in dieser Zeit getan? Nun, er ist ebenfalls nicht auf den Punkt gekommen ...

8. Salz

Ziegen haben einen starken Freiheitsdrang: Selbst ein haushoher Zaun würde sie nicht am Ausreißen hindern. Sie lassen sich nicht einsperren, sie durchbrechen aus Prinzip den Zaun. Viel wichtiger als eine Vergitterung ist unsere Gegenwart auf der Wiese, gepaart mit liebevollen Worten und etwas Salz in der Tasche. Mit Steinen und Prügeln werden sie nur verscheucht, und es braucht unendlich viel Zeit, sie wieder einzufangen. Ziegen brauchen beides: Liebe und Strenge.

DISKUSSION

253. Wer einmal mit „Steinen und Prügeln" getadelt wurde, der wird nicht mehr so leicht „einzufangen" sein. Destruktiver Tadel verärgert, verschreckt, verunsichert und provoziert eher zum erneuten „Ausreißen" als dass er zur Weiterentwicklung oder zu einer besseren Leistung führt. Konstruktive Kritik hingegen ist formende und korrigierende Unterstützung, die den Getadelten wieder in die „Umzäunung" zurückholen kann.

254. Es ist unsinnig, die Mitarbeiter zu tadeln, weil sie nicht immer gleich leistungsbereit sind. Immer auf Hochtouren zu arbeiten, immer mit der vollen Power bei der Sache zu sein, ist schlichtweg unmöglich.

Häufig kann man beobachten, dass ein Team eine Zeitlang mit wachsender Motivation und Leistungsbereitschaft an einer Aufgabe arbeitet. Doch an irgendeinem Punkt sinkt sowohl die Motivation als auch die Leistungsbereitschaft. Einer wird krank, ein anderer nimmt Urlaub und ein dritter bearbeitet seine Aufgaben nur noch oberflächlich: Der „Phönix-Punkt" ist erreicht. Jetzt braucht das Team Liebe und Strenge gleichermaßen; einerseits braucht das Team Verständnis für die Freiräume, andererseits aber auch eine neue Impulsgebung, damit es wie der „Phönix aus der Asche" wieder zu neuer Leistung emporsteigen kann.

255. Freiräume sind wichtig, doch darf dabei nicht übersehen werden, dass die meisten Aufgaben bis zu einem festgelegten Zeitpunkt erfüllt sein müssen. Mitarbeiter müssen in ihrer Leistung also auch kontrolliert werden, um das richtige Feedback geben zu können.

Verdeutlichen Sie sich die Leistung eines Mitarbeiters mit einem Quadrat, dessen Mitte mit einem Kreuzchen markiert ist. Dieses Kreuz steht für einen konkreten Termin, nehmen wir an, den 1. Juni. An diesem Tag soll der Mitarbeiter eine bestimmte Leistung erbracht haben. In der linken unteren Ecke beginnt er mit der Aufgabe. Hat er nun am 1. Juni das Ziel erreicht, haben Sie Grund, ihm ein positives Feedback zu geben. Versichern Sie ihm, dass er gut gearbeitet hat. Liegt er dagegen zurück, ist aber auf dem richtigen Weg, dann helfen Sie ihm, die nötigen Ressourcen freizusetzen, um schneller nach vorne zu kommen. Wenn der Mitarbeiter gänzlich vom richtigen Kurs abgekommen ist, braucht er Ihr Feedback als Korrektiv, um so schnell wie möglich auf den richtigen Weg zurückzukommen.

Dann gibt es noch die Möglichkeit, dass der Mitarbeiter weiter gekommen ist als geplant. Hier ist positives Feedback mehr als angebracht. Gleichzeitig sollten Sie sich aber auch fragen, ob es nicht vielleicht für sein Können qualifiziertere Aufgaben gibt. Und sollte er gar so weit sein, dass er den Rahmen des Quadrats sozusagen gesprengt hat, dann prüfen Sie, ob dieser Mitarbeiter in einer gänzlich anderen Position nicht besser aufgehoben ist.

9. Die Kokosnuss

Von einem Baum warf ein Affe eine Kokosnuss einem Mann an den Kopf. Der Mann hob die Nuss auf, trank die Milch, aß das Fruchtfleisch und machte sich eine Schüssel aus der Schale.

DISKUSSION

256. Kritik kann Wunder bewirken und neue Erkenntnisse bringen. Vorausgesetzt, die Kritik wird nicht einfach so an den Kopf geworfen, sondern bezieht sich auf eine konkrete Situation, liefert Beweise und bietet Lösungsmöglichkeiten.

257. Jeder hat die Möglichkeit, einen Tadel so umzuformen, dass er ihn nutzen kann. Denken Sie daran: Niemand ist perfekt, und Fehler sind der beste Weg zu neuen Erkenntnissen. Eigentlich sollten Sie sich bei den Menschen bedanken, die Ihnen durch Kritik auf einen anderen Weg verhalfen, den Sie selbst übersehen haben oder sogar noch nicht gekannt haben.

Und selbst einen unqualifizierten Tadel wie „Mensch, Meier, da haben Sie aber Bockmist gebaut" können Sie für sich nutzen, wenn Sie tatsächlich etwas falsch gemacht haben. Wer versucht, den Bockmist zu vertuschen oder anderen die Schuld dafür zuzuweisen, der verbaut sich die Möglichkeit, in der eigenen Entwicklung weiterzukommen. „Ja, ich habe es verkehrt gemacht, und jetzt schaue ich mir mal an, wo genau der Fehler lag und wie ich es das nächste Mal besser machen kann" – mit diesem Denken können Sie lernen und Ihr Potenzial vergrößern.

258. Wer auch die konstruktivste Kritik nur als Abwertung seiner Person empfindet, verbaut sich jede Chance zur Weiterentwicklung und Veränderung. Denken Sie daran: Niemand ist perfekt und Fehler passieren jedem: Das ist der beste Weg zu neuen Erkenntnissen. Wie Sie Tadel und Kritik nutzen, hängt davon ab, wie verantwortlich Sie mit sich selber umgehen.

10. Das Lob

Es war einmal ein kleines Lob, das größer werden wollte. Die Mutter strich ihm über den Kopf und meinte: „Ich fürchte, du bleibst ein kleines Lob. Vergiss nie: Ein kleines Lob ist besser als der größte Befehl!"

Auf seiner Wanderung durch die weite Welt kam es zu einem Mann, der gerade sein Auto wusch. „Kannst du mich nicht gebrauchen – zum Loben?", fragte das kleine Lob. Aber der putzte weiter und sagte: „Wozu loben? Ich arbeite, damit ich Geld verdiene. Ich putze, damit mein Auto sauber wird. Alles, was ich tue, hat einen Nutzen. Aber loben ist zu nichts nütze." Das kleine Lob schluckte und ging weiter.

Kurze Zeit später sagte es zu einem Kind: „Ich fände es schön, wenn du mich brauchen könntest." Da meinte der Junge aufgebracht: „Pah, loben! Was denn? Etwa die Schulaufgaben, die ich jetzt machen muss? Dass mein Fahrrad einen Platten hat? Oder mein Brüderchen immerzu schreit? Nein, alles ist eher zum Ärgern!" Das kleine Lob schlich sich traurig davon. Will denn niemand mehr loben?

Und das kleine Lob wandte sich an eine alte Frau. „Wen soll ich denn loben?", sagte sie unzufrieden. „Meine Kinder, die sich nicht um mich kümmern? Oder den Arzt, der schon zwei Jahre an mir herumdoktert?" – „Vielleicht könntest du ein kleines bisschen Gott loben", sagte das kleine Lob vorsichtig. „Ach du liebe Zeit", rief die alte Frau, „heute ist doch nicht Sonntag?" – „Vielleicht dafür", das kleine Lob blieb hartnäckig, „dass du noch lebst, dass du immer zu essen hast, die Sonne und die Blumen sehen kannst." – „Was ist das alles gegen mein Rheuma und mein Alleinsein?", unterbrach die alte Frau.

So wanderte das kleine Lob weiter. Es klagte: „Alle fragen nur: Warum? Was bringt das? Ich habe es zu schwer! – Dabei gehöre ich doch zum Lebenswichtigsten überhaupt: leben, lieben und loben. Wenn das Leben lebenswert ist, dann ist es auch liebenswert und dann ist es auch lobenswert. Und soll dann nicht auch der gelobt werden, der das Leben geschenkt hat?" Und das kleine Lob kam zu dem Schluss: „Wer sich Zeit nimmt, Atem zu holen, wer wieder richtig sehen lernt, wer die richtigen Maßstäbe setzt, der kann danken und findet zur Freude zurück. Ja, und der muss einfach loben!"

DISKUSSION

259. Leben, lieben und loben hängen auch im beruflichen Alltag eng zusammen. Im Job lebt man viele Stunden des Tages in einer Gemeinschaft, und was wäre das für ein Leben, wenn jeder gegen jeden eingestellt wäre? Die berufliche Gemeinschaft gewinnt, wenn man sich Achtung entgegenbringt und den positiven Verhaltensweisen der anderen Aufmerksamkeit schenkt. Und wenn das so ist, dann fällt es leicht zu loben.

Üben Sie das Loben doch einmal! Für die meisten ist es nur ungewohnt, und viele fühlen sich sogar unwohl, wenn sie Anerkennung bekommen. Kollegen sind vielleicht nicht geeignet, wenn man damit beginnt, das Loben und Gelobtwerden zu üben. Aber Ihr Lebenspartner, Ihr Freund oder Ihre Freundin werden sicherlich gerne mit Ihnen daran arbeiten.

Sagen Sie fünf Minuten lang, was Sie an dem anderen mögen. Währenddessen dürfen Sie nicht unterbrochen werden. Und dann geht's umgekehrt. Jetzt werden Sie gelobt! Aber Vorsicht vor höflichen Floskeln! Jedes Lob sollte ich-bezogen sein, eine konkrete Situation oder ein konkretes Verhalten ansprechen.

260. Wer seinen Job nicht als notwendiges Übel empfindet, der kann so viel Positives wahrnehmen: in seiner Aufgabenstellung, bei den Kollegen und Mitarbeitern, und auch den kleinen Dingen misst er eine große Bedeutung bei. Die Freundlichkeit des Pförtners, die Hilfsbereitschaft der Sekretärin, die stetige Fröhlichkeit des Lehrlings – all das macht das berufliche Zusammenleben ein bisschen lebenswerter, liebenswerter. Das ist Grund genug, die Aufmerksamkeit über das Fachliche hinaus auf das menschliche Miteinander zu lenken und auch dort Lob und Anerkennung zu schenken.

261. Loben ist eines der nützlichsten Instrumente, um das Tun eines Menschen zu bestärken, seine Entwicklung zu fördern und sein Potenzial zu entfalten. Und das kann sich jedes Unternehmen zunutze machen. Positives Feedback ist ein „Anker" für entsprechendes, in späteren Situationen gewünschtes Verhalten. Leider ist es häufig nicht möglich, spontan zu „ankern", also während des Verhaltens zu loben. Eine spätere genaue Schilderung der Situation und des Verhaltens holt in sie zurück, und dann kann fast ebenso wirksam geankert werden.

11. Die Nachtigall

Der Adler hörte einst viel Lobenswertes von der Nachtigall und hätte gerne Gewissheit gehabt, ob alles auf Wahrheit beruhe. Darum schickte er den Pfau und die Lerche aus; sie sollten ihr Federkleid betrachten und ihren Gesang belauschen. Als sie wiederkamen, sprach der Pfau: „Der Anblick ihres erbärmlichen Kittels hat mich so verdrossen, dass ich ihren Gesang gar nicht gehört habe." Die Lerche sprach: „Ihr Gesang hat mich so entzückt, dass ich vergaß, auf ihr Federkleid zu achten."

DISKUSSION

262. Die eigenen Werte sind manchmal hinderlich, wenn es darum geht, die Fähigkeiten eines anderen objektiv zu bewerten. Ihnen ist ein geordneter Schreibtisch wichtig? Nun, ein Mitarbeiter erntet dann vielleicht schon dadurch Vorschusslorbeeren, dass er an seinem Arbeitsplatz Ordnung hält. Derjenige aber, der ein kunterbuntes Durcheinander von Akten und Papieren vor sich liegen hat, wird von vornherein als fähiger Mitarbeiter in Frage gestellt.

263. Je ähnlicher uns jemand ist, umso leichter fällt uns ein positives Feedback. Dem, was uns fremd ist, mit unseren Standpunkten und Werten nicht übereinstimmt, stehen wir üblicherweise skeptischer gegenüber. Denn schließlich haben wir unsere Standpunkte und Werte, weil wir sie positiv beurteilen. Und – wir hatten das Thema schon vorher – wir wollen sie verteidigen. Und da ist es recht schwer, etwas anderes als das Vertraute und Bekannte als ebenso positiv wahrzunehmen.

264. „Um einen Menschen zu verstehen, musst du erst einen Mond lang in seinen Mokassins gegangen sein." Dieses indianische Sprichwort zeigt, dass wir das Potenzial eines anderen oft gar nicht erkennen können, ihm also auch kein Feedback geben können. Der aufrichtige Wunsch, die Persönlichkeit eines anderen kennenlernen zu wollen, um sein Verhalten und Denken, sein Können und Tun verstehen zu können, ist sicherlich sehr schwer. Aber jeder, der einer Gemeinschaft angehört, sollte sich nach besten Kräften darum bemühen. Und wenn Sie etwas nicht verstehen, können Sie nach dem Warum fragen. Möglich, dass Ihnen dadurch etwas bisher Fremdes verständlich erscheint, und ebenso möglich, dass sich Ihnen eine bisher unbekannte, aber fantastische Sichtweise eröffnet.

○ *Die Ohrfeige vorab*
○ *Senfkörner*
○ *Der Krieger*
○ *Die Rose*
○ *Gerechtigkeit*
○ *Sonne in den Wolken*
○ *Krebsgang*
○ *Salz*
○ *Die Kokosnuss*
○ *Das Lob*
○ *Die Nachtigall*

Welche drei Gedanken sind für Sie die wichtigsten?

1. _____
2. _____
3. _____

Und was wollen Sie dafür tun?

1. _____
2. _____
3. _____

Ihre persönlichen Gedanken

9

Konflikte

1. Salz in der Suppe
2. Die Krähe und der Papagei
3. Geteiltes Leid
4. Das Feuer des Schwertes
5. Die dumme, glückliche Stadt
6. Schlauer Bauer
7. Die Kupfermünze
8. Schwätzer
9. Böcke auf der Brücke
10. Das Schilfrohr und die Eiche
11. 17 Kamele

1. Salz in der Suppe

Als der König Anoschirwan mit seinem Gefolge durchs Land zog, geriet er in eine einsame Berggegend, in der nicht einmal die armseligen Hütten der Schafhirten standen. Der Koch des Königs lamentierte: „Erhabener Sultan! Ich bin dazu da, deinen Gaumen zu erfreuen. Nun findet sich im Küchenzelt auch nicht das kleinste Körnchen Salz, ohne das jede Speise abscheulich und fad schmeckt. Erhabener Sultan, was soll ich tun?" Anoschirwan erwiderte: „Gehe zurück in das nächste Dorf. Dort findest du einen Händler, der auch Salz feilbietet. Achte darauf, dass du den richtigen Preis zahlst und nicht mehr über das Übliche hinaus." – „Erhabener Sultan", antwortete der Koch, „in deinen Truhen liegt mehr Gold als irgendwo sonst in der Welt. Was würde es dir ausmachen, wenn ich ein bisschen teurer einkaufe? Die Kleinigkeiten machen es doch nicht." Der König blickte ernst: „Gerade die Kleinigkeiten sind es, aus denen sich die Ungerechtigkeiten der Welt entwickeln. Kleinigkeiten sind wie Tropfen, die schließlich doch einen ganzen See füllen. Die großen Ungerechtigkeiten der Welt haben als Kleinigkeiten begonnen. Geh also und kaufe das Salz zum üblichen Preis."

DISKUSSION

265. Konflikte entstehen nicht aus heiterem Himmel. Sie haben eine Vorgeschichte und einen Auslöser. Und dieser Auslöser kann ein sehr kleiner, fast nicht bemerkbarer gewesen sein.

Während eines Meetings stellen Sie Ihre Idee vor, von der Sie selbst völlig begeistert sind. Und der Kollege Ihnen gegenüber zieht fast unmerklich die linke Augenbraue hoch. Sie fühlen sich angegriffen und verletzt. Aber Sie wagen es auch später nicht, ihn daraufhin anzusprechen. Doch Ihr Verhalten diesem

Kollegen gegenüber ist anders als sonst. Und das spürt er natürlich. Und dann spricht er Sie darauf an, und Sie antworten: „Ich weiß gar nicht, was Sie meinen." Spätestens jetzt sind Sie beide in Hab-Acht-Stellung, jeder denkt, der andere wolle ihm was. Und das kann so weit gehen, dass ein handfester offener Konflikt daraus entsteht.

266. Klein fängt's an, und man sollte deshalb so früh wie möglich versuchen, einen entstehenden Konflikt zu stoppen. In dem vorgenannten Fall wäre es vernünftig, den Kollegen direkt zu fragen, ob ihm irgendetwas an Ihrer Idee unsinnig vorkäme, seine Mimik habe bei Ihnen diesen Eindruck erweckt. Vielleicht stellt sich heraus, dass er in diesem besagten Moment Ihre Ausführungen nicht verstanden hat und Ihren Vortrag nicht unterbrechen wollte. Aber da Sie ihn schon darauf ansprechen, könnten Sie ihm das ja jetzt erklären. Also: Keine Ursache für einen Konflikt, aber es hätte einer daraus entstehen können.

267. Konflikte können wohl wie das Salz in der Suppe sein, aber es muss vermieden werden, sie auszuweiten. Sie sollten nicht bis zur Feindseligkeit führen, sondern dazu genutzt werden, neue Denkansätze und Ideen zu finden.

2. Die Krähe und der Papagei

Ein Papagei saß zusammen mit einer Krähe in einem Käfig. Oh, wie litt der arme Papagei unter der Gegenwart des gefiederten schwarzen Untiers. „Welch abscheuliches Schwarz, welch grässliche Figur, welch ordinärer Gesichtsausdruck! Wenn jemand so etwas beim Morgenaufgang sehen müsste, wäre ihm die Freude für den ganzen Tag dahingeschmolzen. Einen abstoßenderen Genossen als dich gibt es nirgendwo." Es mag erstaunen, aber auch die Krähe litt unter der Gegenwart des Papageien. Traurig und bedrückt haderte sie mit dem Schicksal, welches sie mit jenem unangenehm bunten Gesellen zusammengeführt hatte: „Warum muss gerade mich das Unglück treffen? Warum verließ ausgerechnet mich mein guter Stern? Warum mussten meine glücklichen Tage in solche Tage der Dunkelheit münden? Mir wäre es angenehmer, mit einer anderen Krähe auf der Mauer eines Gartens zu sitzen, zusammen mit ihr die Gemeinsamkeit zu genießen und mich zu erfreuen."

DISKUSSION

268. Kleinigkeiten wie Unterschiede im Aussehen und Verhalten sind oft genug Anlass für Konflikte. Die schlampig gekleidete Kollegin am Schreibtisch gegenüber, der Kollege, der nach jeder Mahlzeit mit dem Fingernagel in den Zähnen puhlt – für viele Anlass genug, darüber zu murren, dass man fast täglich mit Menschen zu tun haben muss, die das eigene Empfinden erheblich stören. Und entsprechend wird auch darauf reagiert. Der eine verhält sich arrogant, der andere leidet darunter, dass er nicht so akzeptiert wird, wie er ist. Das geht bis hin zur versteckten Feindseligkeit, ein unterschwelliger Konflikt, der die gesamte Arbeitsatmosphäre beeinträchtigt.

Kein Mensch ist makellos, jeder hat etwas an sich, was einen anderen stören könnte. Und nicht immer ist ein Gespräch möglich, um einen derartigen Konflikt zu bereinigen. Auch Verständnis für das andere ist nicht immer möglich. Da hilft nur Toleranz und das Wissen, dass jeder Mensch eigene Wertmaßstäbe hat, die auch das Aussehen und das Verhalten bestimmen.

269. Die meisten Gegensätzlichkeiten lassen sich allerdings überwinden, wenn man sie als eine von vielen Möglichkeiten in sein Denken integriert. Gehen Sie so oft wie möglich über die Toleranz hinaus in das wirkliche Verstehen. Das heißt nicht, dass Sie sich ebenso verhalten. Aber Sie machen es sich und den anderen leichter, wenn Sie deren Eigenarten als eine Möglichkeit von der facettenreichen Vielfalt begreifen.

270. Jeder Mensch, auch wenn er noch so anders ist als Sie selbst, kann für Sie ein Motor sein, um zu neuen Erkenntnissen zu kommen, der eigenen Entwicklung etwas hinzuzufügen, Veränderungen im Denken und Verhalten herbeizuführen. Verbauen Sie sich nicht selbst die Chance, Ihren Horizont zu erweitern, indem Sie schon von vornherein abblocken. Hören Sie hin, schauen Sie hin – der unscheinbare Buchhalter kann für Sie ebenso „Lehrer" sein wie die arrogante Chef-Assistentin.

3. Geteiltes Leid

Einmal kamen zwei Huren zum König und traten vor ihn. Und das eine Weib sprach: „Ach, mein Herr, ich und dies Weib wohnten in einem Hause, und ich gebar bei ihr im Hause. Und drei Tage, nachdem ich geboren hatte, gebar sie auch. Und wir waren beieinander, damit kein Fremder mit uns im Hause war, nur wir beide. Und dieses Weibes Sohn starb in der Nacht; denn sie hatte ihn im Schlaf erdrückt. Und sie stand in der Nacht auf, nahm meinen Sohn von meiner Seite, als ich schlief, und legte ihn an ihren Arm, und ihren toten Sohn legte sie an meinen Arm. Und als ich des Morgens aufstand, meinen Sohn zu säugen, siehe, da war er tot. Aber am Morgen sah ich ihn genau an, und sah, es war nicht mein Sohn, den ich geboren hatte."

Das andere Weib sprach: „Nicht wahr; mein Sohn lebt, und dein Sohn ist tot." Jene aber sprach: „Nein, dein Sohn ist tot, und mein Sohn lebt." So stritten sie sich vor dem König. Und der König sprach: „Holt mir ein Schwert her!" Und als das Schwert dem König gebracht wurde, sprach der König: „Teilet das lebendige Kind in zwei Teile und gebt dieser die Hälfte und jener die Hälfte." Da sprach das Weib, dessen Sohn lebte, zum König (denn ihr mütterliches Herz entbrannte über ihren Sohn): „Ach, mein Herr, gebt ihr das Kind lebendig und tötet es nicht!" Jene aber sprach: „Es sei weder mein noch dein; lasst es teilen!" Da antwortete der König und sprach: „Gebt dieser das Kind lebendig und tötet's nicht; die ist seine Mutter."

DISKUSSION

271. Wer anderen nichts gönnt, alles für sich beansprucht, nichts aufgeben will und dafür bis aufs Messer kämpft, der stürzt sich selbst ins Unglück. Denn Rechthaben um jeden Preis, auch wenn dabei alles in Scherben geht, nützt keinem.

Konfliktlösung sollte das Ziel haben, alle Beteiligten als Gewinner daraus hervorgehen zu lassen. Aber sobald einer der Beteiligten auf seine Standpunkte beharrt und zu keiner Abweichung bereit ist, wird zwangsläufig eine Seite Verlierer sein. Vielleicht werden sogar beide Seiten verlieren.

272. Nun gibt es Situationen, in denen alle Beteiligten bis auf einen bereit sind, soweit nachzugeben, dass ein Konsens möglich wäre. Und dieser eine verhindert, dass tatsächlich eine Lösung gefunden wird. Das sind Konflikte, die können nicht mehr interpersonell, also im Zusammenspiel aller, bereinigt werden. Diese Konflikte müssen vorher intrapersonal, nur eine Person betreffend, geklärt werden. Diese Person agiert mit Abwehrmechanismen gegen alles, was von ihrem Selbstkonzept abweicht. Sie muss ihr Selbstkonzept verteidigen, vielleicht weil sie meint, sonst ihre Selbstachtung zu verlieren. Die Vielzahl der Abwehrmechanismen aus psychologischer Sicht näher zu beleuchten, würde hier zu weit führen.

273. Der „Meta-Spiegel" kann ein geeignetes Instrument sein, um jeden, der in einer scheinbar ausweglosen Konfliktsituation gefangen ist, zu neuen Verhaltensalternativen und damit Lösungsansätzen zu führen.
Gehen Sie dabei folgendermaßen vor:
1. Nehmen Sie eine Person, mit der Sie Schwierigkeiten haben. Stellen Sie sich vor, sie stünde vor Ihnen, und nennen Sie die Eigenschaften, die es so schwer machen, mit ihr zu kommunizieren. Ist sie blöd, langweilig, überheblich …?
2. Dann nehmen Sie sich selbst in der Beziehung zu dieser Person wahr, und benennen Sie Ihr eigenes Verhalten ihr gegenüber. Vielleicht unnachgiebig oder abwertend? Überlegen Sie, was diese Person wohl tun würde, wenn Sie sich anders verhielten. Kann es sein, dass Sie durch Ihr Verhalten das der anderen Person noch verstärken?

3. Jetzt gehen Sie noch eine Stufe weiter: Welche Möglichkeiten haben Sie, mit dieser Person anders umzugehen? Welchen Rat geben Sie sich selbst?
4. Jetzt gehen Sie auf die höchste, die vierte Meta-Position, aus der heraus Sie sich selbst wie eine andere Person betrachten, um zu erkennen, wie Sie sich wirklich verhalten. Hilfreich? Unterstützend? Hochnäsig?
5. Aus der Sicht der vierten Meta-Position beobachten Sie jetzt, wie sich die unter Punkt 3 gefundenen neuen Möglichkeiten in der Kommunikation mit dem anderen auswirken.

Das Spiel können Sie so lange fortführen, bis Sie glauben, eine Lösung in der Beziehung zueinander gefunden zu haben.

4. Das Feuer des Schwertes

Und der Weise sprach zu seinem Schüler: „Schau dieses Schwert. Sein Eisen ist grau, spröde, kalt und scharfkantig." Dann hielt er es einige Zeit schweigend ins Feuer, um sodann fortzufahren: „Wenn es erhitzt ist, verliert es diese Eigenschaften. Es ist nicht mehr grau, spröde, kalt und scharfkantig, sondern weißglänzend, zähflüssig, heiß und ohne feste Form. Es hat gewissermaßen die Eigenschaften des Feuers mit übernommen." Und er schloss seine Rede mit der Frage: „Welche Form wählst du für dein Leben?"

DISKUSSION

274. Ein Konflikt kann kalt und scharfkantig geführt werden, aber auch heiß und feurig. Beide Arten führen selten zu einem konstruktiven Ergebnis. Beides sollte miteinander verbunden werden, um das „Schwert des Konfliktes" schmieden zu können zu einem Werkzeug, das keinen verletzt, sondern für jeden eine Möglichkeit des Wachsens und Lernens ist, sowohl im beruflichen als auch im persönlichen Leben.

275. Stellen Sie sich einmal zwei Menschen vor. Jeder steht in einem eingrenzenden Kreis, in den er nichts anderes hineinlassen will. Und jeder der beiden glaubt, sein Kreis sei das einzig richtige. Sie gehen in eine destruktive Konkurrenz, verhindern gegenseitig das Erreichen ihrer Ziele und schaffen damit natürlich einen Konflikt. Wenn sie sich nun aber nicht mehr gegenseitig behindern, sondern akzeptieren, dass der jeweils andere seine Ziele verwirklicht, können beide Kreise weiter werden, ihre Begrenzungen kommen sich näher und näher, bis sie irgendwann aneinanderstoßen. Jetzt haben sie sich soweit angenähert, dass sie Gemeinsamkeiten entwickeln können, dadurch noch weiter wachsen, bis sich die Kreise irgendwann überlappen. Und in den Bereichen, wo die Kreise sich überlagern, ist Gemeinsamkeit möglich. Das ist der Bereich, in dem die Verbindung von Eisen und Feuer eine neue Form schafft.

276. Das ist Synergie! Nicht eins plus eins gleich zwei oder: Feuer plus Eisen gleich Feuereisen. Indem zwei Dinge aufeinandertreffen und eine Verbindung eingehen, entsteht aus der Gemeinsamkeit etwas ganz Neues: eine neue Idee, eine neue Entwicklung, eine Veränderung …

5. Die dumme, glückliche Stadt

Vom Propheten Mohammed wird folgende Begebenheit berichtet: Der Prophet kam mit einem seiner Begleiter in eine Stadt, um zu lehren. Bald gesellte sich ein Anhänger seiner Lehre zu ihm: „Herr! In dieser Stadt geht die Dummheit ein und aus. Die Bewohner sind halsstarrig. Man möchte hier nichts lernen. Du wirst keines dieser steinernen Herzen bekehren." Der Prophet antwortete gütig: „Du hast recht!" Bald darauf kam ein anderes Mitglied der Gemeinde freudestrahlend auf den Propheten zu: „Herr! Du bist in einer glücklichen Stadt. Die Menschen sehnen sich nach der rechten Lehre und öffnen ihre Herzen deinem Wort." Mohammed lächelte gütig und sagte wieder: „Du hast recht!" – „Oh, Herr", wandte da der Begleiter Mohammeds ein: „Zu dem ersten sagtest du, er habe recht. Zu dem zweiten, der genau das Gegenteil behauptet, sagst du auch, er habe recht. Schwarz kann doch nicht weiß sein." Mohammed erwiderte: „Jeder Mensch sieht die Welt so, wie er sie erwartet. Wozu sollte ich den beiden widersprechen? Der eine sieht das Böse, der andere das Gute. Würdest du sagen, dass einer von den beiden etwas Falsches sieht, sind doch die Menschen hier wie überall böse und gut zugleich. Nichts Falsches sagte man mir, nur Unvollständiges."

DISKUSSION

277. Konflikte entstehen durch unterschiedliche Werte und Sichtweisen. Jeder kann nur aus seinem eigenen Denken und Empfinden heraus agieren.

Die Werte der Beteiligten spielen bei vielen Konflikten eine wichtige Rolle. Wenn der Wert „Erfolg um jeden Preis" mit dem Wert „Gerechtigkeit" zusammentrifft, ist ein Konflikt vorprogrammiert. Denn Erfolg um jeden Preis beinhaltet, dass dafür auch Ungerechtigkeit in Kauf genommen wird, was der Gerechtigkeit natürlich Anlass gibt, dagegen anzugehen.

278. Was für den einen Anlass zu einem Konflikt ist, ist für den anderen absolut nebensächlich. Und auch das ist wieder abhängig von Werten und Sichtweisen und sollte akzeptiert werden. Jetzt mit Vorwürfen wie Feigheit oder übertriebener Konfliktbereitschaft zu agieren, löst unter Umständen nur einen neuen Konflikt aus.

279. Es gibt nichts, was nur gut, und nichts, was nur schlecht ist. Jeder Gedanke, jeder Vorschlag hat sowohl brauchbare als auch unbrauchbare Inhalte. Das zu wissen, kann einen Konflikt vermeiden, wenn mit den Ideen so umgegangen wird, dass alle Beteiligten Gewinner sind. Dabei helfen kann das „Rosinenkonzept". Und das heißt nichts anderes, als sich aus allen Vorschlägen die Rosinen herauszupicken.

Konkret: Der Vorschlag wird geäußert, die positiven Anteile werden herausgehoben, und unbrauchbare Anteile werden erst gestrichen, wenn Verbesserungsvorschläge formuliert wurden. Kritik ist hier nicht möglich, sie wird ersetzt durch Verbesserungen.

6. Schlauer Bauer

Ich hab ein altes Gleichnis gehört – es muss uralt sein, weil Gott in jenen Tagen noch auf Erden weilte ...

Eines Tages kam ein Mann zu ihm, ein alter Bauer, und der sagte: „Schau, du magst Gott sein, und du magst die Welt erschaffen haben, aber eines muss ich dir sagen: Ein Bauer bist du nicht. Du kennst nicht einmal das ABC des Ackerbaus. Da kannst du noch einiges lernen."

Gott fragte: „Was ist dein Rat?" Der Bauer sagte: „Gib mir ein Jahr Zeit und lass die Dinge so geschehen, wie ich es sage, und warte ab, was passiert. – Es wird keine Armut mehr geben!"

Gott willigte ein, und so bekam der Bauer ein Jahr. Natürlich bestellte er nur das Beste und dachte nur ans Beste – keinen Donner, keinen starken Wind, keine Gefahren für die Ernte. Alles angenehm, behaglich, und er war sehr froh. Der Weizen wuchs so hoch!

Wenn er Sonne haben wollte, schien die Sonne; wenn er Regen wollte, gab es Regen, so viel er nur wollte. In diesem Jahr lief alles richtig, mathematisch richtig. Der Weizen wuchs so hoch ...

Der Bauer ging oft zu Gott und sagte: „Schau! Diesmal wird die Ernte so ausfallen, dass es für zehn Jahre, selbst wenn die Leute nicht arbeiten, genug zu essen geben wird." Aber als die Ähren eingefahren wurden, war kein Weizen darin. Der Bauer war überrascht. Er fragte Gott: „Was ist passiert? Was ist schiefgegangen?"

Gott sagte: „Weil es keine Widrigkeiten gab, weil du alles vermieden hast, was schlecht ist, blieb der Weizen unfruchtbar. Ein bisschen Auseinandersetzung gehört dazu. Stürme gehören dazu, und auch Donner und Blitzschlag sind nötig. Sie rütteln im Weizen die Seele wach."

DISKUSSION

280. Konflikte und Probleme wird es immer geben, und kaum ist eines gelöst, entsteht schon ein neues.

Konflikte und Probleme sind die Würze des Lebens. Sie ergeben die Reibung, die neue Energie erzeugt. Sie sind die Herausforderungen, die zu Wachstum und Entwicklung führen. Sie reißen aus dem Schlaf, schaffen Kreativität, spornen an.

Das Leben verliefe allzu öde, gäbe es weder Konflikte noch Probleme. Uns fehlte jeglicher Ansporn, etwas in Bewegung zu setzen, etwas zu verändern.

Es gibt sogar Menschen, die brauchen Konflikte. Denn nur dadurch werden sie wachgerüttelt, können neue Einsichten gewinnen.

281. Wenn es denn Konflikte und Probleme immer geben wird, dann ist die Frage, wie damit umgegangen werden kann. Ihr Sinn ist doch, dass wir durch sie weiter vorankommen, nicht, dass wir daran zerbrechen. Die Voraussetzung ist also, sie als konstruktive Elemente des Lebens wahrzunehmen und entsprechend damit umzugehen. Das beinhaltet die Bereitschaft, den Rahmen des Denkens und Verhaltens zu vergrößern, Denkanstöße durch andere dankbar anzunehmen, Veränderungen zu begrüßen.

282. Wer glaubt, ein Leben in absoluter Harmonie, ohne Konflikte und Probleme führen zu können, der irrt. Schon der Versuch, ihnen aus dem Weg zu gehen, birgt den Konflikt in sich. Denn der verzweifelte Versuch, es allen recht zu machen, jedem Verständnis entgegenzubringen, löst einen Konflikt in der eigenen Person aus. Und zumindest der muss dann gelöst werden, um nicht der Anstrengung zum Opfer zu fallen.

7. Die Kupfermünze

Als der Mullah nach der Gebetszeit aus der Moschee kam, saß ein Bettler am Straßenrand und bat um Almosen. Es begab sich die folgende Unterhaltung:

Mullah: „Bist du verschwenderisch?"

Bettler: „Ja, Mullah."

Mullah: „Sitzt du gerne herum und trinkst Kaffee und rauchst?"

Bettler: „Ja."

Mullah: „... und machst dir wohl auch das Vergnügen, mit deinen Freunden eins zu trinken?"

Bettler: „Ja, all das macht mir Spaß."

„Soso", sagte der Mullah, und er gab ihm ein Goldstück.

Ein paar Meter weiter saß noch ein Bettler; er hatte das Gespräch mit angehört und bettelte aufdringlich um Almosen.

Mullah: „Bist du verschwenderisch?"

Bettler: „Nein."

Mullah: „Trinkst du gerne Kaffee und rauchst?"

Bettler: „Nein."

Mulla: „Ich nehme an, du gehst gerne jeden Tag in die Badestuben?"

Bettler: „Nein."

Mullah: „... und machst dir auch den Spaß, mit deinen Freunden eins zu trinken?"

Bettler: „Im Gegenteil, ich möchte nichts anderes als ganz bescheiden leben und beten."

Daraufhin gab der Mullah ihm eine kleine Kupfermünze.

„Aber warum", jammerte der Bettler, „gibst du einem sparsamen und frommen Mann nur einen Pfennig, während du dem Verschwender eine Goldmünze geschenkt hast?"

„Ach", antwortete der Mullah, „seine Not ist größer als deine."

DISKUSSION

283. Wer nicht sagt, was er will, braucht sich auch nicht zu wundern, wenn er es nicht bekommt. Niemand kann erwarten, das Beste zu bekommen, wenn er seine Ansprüche nicht anmeldet, sondern aus falsch verstandener Bescheidenheit zurückhält. Er hat damit keinen Grund, sich zu beschweren, sondern muss den inneren Konflikt zwischen Tun und Sagen lösen.

284. Beim Gehaltsgespräch fordern Sie weniger als Sie eigentlich erwarten, und hoffen darauf, doch das zu bekommen, wovon Sie glauben, dass es Ihnen zustehe. Aber warum sollte Ihnen mehr gezahlt werden? Einen „Bescheidenheits-Bonus" gibt es nicht. Und dann erfahren Sie, dass der Kollege mit der gleichen Aufgabenstellung genau das verdient, was Sie sich gewünscht haben. Für Sie Anlass genug, in Konfliktstimmung zu geraten. Abgesehen davon, dass Sie offen oder insgeheim dem Management die Schuld an der ungerechten Bezahlung geben, wirken sich die Spannungen wahrscheinlich auch auf das Verhältnis zu diesem Kollegen aus und dadurch natürlich auch auf die gesamte Stimmung im Team. Aber Sie haben doch bekommen, was Sie wollten! Dem Management dürfen Sie keine Vorwürfe machen, und schon gar nicht dem besagten Kollegen. Vorwürfe können Sie nur sich selbst machen, weil Sie Ihre Forderungen nicht offen und ehrlich genannt haben.

285. Falsche Bescheidenheit gibt es auch dann, wenn es um Ihre Fähigkeiten geht. Die Führungskraft will Ihnen eine Aufgabe übertragen, die mit besonderen Schwierigkeiten verbunden ist. Und bescheiden, wie Sie nun mal sind, fragen Sie: „Ob ich das schaffe?" Und Sie erwarten jetzt schöne Worte über Ihre Qualifikation. Doch statt dessen hören Sie: „Na gut, wenn Sie es sich nicht zutrauen, dann erledigt das Ihr Kollege." Sie sehen, mit falscher Bescheidenheit und dem damit verbundenen Wunsch, hofiert zu werden, kommt man nicht immer weiter.

8. Schwätzer

Die Philosophen, Forscher und Rechtsgelehrten waren an den Hof berufen, um über Nasrudin zu Gericht zu sitzen. Es handelte sich um einen ernsten Fall, denn er war von Dorf zu Dorf gewandert und hatte verkündet: „Die sogenannten weisen Männer sind allzumal Schwätzer, unwissend und Wirrköpfe." Er war angeklagt, die Sicherheit des Reiches zu untergraben.

„Du darfst als erster sprechen", sagte der König.

„Lasst Papier und Federn bringen", bat der Mullah, „verteilt sie unter die sieben größten Weisen, und lasst jeden für sich eine Antwort auf die folgende Frage niederschreiben: ‚Was ist Brot?'" Es geschah.

Die Antworten wurden vom König vorgelesen. Die erste lautete: „Brot ist ein Nahrungsmittel." Die zweite: „Es ist Mehl und Wasser." Die dritte: „Eine Gabe Gottes." Die vierte: „Ein gebackener Mehlkloß." Die fünfte: „Bald dies – bald jenes. Je nachdem, was man unter ‚Brot' versteht." Die sechste: „Eine nahrhafte Substanz." Die siebente: „Niemand weiß es wirklich."

„Wenn sie in der Lage sein werden zu entscheiden, was Brot ist", sagte Nasrudin, „wird es ihnen auch möglich sein, andere Dinge zu entscheiden. Zum Beispiel, ob ich recht habe oder nicht. Könnt Ihr Angelegenheiten, in denen es um Recht und Unrecht geht, solchen Männern anvertrauen? Ist es nicht eigenartig, dass sie nicht einmal über etwas einig sind, was sie jeden Tag essen, aber einmütig behaupten, ich sei ein Ketzer?"

DISKUSSION

286. An Worten entzünden sich oft Konflikte, weil keine Einmütigkeit über die Bedeutung des Wortes besteht. Und niemand kommt auf die Idee, den anderen einmal danach zu fragen, welchen Inhalt er dem Wort gibt. Jeder verteidigt seine Sichtweise und unterstellt den anderen, sie verstünden einfach nicht, worum es wirklich geht.

287. Gerade die Schlagworte der heutigen Unternehmenskultur können unterschiedliche Definitionen beinhalten. Stellen Sie bei einem Meeting einmal die schlichte Frage: „Wie können wir unsere Kommunikation verbessern?" Das Wort Kommunikation hat heute eine große Bandbreite von Bedeutungen, so dass keiner wissen kann, was Sie damit ansprechen wollen. Damit nun kein babylonisches Durcheinander einen Konflikt heraufbeschwört, erklären Sie präzise, was Sie damit meinen. Grenzen Sie den Begriff „Kommunikation" inhaltlich so ab, dass jeder weiß, worum es hier geht.

288. Selbst wenn die Terminologie klar umrissen ist, kann es dazu so viele Meinungen geben wie es Menschen gibt. Die Sichtweisen sind unterschiedlich. Nehmen Sie das Beispiel Brot aus der Geschichte. Jeder weiß, was Brot ist, und dennoch sind die Definitionen verschieden. Aber keiner hat unrecht, und keiner sagt die umfassende Wahrheit. Alle Meinungen sind gleich viel wert.

Unterschiedliche Meinungen dürfen nicht Anlass zu Konflikten sein. Jede Meinung ist immer nur ein Teilaspekt des Ganzen. Erst in ihrer Gesamtheit kommen sie dem Kern, der Lösung, der Wahrheit näher. Und so sollten sie genutzt werden, um den eigenen Gedankenhorizont zu erweitern und neue Sichtweisen zu ermöglichen.

9. Böcke auf der Brücke

Auf einem schmalen Steg über einem reißenden, tiefen Waldbach begegnen sich zwei Böcke. Jeder will auf die andere Seite. „Nun geh schon aus dem Wege", ruft der eine Bock. „Du bist wohl verrückt geworden", sagt der andere, „ich war zuerst auf der Brücke." – „So eine Unverschämtheit", schreit der erste, „siehst du nicht, dass ich viel älter bin als du?" Keiner will nachgeben. Der Streit wird immer heftiger. Die Wut steigert sich zum Höhepunkt: Beide senken die Köpfe, rasen auf dem Steig aufeinander los, es gibt einen heftigen Stoß und – beide verlieren das Gleichgewicht. Beide fallen in den reißenden Strom und retten sich nur mit Mühe ans Land.

DISKUSSION

289. Harte Konflikte, bei denen jeder seinen Standpunkt bis zum letzten verteidigen will, lassen keine Gewinner, sondern nur Verlierer zurück. Im besten Fall gibt es einen Gewinner und einen Verlierer, und der wird zusehen, dass er irgendwann Revanche fordern kann. Kein Konflikt kann als bereinigt angesehen werden, wenn einer der Kontrahenten das Gefühl hat, eine Niederlage erlitten zu haben.

290. Ein Konflikt ist erst dann wirklich geklärt, wenn beide Seiten sich als Gewinner fühlen. Solange jedoch das Konkurrenzdenken vorherrscht, ist das schwerlich möglich. Einer muss den ersten Schritt machen. Sicherlich braucht es erst einmal Mut, ein paar Schritte zurückzugehen oder auf einen anderen zuzugehen, um einen Konflikt beizulegen. Aber zu verlieren hat man dabei nichts – noch nicht einmal sein Gesicht. Zu gewinnen gibt es aber jede Menge!

291. Wenn Sie gerade in einen Konflikt einbezogen sind, aus dem Sie und der andere nur als Verlierer herauskommen können, dann legen Sie jetzt einmal jegliches Konkurrenzdenken zur Seite. Gehen Sie den ersten Schritt zur Gewinner-Gewinner-Situation. Denn schließlich geht es nicht ums Rechthaben, sondern darum, wie ein Ziel erreicht werden kann.

Am besten setzen Sie sich mit Ihrem Kontrahenten zusammen. Zuerst macht sich jeder klar, welchen Standpunkt er einnimmt, welchen der andere und um welches gemeinsame Ziel es hier geht. Und wenn ein gemeinsames Ziel vorhanden ist, dann sollte es doch möglich sein, eine Lösung zu finden, die beide Seiten zufriedenstellt! Sammeln Sie Ideen und Lösungen, ohne sie vorab zu bewerten. Schreiben Sie alle Möglichkeiten auf, auch wenn sie absolut verrückt erscheinen. Wenn kluge Köpfe miteinander und nicht gegeneinander arbeiten, dann können sie sich gegenseitig zu immer neuen Gedanken inspirieren. So kann Synergie geschaffen werden, die mehr ist als die Summe aller Faktoren.

Irgendwann wird Ihrer Ideensammlung nichts mehr zuzufügen sein, und dann geht es an die Auswahl der Dinge, auf die Sie sich einigen können. Zum Schluss steht die Frage, was jeder für sich tun will und was gemeinsam getan werden kann, um das Ziel so zu erreichen, dass jeder Beteiligte sich als Gewinner fühlt.

10. Das Schilfrohr und die Eiche

Am Ufer eines Teiches stand eine Eiche: mächtig und stolz. Sie trotzte der Sonnenhitze und beugte sich keinem Sturm; denn ihre Wurzeln reichten tief. In der Nähe wuchs ein Schilfrohr auf feuchtem Grunde. Es sah schwach und zerbrechlich aus und neigte sich bei jedem Wind.

„Du tust mir leid", sagte die Eiche eines Tages. „Wärst du doch näher an meinem Stamm gewachsen, ich würde dich gerne vor den Stürmen beschützen." – „Du bist sehr freundlich", sagte das Schilfrohr bescheiden, „aber sorge dich nicht um mich. Kommt ein Sturm mit Gewalt, beuge ich mich bis zur Erde und lasse ihn über mich fortbrausen: Ich beuge mich, aber ich breche nicht!"

Die Eiche schüttelte trotzig ihr Haupt: „Ich leiste jedem Sturm Widerstand; niemals würde ich mich beugen!"

Ein schrecklicher Sturm kam über Nacht, er riss Blätter und Äste aus der aufrechten Eiche. Das Schilfrohr beugte sich zur Erde. Der Sturm wurde zum Orkan. Mit seiner ganzen Wut zerrte er am trotzigen Baum – bis er ihn samt Wurzeln aus der Erde riss.

Als das Unwetter vorüber war, stand das kleine Schilfrohr aufrecht neben dem gestürzten Riesen.

DISKUSSION

292. Es ist ganz schön anstrengend, jeden Konflikt als Möglichkeit zur Krafterprobung zu sehen und nicht als eine Chance, neue Gemeinsamkeiten zu schaffen. In manchen Situationen weiß man zwar von vornherein, dass sie nicht zu ändern sind. Und dennoch gibt es Menschen, die deshalb einen Konflikt heraufbeschwören, und sei es nur, um ihr Mütchen zu kühlen.

Und: Sind manche Konflikte nicht nur Scheingefechte, um das Gesicht zu wahren? Die langwierigen Tarifverhandlungen zum Beispiel lassen zumindest oft diesen Eindruck entstehen.

293. Bevor Sie sich unbedacht auf einen Konflikt einlassen, überprüfen Sie vorher genauestens seine Wichtigkeit und die möglichen Auswirkungen und Ergebnisse. Vielleicht kommen Sie zu dem Resultat, dass es in dem einen oder anderen Fall klüger ist, sich eine Zeitlang zu beugen und Kräfte zu sparen, als Energie zu investieren und doch zu verlieren.

294. Das Leben ist nicht immer so, wie wir es uns wünschen. Wir können nicht erwarten, dass sich das Umfeld unseren Erwartungen anpasst. Da ist es ein sinnloses Unterfangen, allem und jedem den Kampf anzusagen, nur weil es nicht mit unseren Vorstellungen und Wünschen übereinstimmt. Es hat auch nichts mit „Rückgrat beweisen" zu tun, wenn Sie gegen jedes Hindernis anrennen, das sich Ihnen in den Weg stellt. Schauen Sie hin, ob Sie es auf anderen Wegen umgehen können. Vielleicht ist es auch besser, sich zurückzuziehen. Das ist keine Niederlage, sondern eine Möglichkeit, die Situation zu überdenken und neue Kräfte zu sammeln.

11. 17 Kamele

Ein alter Mann fühlt, dass er bald sterben werde und teilt seine Kamele unter seine Söhne auf: Der älteste Sohn soll die Hälfte der Kamele erhalten, der mittlere Sohn ein Drittel und der jüngste Sohn ein Neuntel. Kurz darauf stirbt der Mann. Nachdem die Trauerfeierlichkeiten beendet sind, wollen die Söhne die Kamele so unter sich aufteilen, wie es der Vater gedacht hatte. Aber es sind 17 Tiere! Wie sollen die gerecht und dem Willen des Vaters entsprechend verteilt werden?

Und so bitten sie einen Weisen zu sich, schildern ihre Schwierigkeit und ersuchen ihn um Hilfe. Der Weise überlegt kurz, bindet sein Kamel los und stellt es zu den 17 Kamelen der Brüder. Nun sind es 18. Neun davon gibt er dem Ältesten, sechs dem Zweitgeborenen und zwei dem Jüngsten. Sein eigenes nimmt er wieder mit, als er sich freundlich von den drei Brüdern verabschiedet.

DISKUSSION

295. Konflikte erfordern, dass man über die eigenen Grenzen hinaus denken kann. Und das ist gar nicht so einfach, denn Konflikte entstehen ja erst dadurch, dass man keine anderen als die eigenen Standpunkte wahrnehmen oder akzeptieren kann. Es muss zumindest einen Beteiligten geben, der fähig ist, die Angelegenheit und die widersprechenden Meinungen von einer höheren Ebene aus zu betrachten und vorurteilsfrei zu bewerten. Allerdings hat auch er keine Chance, wenn die übrigen Beteiligten nach wie vor nicht bereit sind, von ihren Standpunkten abzuweichen.

296. Bevor ein Konflikt so weit führt, dass er nur Verlierer zurücklässt, ist es sinnvoll, Hilfe von jemandem zu erbitten, der außerhalb des Konflikts steht. Sicherlich hat auch dieser

Mensch seine eigenen Standpunkte, da er aber nicht in den Konflikt einbezogen ist, kann er die Angelegenheit wahrnehmen, ohne emotional daran beteiligt zu sein. Denn gerade die Emotionen sind es, die einen Konflikt aufrechterhalten: Wir regen uns auf, weil ein anderer unseren Standpunkt nicht akzeptiert, wir fürchten um unsere Selbstachtung, wir fühlen uns beleidigt und zurechtgewiesen. Das Ego ist uns wichtiger als eine gemeinsam geschaffene Lösung.

297. Es ist für jeden eine große Lernaufgabe, einen Konflikt nicht als Schlachtfeld der Egos zu sehen, sondern als eine Schule für erweitertes Denken. Je mehr Denkansätze wir erfahren, umso besser können wir über den bisherigen Rahmen hinaus denken, und umso gewandter werden wir in der Lösung schwieriger Aufgaben.

- Salz in der Suppe
- Die Krähe und der Papagei
- Geteiltes Leid
- Das Feuer des Schwertes
- Die dumme, glückliche Stadt
- Schlauer Bauer
- Die Kupfermünze
- Schwätzer
- Böcke auf der Brücke
- Das Schilfrohr und die Eiche
- 17 Kamele

Welche drei Gedanken sind für Sie die wichtigsten?

1. _____
2. _____
3. _____

Und was wollen Sie dafür tun?

1. _____
2. _____
3. _____

10

Teams
Netzwerk
Gruppen

1. Die Schraube
2. Die Perle des Hahns
3. Stiefmütterchen
4. Unterlegen sein
5. Himmel und Hölle
6. Der Roggenhalm
7. Sandkörner
8. Kalt oder warm?
9. Teppichknoten
10. Dorf ohne Regeln
11. Freie Tiere

1. Die Schraube

Eine kleine Schraube sitzt in einem riesigen Panzerschiff mit tausend anderen Schrauben und hält zwei Stahlplatten zusammen. Eines Tages sagt die Schraube: „Ich will es mir ein bisschen bequem machen; das ist ja meine eigene Sache und geht niemanden etwas an!"

Aber als die anderen Schrauben hören, dass eine etwas locker werden will, da protestieren sie und rufen: „Bist du verrückt? Wenn du herausfällst, dann wird es nicht lange dauern, bis auch wir herausfallen." Zwei größere eiserne Rippen schlagen auch Alarm: „Um Gottes willen, haltet die Platten zusammen, denn sonst ist es auch um uns geschehen."

In Windeseile geht das Gerücht durch das ganze Schiff: „Die kleine Schraube hat was vor!" Alles ist entsetzt. Der riesige Körper des Schiffes ächzt und bebt in allen Fugen. Und alle Rippen, Platten und Schrauben senden eine gemeinsame Botschaft an die kleine Schraube und bitten sie, nur ja an ihrer Stelle zu bleiben, sonst werde das ganze Schiff untergehen, und keiner werde den Hafen erreichen.

DISKUSSION

298. Innerhalb der Teamorganisation ist jedes Mitglied gleich wichtig, und jedes sollte sich mit den Zielen und Visionen des Unternehmens identifizieren können. Das heißt natürlich nicht, dass es seine eigenen Ziele und Visionen gänzlich dem Unternehmen unterordnet. Es sich aber bequem zu machen und zu denken, das sei eine ganz persönliche Angelegenheit und gehe niemanden etwas an, zeigt, dass die Zusammenhänge nicht erkannt worden sind.

299. Das gemeinsame Ziel eines Teams kann nicht erreicht werden, wenn einer, und sei es der „kleinste" Angestellte, nicht mitspielt. Wenn Sie sich vorstellen, das Ziel sei der Gipfel eines Berges und das Team die Seilmannschaft, die diesen Gipfel erreichen will, dann wird Ihnen klar, dass sich einer auf den anderen verlassen muss. Jeder muss seinen Teil dazu beitragen, es sei denn, die anderen sind bereit, ihn zu schleppen.

300. Das Team ist wie ein Schiff, und auch die feinste Schraube ist ein wichtiger Bestandteil, um das Team zusammenzuhalten. Was aber macht ein Schiff ohne Kapitän? Es läge tatenlos im Hafen oder würde auf dem offenen Meer von Wind und Wellen mal hierhin, mal dorthin getrieben.

Jedes Team braucht eine Führungskraft, die es lenkt und steuert, die darüber wacht, dass alle Maschinen ihre Funktion erfüllen können, jedes Teil seiner Bestimmung nach einsatzfähig ist und schließlich die Verantwortung dafür trägt, dass das Ziel erreicht wird.

Eine Führungskraft ohne ihr Team wäre allerdings wie ein Kapitän ohne Mannschaft. Nichts könnte er delegieren und es gäbe keinen, mit dem er Hand in Hand arbeiten könnte. Auch er würde das Ziel nicht erreichen.

Team und Führungskraft bilden eine Einheit. Jeder wäre ohne den anderen erfolglos. Nur das Miteinander, die Gemeinsamkeit führt zum Ziel.

2. Die Perle des Hahns

Ein Hahn sah in einem Garten, versteckt auf dem Boden, eine buntschillernde Perle. Gierig stürzte er sich auf sie, pickte sie auf und versuchte, sie in seinem Kropf herunterzuwürgen. Als er merkte, dass der schillernde Gegenstand nicht die Königin der Reiskörner war, spuckte er die Perle wieder aus. Wohl hatte er die Perle geprüft, doch was für eine Prüfung war das! Die Perle rief ihn zu sich zurück und sprach: „Ich bin eine leuchtende, kostbare Perle. Durch Zufall bin ich von einer wunderschönen Halskette auf den Boden dieses Gartens gefallen. Perlen wie mich gibt es nicht überall. Nicht alle Weltmeere besitzen solche Perlen wie mich. Nur der Zufall warf mich vor deine Füße. Mich findet man nicht wie Sand am Meer. Würdest du mich nur mit den Augen der Vernunft betrachten, würdest du tausend Schönheiten und Wunder in mir erblicken." Der Hahn aber krähte mit der Stimme des Stolzes: „Ich würde dich hergeben, wenn dich bloß jemand gegen ein Reiskorn eintauschen würde."

DISKUSSION

301. Reiskörner sind nährend und kraftspendend. Und solche Kost braucht ein Team. Was soll das Team und was soll die Führungskraft mit vielen Perlen, von der jede überzeugt ist, die schönste, beste und wunderbarste zu sein? Jede glaubt, sie sei so kostbar, dass ihr eine besondere Stellung gebührt.

Heutzutage möchte jeder Chef sein, keiner ist bereit zu dienen, sich unterzuordnen. Aber wie heißt es so schön: Wer zu groß ist für kleine Aufgaben, der ist zu klein für große Aufgaben. Ein wenig Bescheidenheit wäre wohl angesagt.

Niemand sollte so vermessen sein zu glauben, dass er gut genug ist, auf die Hilfe und Unterstützung, auf die Erfahrung und das Wissen anderer verzichten zu können. Auch wenn Sie auf Ihrem Gebiet überdurchschnittlich gut sind, gibt es vielleicht jemanden, von dem Sie auf einem anderen Gebiet noch viel lernen können. Und wenn Sie glauben, Sie seien der beste Lehrer für die anderen, dann denken Sie daran, dass der beste Lehrer derjenige ist, der sich auch als Schüler fühlt.

302. In diesem Zusammenhang ist auch einmal zu überlegen, wie wichtig gerade die älteren Mitarbeiter und Kollegen für das gesamte Team sein können. Sie haben durch Erfolge und Misserfolge vieles gelernt, was sich die Jüngeren noch mühsam erarbeiten müssen. Doch ihre Erfahrungen werden häufig als veraltet und unzeitgemäß abgetan. Sicher, die Technologien der heutigen Zeit sind ihnen vielleicht nicht so sehr vertraut. Dafür verfügen sie über Kenntnisse, die sich die nachwachsende Generation zunutze machen kann.

303. Betrachten wir die Geschichte noch einmal aus einer anderen Sicht: Da legt sich Ihnen eine Perle zu Füßen und Sie verachten sie. Denn Sie erwarten ein Reiskorn, keine Perle. Abgesehen davon, dass Sie sich von dem Erlös der Perle eine Unmenge Reiskörner kaufen könnten, fällt es Ihnen anscheinend schwer, mehr zu erwarten als nötig. Denn ist es nicht besser, ganz wenig zu erwarten, um nicht enttäuscht zu werden?

Wer von sich selbst oder von anderen wenig oder gar Negatives erwartet, wird nichts anderes bekommen. „Das schaffe ich nicht", „Das können Sie nicht", „Ich bin nicht gut genug für diese Aufgabe", „Passen Sie auf, sonst passiert Ihnen ein Fehler" – diese und ähnliche Sätze führen dazu, dass sich die Prophezeiungen erfüllen.

Erwartungen haben einen starken Einfluss auf Resultate, auch wenn sie nur gedacht werden. Denn nicht nur mit Worten bringen Sie Ihre Erwartungen zum Ausdruck. Die Stimmlage, der Augenkontakt, der Gesichtsausdruck, die Körperhaltung signalisieren ebenfalls eine positive oder negative Erwartung.

Was auch immer Sie von einem Menschen erwarten, ob er Ihr Mitarbeiter oder Kollege ist, mit der Zeit wird er sich Ihren Erwartungen entsprechend verhalten.

Und das können Sie auch ins Positive verkehren: Erwarten Sie von sich und für sich, von anderen und für andere nur das Beste. Trauen Sie sich selbst und den anderen mehr Fähigkeiten zu als derzeit sichtbar. Und mit der Zeit werden sich Ihre Erwartungen erfüllen. Denken Sie aber daran, dass die nonverbalen Signale mit dem verbalen Ausdruck Ihrer Erwartungen in Einklang stehen müssen!

3. Stiefmütterchen

Ich habe gehört: Ein König ging in seinen Garten und fand dort verwelkte und sterbende Bäume, Sträucher und Blumen.

Die Eiche sagte, sie stürbe, weil sie nicht so groß sein könne wie die Tanne. Als der König sich der Tanne zuwandte, ließ diese die Schultern hängen, weil sie keine Trauben tragen konnte wie der Weinstock. Und der Weinstock lag in den letzten Zügen, weil er nicht blühen konnte wie die Rose.

Schließlich aber fand der König eine Pflanze, die blühte und frisch war wie immer: das wilde Stiefmütterchen. Auf seine Frage erhielt er folgende Antwort: „Für mich war klar, dass du ein Stiefmütterchen haben wolltest, als du mich pflanztest. Hättest du eine Eiche, einen Weinstock oder eine Rose gewünscht, hättest du sie gepflanzt. Deshalb dachte ich, da ich ohnehin nichts anderes sein kann als das, was ich bin, will ich versuchen, dies nach besten Kräften zu sein."

DISKUSSION

304. Der Hausbote, der Abteilungsleiter sein möchte, der Abteilungsleiter, der Geschäftsführer sein möchte, die Schreibkraft, die Sekretärin, der Chauffeur – wenn sie alle etwas anderes sein wollen, als sie derzeit sind, wenn sie sich nicht um ihre Aufgaben kümmerten, sondern nur pessimistisch sind, weil sie nicht sind, was sie sein wollen – wie können Teams dann funktionieren?

Jeder ist an seinem Platz mit seinen Aufgaben, ob er nun Stiefmütterchen oder Weinstock ist. Und seine Aufgaben gilt es zu erfüllen, damit das Netzwerk Team und weiterführend das Netzwerk Unternehmen nicht zusammenbricht.

305. Ist es denn wirklich so, dass der Ingenieur mehr kann als der Buchhalter, der Vertriebsleiter besser ist als der Werkstattmeister? Natürlich nicht. Wer die Fähigkeiten eines anderen bewundert und beneidet und seine eigenen Fähigkeiten für minderwertig hält, der wird wohl bald in Selbstmitleid versinken. Jeder sollte nach besten Kräften und mit Freude das tun, was er kann, und nicht resignieren, weil man etwas anderes nicht kann.

306. Es ist bestimmt ein wichtiger Ansporn zur eigenen Weiterentwicklung, sich an den Fähigkeiten anderer zu orientieren. Und es ist ein schönes Ziel, Ähnliches erreichen zu wollen. Ein Zeichen von Unreife ist es aber, wenn man sich selbst nur über andere definiert.

Der ist so gescheit, warum bin ich nicht so? Oder in die andere Richtung: Der tut doch auch nichts, warum soll ich mehr tun?

Wenn Sie beklagen, dass andere gescheiter sind – wer hindert Sie daran, zu lernen und ebenso gescheit zu werden? Und wenn Sie die Faulheit eines Kollegen als Maßstab nehmen, es hindert

Sie keiner, ebenso faul zu sein. In beiden Fällen steht Ihnen frei, eine neue, entsprechende Tätigkeit zu suchen. Die Verantwortung liegt bei Ihnen.

Aber derzeit sind Sie in Ihrem Job, weil eine Stelle zu besetzen war, der Sie entsprachen. Und die damit verbundenen Aufgaben haben Sie nach besten Kräften so lange zu erfüllen, wie Sie die Stelle besetzen. Das Team ist auf Sie angewiesen!

4. Unterlegen sein

Ein stolzer Krieger suchte eines Tages einen Meister auf. Der Krieger war sehr berühmt, aber als er den Meister ansah, als er die Erhabenheit des Meisters sah und die Anmut des Augenblicks spürte, fühlte er sich plötzlich unterlegen.

Er sagte zum Meister: „Warum fühle ich mich unterlegen? Noch vor einem Augenblick war alles in Ordnung. Als ich deinen Hof betrat, fühlte ich mich plötzlich unterlegen. Ich habe mich noch nie zuvor so gefühlt. Ich habe dem Tod viele Male ins Angesicht geschaut, und ich habe niemals irgendwelche Furcht verspürt – warum habe ich jetzt Angst?"

Der Meister sprach: „Warte. Wenn alle anderen gegangen sind, werde ich dir antworten."

Den ganzen Tag über kamen Besucher, die den Meister sehen wollten, und der Krieger wurde vom Warten immer müder. Als es Abend wurde, war der Raum leer, und der Krieger sagte: „Nun, kannst du mir jetzt antworten?" Der Meister sagte: „Komm mit nach draußen."

Es war eine Vollmondnacht, und der Mond stieg soeben am Horizont auf. Und er sagte: „Schau dir diese Bäume an – diesen hier, der hoch zum Himmel aufragt, und diesen kleinen daneben.

Sie stehen beide seit Jahren neben meinem Fenster, und es hat noch nie ein Problem gegeben. Der kleinere Baum hat noch nie zu dem großen Baum gesagt: ‚Warum fühle ich mich dir gegenüber unterlegen?' – Dieser Baum hier ist klein und der Baum da ist groß – warum habe ich noch nie ein Wort darüber gehört?"

Der Krieger sagte: „Weil sie sich nicht vergleichen lassen." Da sagte der Meister: „Also brauchst du mich nicht zu fragen. Du kennst die Antwort."

„Wenn du nicht vergleichst, verschwindet alle Unterlegenheit und alle Überlegenheit. Dann bist du nur da – bist einfach da. Ein kleiner Busch oder ein großer hoher Baum – es ist gleichgültig. Du bist du selbst. Ein Grashalm wird genauso gebraucht wie der größte Stern. Der Ruf des Kuckucks, der jetzt gerade ruft, wird ebenso gebraucht wie irgendein Prophet – die Welt wäre weniger reich, wenn dieser Kuckuck nicht wäre."

DISKUSSION

307. Sind es nicht gerade die unterschiedlichen Fähigkeiten der Teammitglieder, die die Qualität des gesamten Teams ausmachen? Der eine ist ein kreativer Kopf, der zweite ein kühler Rechner, der dritte ein wandelndes Lexikon ...

Die Vielfalt der Eigenschaften und Talente, des Könnens und Wissens zusammengenommen, ist die Basis für die Leistung eines Teams. Jedes Können ist gleich wichtig und gleich wertig.

308. Wer von sich selbst glaubt, nicht so gut zu sein wie die anderen, lebt in der Angst vor dem Versagen. Und das lähmt die Motivation, die Leistung und beeinträchtigt das gesamte Team. Solches Denken sollte nicht zur Abwertung der eigenen Person führen, sondern Motivation sein, um besser zu werden.

309. Ein Team, dessen Fähigkeiten nur einseitig ausgerichtet sind, kann auch nur einseitig arbeiten und einseitige Ergebnisse erzielen. Selbst innerhalb einer Gruppe von Facharbeitern, die alle die gleiche Aufgabenstellung haben, wird es Unterschiede in den Fähigkeiten geben. Und das ist die beste Voraussetzung, um sich gegenseitig zu unterstützen und voneinander zu lernen.

5. Himmel und Hölle

Ein Rechtgläubiger kam zum Propheten Elias. Ihn bewegte die Frage nach Hölle und Himmel, wollte er doch seinen Lebensweg danach gestalten. „Wo ist die Hölle – wo ist der Himmel?" Mit diesen Worten näherte er sich dem Propheten, doch Elias antwortete nicht. Er nahm den Fragesteller an die Hand und führte ihn durch dunkle Gassen in einen Palast. Durch ein Eisenportal betraten sie einen großen Saal. Dort drängten sich viele Menschen, arme und reiche, in Lumpen gehüllte, mit Edelsteinen geschmückte. In der Mitte des Saales stand auf offenem Feuer ein großer Topf voll brodelnder Suppe, die im Orient Asch heißt. Der Eintopf verbreitete angenehmen Duft im Raum. Um den Topf herum drängten sich hohlwangige und tiefäugige Menschen, von denen jeder versuchte, sich seinen Teil Suppe zu sichern. Der Begleiter des Propheten Elias staunte, denn die Löffel, von denen jeder dieser Menschen einen trug, waren so groß wie sie selbst. Nur ganz hinten hatte der Stiel des Löffels einen hölzernen Griff. Der übrige Löffel, dessen Inhalt einen Menschen hätte sättigen können, war aus Eisen und durch die Suppe glühend heiß. Gierig stocherten die Hungrigen im Eintopf herum. Jeder wollte seinen Teil, doch keiner bekam ihn. Mit Mühe hoben sie ihren schweren Löffel aus der Suppe, da dieser aber zu lang war, bekam ihn auch der Stärkste nicht in den Mund. Gar zu Vorwitzige verbrannten sich Arme und Gesicht oder schütteten in ihrem gierigen Eifer die Suppe ihren Nachbarn über die Schultern. Schimpfend gingen sie aufeinander los und schlugen sich mit denselben Löffeln, mit deren Hilfe sie ihren Hunger hätten stillen können. Der Prophet Elias fasste seinen Begleiter am Arm und sagte: „Das ist die Hölle!"

Sie verließen den Saal und hörten das höllische Geschrei bald nicht mehr. Nach langer Wanderung durch finstere Gänge traten sie in einen weiteren Saal ein. Auch hier saßen viele Menschen. In der Mitte des Raumes brodelte wieder ein Kessel mit Suppe. Jeder der Anwesenden hatte einen jener riesigen Löffel in der Hand, die Elias und sein Begleiter schon in der Hölle gesehen hatten. Aber die Menschen waren hier wohlgenährt und man hörte in dem Saal nur ein leises, zufriedenes Summen und das Geräusch der eintauchenden Löffel. Jeweils zwei Menschen hatten sich zusammengetan. Einer tauchte den Löffel ein und fütterte den anderen. Wurde einem der Löffel zu schwer, halfen zwei andere mit ihrem Esswerkzeug, so dass jeder doch in Ruhe essen konnte. War der eine gesättigt, kam der nächste an die Reihe. Der Prophet Elias sagte zu seinem Begleiter: „Das ist der Himmel."

DISKUSSION

310. Grundlage des Teamerfolgs ist die Gemeinsamkeit, und das beinhaltet wechselndes Geben und Nehmen und gegenseitige Rücksichtnahme.

Wer sich vom Team absondert, den anderen nichts gönnt, weil er alles für sich haben will, das Wort, das Recht, die Anerkennung, den besten Job – der braucht sich nicht zu wundern, wenn ihm keine Unterstützung zuteil wird, wenn er sich am

Arbeitsplatz unwohl fühlt und in ständiger Angst vor der Konkurrenz lebt. Er hat sich seine Hölle selbst geschaffen.

Der Weg zum Himmel wird bereitet, wenn jeder zusätzlich zu der Verantwortung für sich selbst auch Verantwortung für die anderen und das gesamte Team übernimmt. So wird gegenseitige Unterstützung zum Allgemeinwohl und zum Wohle des Einzelnen möglich, ungeachtet der unterschiedlichen Aufgaben, Eigenschaften und Fähigkeiten.

311. Kennen Sie das Kugelspiel? Zwei gegenüberstehende Träger sind mit sieben zwischen ihnen hängenden und hintereinander aufgereihten Kugeln verbunden. Wenn Sie die erste Kugel gegen die übrigen sechs fallen lassen, werden nicht etwa alle in Bewegung gesetzt. Nur die letzte Kugel schwingt nach außen und wieder zurück, stößt dabei gegen die anderen, und auch jetzt reagiert nur wieder die eine äußere Kugel. Das gleiche erleben Sie, wenn Sie zwei Kugeln gegen die übrigen fallen lassen: Zwei geben den Anstoß, und nur die zwei auf der gegenüberliegenden Seite reagieren. Das können Sie so weit fortsetzen, bis sechs Kugeln gemeinsam gegen die siebte schwingen und sie in ihre Bewegung miteinbeziehen. Doch in dem Moment, in dem diese siebte Kugel in die Bewegung aufgenommen wird, verharrt die erste Kugel in Ruhe, bis sie von den zurückkommenden sechs wieder in den Rhythmus einbezogen wird, während die siebte wieder unbewegt bleibt.

Dieses Spiel, das manche auf ihrem Schreibtisch stehen haben, ist eine wunderbare Analogie zu einem wichtigen Lebensgesetz: Das, was man hineingibt, bekommt man auch wieder heraus. Je mehr sie also in die Teamgemeinschaft hineingeben, umso mehr erhalten Sie zurück. Und das gilt für Positives ebenso wie für Negatives.

312. Keine Führungskraft kann ein Team gebrauchen, in dem jeder gegen jeden ist. Stellen Sie sich ein Orchester vor, in dem jeder versucht sich durchzusetzen und das spielt, was er für richtig hält. Wie grauselig würde das wohl klingen!

Nicht nur die Teammitglieder untereinander, auch Sie als Führungskraft sind dafür verantwortlich, dass das Team eine Gemeinsamkeit aufbauen kann. Und da gibt es eine wunderbare, spielerische Möglichkeit, das Team auf einen Nenner zu bringen.

Angenommen, Sie haben acht Mitarbeiter. Jeder soll nun sagen, was er im Hinblick auf das Team glaubt zu sein. Nicht mit rationalen Erklärungen, sondern mit einem Sinnbild aus der Natur. Der erste empfindet sich als Hund, der zweite als Katze, der dritte als Baum, der vierte als Stein … Höchstwahrscheinlich erhalten Sie acht unterschiedliche Metaphern. Dann werden jeweils zwei Mitarbeiter gemeinsam vor die gleiche Frage gestellt: Wie sehen sie sich zusammen? Der Hund und der Baum vielleicht als einen machtvollen Felsen, die Katze und der Stein empfinden sich gemeinsam als Rose und die beiden anderen Zweiergruppen definieren sich als Vogel und Wasser. Dann überlegen Rose und Felsen ebenso wie Vogel und Wasser, als was sie sich gemeinsam empfinden. Und für die beiden dann gefundenen Synonyme wird von allen ein gemeinsames Bild gesucht. Das Fazit: Acht persönliche Wahrnehmungen sind auf eine gemeinsame reduziert worden.

Das gleiche Spiel können Sie auch mit einer anderen Fragestellung durchführen: Was wäre ich, wenn ich das gesamte Team wäre?

6. Der Roggenhalm

Ein Roggenhalm steht einsam auf dem kahlen Feld. Wie schön, denkt er, kein Ärger mit anderen Leuten. Er merkt gar nicht, wie hohl die Ähre bleibt.

Ein Sturm tobt übers Feld. Der Halm knickt um, liegt tot am Boden. Es gibt kein Brot.

Ein Roggenfeld dagegen: Wie Brüder und Schwestern dicht beieinander stehen die vielen Halme mit vollen Ähren. Der Sturm tobt übers Feld. Die Halme stehen und geben sich gegenseitig Halt.

DISKUSSION

313. Einzelkämpfer bekommen keine Unterstützung, erfahren kein Feedback, sei es durch Lob oder Tadel. Sie haben keine Möglichkeit, aus gemeinsamen Konflikten, aus den Erfolgen und den Fehlern anderer zu lernen.

Das Zusammensein mit anderen dagegen fördert die eigene Entwicklung: Man lernt andere Sichtweisen kennen, erfährt neue Denkmuster, setzt sich mit andersartigen Meinungen auseinander, kann Gedanken austauschen, hat Vorbilder und findet Unterstützung, wenn's allein mal nicht weitergeht.

314. Hier ist auch einmal der Abteilungsegoismus anzusprechen: viele Teammitglieder, aber jeder kämpft für sich allein. Das hat nicht nur für den Einzelnen Folgen, sondern auch für das gesamte Unternehmen. Denn ein Unternehmen profitiert von den Synergieeffekten eines Teams, und die sind bei einer solchen Teamkonstellation nicht möglich.

315. Für jeden ist es gewinnbringend, wenn er sich mit anderen zusammentut, um eine sich gegenseitig beschützende und befruchtende Gemeinschaft zu bilden. Der Satz „Gemeinsam sind wir stark" ist nicht aus der Luft gegriffen, sondern schon dadurch beweisbar, dass ein Stöckchen leicht durchzubrechen ist, ein Bündel Stöckchen dagegen sehr viel mehr Widerstand bieten kann. Widerstand ist hier nicht gemeint als Protest oder Rebellion gegen jemanden wie beispielsweise die Unternehmensleitung oder die Führungskraft. Widerstand heißt hier, den Konflikten und Problemen ohne negative Auswirkungen zu widerstehen.

7. Sandkörner

Sandkörnchen hielten einmal eine Karawane an! Millionenfach gehäuft hielten sie in der Wüste eine große Karawane an. Drei Tage lang waren auf diese Weise 232 Menschen von der Welt abgeschnitten.

Es ist erstaunlich, dass winzige, fast gewichtslose Sandkörnchen eine so große Gewalt haben. Die äußere Erscheinung trügt; in großer Zahl vereint, besitzen sie eine ungeheure Kraft.

DISKUSSION

316. Sich gemeinsam für eine Sache einzusetzen ist wesentlich effektiver, als wenn jeder für sich alleine handelt. Denn die Kraft eines Teams ist die Summe der Kräfte jedes Einzelnen, potenziert durch die Gemeinschaft. Um ein Resultat zu erzielen, für das es vieler verschiedener Fähigkeiten bedarf, ist es einfacher, in einer Gruppe darauf hinzuarbeiten. Die Gruppe vereinigt mehr Fähigkeiten, Ideen und Gedanken als ein Einzelner haben kann.

317. Jedes Team hat genügend Ressourcen, um erfolgreich ans Ziel zu kommen. Nun weiß wahrscheinlich jeder, was er kann, aber es nützt wenig, wenn jeder tut, was er kann, ohne dass irgendjemand die Ressourcen so koordiniert, dass sie zusammengenommen ans Ziel führen. Die Aufgabe der Führungskraft ist es, ausgehend vom Ist-Zustand aus allen vorhandenen menschlichen, sozialen, sachlichen und fachlichen Bedingungen die herauszusuchen und zu nutzen, mit denen das Ziel erreicht werden kann.

318. Ist ein Ziel definiert, so sind doch die Wahrnehmungen der Einzelnen unterschiedlich, je nach Funktion, Hierarchieebene und Informationsgrad.

Denken wir uns auf dem Weg zum Ziel vier Stufen: Energie, Lösung, Umsetzung, Entspannung. Bei sechs Teammitgliedern gibt es auf jeder Stufe auch sechs unterschiedliche Intensitätsgrade. Während Mitarbeiter A auf der Energiestufe mit höchster Intensität dabei ist, ist B noch unterhalb des Nullpunktes. Auf der Lösungsstufe flacht A ab, während C zur vollen Kraft aufläuft und D noch etwas zurückhaltend reagiert.

Eine Kernaufgabe des Teams ist es, eine Synchronisation des Handelns zu erreichen. Heute ein Sandkorn hier und morgen eines da, das bringt nicht viel. Einer muss die Organisation und Koordination in seinen Händen halten – und dafür braucht ein Team die Führungskraft. Sie muss die gesamte Schlagkraft des Teams wecken und auf ein Ziel konzentrieren, damit die Teamenergie gebündelt wirksam werden kann.

8. Kalt oder warm?

„Aber die Liebe? Wo bleibt die Liebe in der Ehe, wenn man verheiratet wird?", fragte ein junger Mann einmal einen Alten aus dem Nachbardorf.

„Sie kommt", antwortet er. „Bei uns setzt das junge Paar am Hochzeitstag den Topf mit dem Wasser der Liebe auf den häuslichen Herd. Und da wird es warm und immer wärmer. Bei euch kocht das Wasser der Liebe, wenn ihr heiratet – und dann wird es in der Ehe kalt."

DISKUSSION

319. Ein Team ist manchmal zusammengesetzt aus Menschen, die sich vorher nicht kannten. Sie werden aufgrund ihres Könnens den Aufgaben entsprechend ausgewählt und sollen gemeinsam ein Ziel erreichen. Wenn nun einer glaubt, er sei besser, oder ein anderer partout nicht mit einem Kollegen zusammenarbeiten möchte, werden auf dem Weg zum Ziel immer wieder neue Hindernisse auftauchen. Wenn Vertrauen und Verständnis fehlen, wird es schwer, den Weg gemeinsam zu gehen.

320. Vertrauen stellt sich ein, wenn das Gefühl vorhanden ist, der andere versteht die Dinge so wie ich selbst. Meine Vorstellung von der Welt und seine sind gleich. Aber Sie wissen wahrscheinlich aus eigener Erfahrung, dass das Verständnis für die Vorstellungswelt eines anderen nicht immer leicht fällt. Vielleicht gibt es sogar einen Kollegen, bei dem es Ihnen äußerst schwerfällt, Verständnis zu haben. Dieser Mensch ist ein idealer Übungspartner für Sie – wenn auch nur in Ihrer Vorstellung.

Nehmen Sie ein Thema, zu dem Sie kontroverse Meinungen vertreten. Machen Sie sich Ihre eigene Meinung bewusst, am besten, indem Sie sie aufschreiben. Dann gehen Sie zu einem anderen Platz, von dem Sie sich vorstellen, dass dort der unverstandene Kollege sitzt. Versuchen Sie an diesem Platz, seine Körperhaltung, seine Gestik und Mimik zu spiegeln. Je besser Sie das schaffen, umso besser können Sie sich in ihn hineinversetzen. Dann schreiben Sie seine Meinung auf, auch wenn sie gänzlich unterschiedlich von der Ihren ist.

Anschließend gehen Sie zu einem dritten Platz. Dort sind Sie Beobachter sowohl der eigenen Person als auch der des anderen. Welche Empfehlung, welchen Rat geben Sie aus dieser Beobachterfunktion heraus sich selbst, um diesen anderen Menschen besser verstehen zu können? Notieren Sie Ihre Gedanken dazu.

321. Trotz aller Bemühungen, die Liebe zwischen den Mitgliedern der „Ehegemeinschaft" Team zu wecken, muss berücksichtigt werden, dass es schwer ist, es allen recht zu machen. Es gibt eine schöne Regel: 2/6/2. Und das bedeutet, dass in einem Team von zehn Mitarbeitern zwei immer dafür sind, weil sie innovative Ideen lieben, begeisterungsfähig sind und für sich selbst weiterkommen wollen. Das Mittelfeld, die sechs weiteren, ist auch immer dafür, aber eher als Mitläufer. Und die zwei restlichen sind eigentlich immer negativ eingestellt. Um die motivierten zwei braucht man sich nicht zu kümmern, und die zwei cholerischen Nörgler können auch nicht bekehrt werden, sondern bestenfalls als warnende Zeigefinger genutzt werden. Wichtig sind die sechs, das Mittelfeld. Ihm muss besondere Beachtung geschenkt werden, damit es nicht in die Negativrichtung tendiert. Die Mitarbeiter aus dem Mittelfeld brauchen Feedback zur positiven Verstärkung und zur Entwicklungsförderung, sie brauchen das richtige Motivationsumfeld, und sie brauchen das Gefühl, in ihrer Persönlichkeit verstanden zu werden.

9. Teppichknoten

Ein junger Mönch verbrachte einmal Monate in einem Kloster und half dort beim Weben eines Wandteppichs. Eines Tages erhob er sich entrüstet von seiner Bank. „Das mache ich nicht länger mit!", rief er. „Die Anweisungen, die ich erhalte, ergeben keinen Sinn. Ich habe mit leuchtendgelbem Garn gearbeitet, und plötzlich soll ich einen Knoten machen und es abschneiden – ohne ersichtlichen Grund. Was für eine Verschwendung!" – „Mein Sohn", sagte ein älterer Mönch, „du siehst den Teppich nicht richtig. Du hast die Rückseite vor dir und arbeitest an einer einzigen Stelle."

DISKUSSION

322. Aus dem Zusammenhang gerissen, wirken manche Aufgaben oft unsinnig. Das Wissen um das gemeinsame Ziel gibt einer anscheinend überflüssig oder unlogisch wirkenden Tätigkeit Inhalt, und die Wichtigkeit des eigenen Tuns erhält Sinn. Wer nicht weiß, warum er etwas tun soll, wird mit wenig Motivation und Begeisterung an die Arbeit gehen.

323. Informieren Sie sich auch über das, was andere tun. Wer seine Tätigkeiten in Verbindung mit denen der anderen sehen kann und ausreichend informiert ist über das angestrebte Resultat, der kann erkennen, dass er selbst das Richtige tut.

324. In jedem Team gibt es, entsprechend der Aufgabenstellung, jemanden, der genau weiß, was warum zu tun ist. Also nicht maulen, weil man etwas tun soll, was sinnlos erscheint. Jeder hat die Chance, nach dem Warum zu fragen. Und wenn die Beziehung innerhalb des Teams stimmt, braucht sich keiner zu scheuen, die Kollegen oder die Führungsperson nach den Zusammenhängen zu fragen.

10. Dorf ohne Regeln

Die Leute im Dorf hatten die Regeln satt. Alles war vorgeschrieben: wann sie aufstehen, wann sie zur Arbeit gehen sollten, wann Sonntag war und wann Werktag. Den Schülern wurde vorgeschrieben, wann die Schule beginnt, dass sie ein Taschentuch bei sich tragen und zu Hause die Zähne putzen sollen. Es gab Regeln, wie man über die Straße geht, wie lange man am Abend duschen darf und wie lange Klavier spielen.

Es waren wirklich viele Vorschriften, und die Leute beschlossen: Von heute an gelten keine Regeln mehr. Das war schön.

Die Schule war natürlich leer, weil alle Kinder baden gingen. Die Leute stellten die Stubentische auf die Straße, weil es dort so sonnig war. Die Jungen drehten die Stereoanlage auf und ließen sie 24 Stunden laufen. Als Peter aus dem Wasser stieg, fand er seine Hosen nicht mehr. Klaus hatte sie angezogen. „Es gibt keine Regeln mehr", rief er und sprang davon.

Maja fand in ihrem Zimmer die kleine Esther vom oberen Stock. Sie war gerade dabei, Majas Lieblingspuppe zu operieren. „Was machst du da?" – „Es gibt keine Regeln mehr", sagte Esther, packte Majas Puppen zusammen und ging davon. „Ich war in der Schule", sagte Bruno. „Lüg mich nicht an!", schrie der Vater. „Es gibt keine Regeln mehr", sagte Bruno, „also habe ich nicht gelogen." Als die Leute im Dorf einschlafen wollten, schmetterten die Lautsprecher noch immer. Viele fanden ihr Geld nicht mehr. Kinder schliefen dort, wo sie gerade waren. Auf der Straße hupten die Autos, die in die stehengebliebenen Tische krachten.

„Wo sind die Kinder?"

„Wer hat meinen Stubentisch ruiniert?"

„Wo ist mein Geld?"

„Wo ist die Polizei?"

Aber unter der Polizeinummer meldete sich niemand. Wenn es keine Regeln gibt, braucht es niemanden, der sie schützt. Noch in derselben Nacht begann eine Kirchenglocke zu läuten. Die Leute eilten zusammen, und einer rief: „So können wir nicht leben!" – „Nein, so können wir nicht leben!", riefen alle zurück. „Wir müssen Regeln haben!", rief der eine. „Ja, wir wollen wieder Regeln!", riefen alle zurück.

Und sie begannen, Regeln aufzustellen: Die Kinder sollen den Eltern gehorchen. Die Eltern sollen die Kinder lieben. Man darf einander nicht weh tun. Niemand darf dem anderen etwas wegnehmen. Man muss die Wahrheit sagen.

„Ja, diese Regeln wollen wir", sagten alle und gingen friedlich in ihre vier Wände zurück.

DISKUSSION

325. Teams brauchen Regeln, die ein effektives Arbeiten und partnerschaftliches Miteinander ermöglichen. Regeln sind weder Zwang noch Zucht, sie sind eine Notwendigkeit für eine Gemeinschaft.

Jeder Mensch hat für sich ganz individuelle Regeln: Für den einen ist es richtig, zu der Besprechung um acht Uhr pünktlich zu erscheinen, für den anderen ist es wichtiger, auszuschlafen. Und ein Dritter hält die Besprechung für überflüssig und erscheint gar nicht. Statt dessen widmet er sich lieber einer Aufgabe, die ihm nicht übertragen wurde, von der er aber glaubt, dass sie ihm Spaß machen könnte. Und so geht es tagein, tagaus. Jeder handelt nach seinen eigenen Regeln. Wen wundert es, dass in einem solchen Team jeder jedem grollt.

Regeln, die nur im Kopf bestehen und nicht kommuniziert werden, können von niemand anderem gelebt werden, weil sie kein anderer kennt.

Ein Team muss gemeinsam Regeln erarbeiten, Regeln, denen jeder zustimmen kann, weil sie einfach vernünftig sind für die Zusammenarbeit.

326. Freiheit wird zwar oft so verstanden, dass keine Regeln zu beachten sind. Aber die Freiheit des einen endet da, wo sie die Freiheit eines anderen beschneidet. Und wer in einer Gemeinschaft ohne Regeln lebt, wird die Freiheit eines anderen wohl des Öfteren beschneiden und sich selbst in seiner Freiheit ebenso oft beschnitten fühlen.

So paradox es erscheinen mag, Regeln ermöglichen erst die wirkliche Freiheit – eine verantwortliche Freiheit. Denn wem die Regeln keinen Spaß mehr machen, wem sie zu eng erscheinen, der hat die Wahl, sie entweder in Absprache mit den anderen zu verändern oder sich ein Team zu suchen, das nach Regeln lebt, die ihm mehr entsprechen.

327. In jedem Unternehmen, in jedem Team mag es ein paar dumme Regeln geben. Aber die fallen womöglich unter das schon erwähnte 79/21-Gesetz. Wichtig ist, dass diese Regeln in der Minderzahl sind und Ihr Wohlbefinden nicht erheblich beeinträchtigen. Was soll es also, wenn eine der „dummen" Regeln beinhaltet, sich morgens die Hand zum Gruß zu reichen, was Sie als völlig überflüssig empfinden?

11. Freie Tiere

Eines Abends kommt Nasrudin in ein Dorf. Und während er auf dem Marktplatz steht und umherblickt, bemerkt er, dass die Menschen dort ihre Häuser und Gärten mit Zäunen umgeben haben, so dass man genau erkennen kann, wo der Bereich des einen endet und der des anderen anfängt. Ein Mann steht an „seinen" Zaun gelehnt und genießt wohl die frische Abendluft. Als er Nasrudin sieht, grüßt er ihn freundlich und beginnt, ein wenig mit ihm zu plaudern. Da fliegt ein Vogel in kurzer Höhe über ihre Köpfe hinweg, wohl auf dem Weg zu seinem Nest. Und der Dorfbewohner sagt nachdenklich zu Nasrudin: „Ist es nicht merkwürdig, dass jedes Tier seinen eigenen Bereich hat, in das kein Tier der gleichen Art eindringen darf?" Schweigend blickte Nasrudin umher ...

DISKUSSION

328. Wir glauben tatsächlich, klüger zu sein als die Tiere. Doch wenn es um das eigene Terrain geht, verhalten wir uns wie sie. Mit Klauen und Zähnen glauben wir, unseren Besitz verteidigen zu müssen, ob das nun Wissen oder Können, die Position oder das Gehalt ist. Wir haben mehr Angst, dass uns jemand etwas wegnehmen könnte, als dass wir bereit sind, Neues zu erfahren. Wir sind besorgt, unsere Standpunkte aufgeben zu müssen, wenn wir Unbekanntes in unserem Territorium willkommen heißen.

So ist das Zusammenwirken aller, die Synergie, nicht möglich, so wird die Potenzierung des Könnens und der Leistungen aller verhindert und das Erreichen der Ziele und der Vision erschwert.

329. Keine Gruppe ist wichtiger als die andere, kein Team ist bedeutender als das andere. Ein Unternehmen kann nur funktionieren, seine Ziele und Visionen erreichen, wenn sich jedes Team und jede Gruppe als Teil eines miteinander verflochtenen Netzwerks versteht. Was nützen also die besten Teamsynergien, wenn Team gegen Team steht, jedes die Anerkennung und den Erfolg für sich beansprucht? Auch hier bedarf es grenzüberschreitenden Denkens und Verhaltens. Denn erst die Ressourcen eines jeden Mitarbeiters, eines jeden Teams zusammengenommen können sich zu einer Energie bündeln, die wie ein Laserstrahl auf einen Punkt gerichtet ist.

330. Ob Sie nun Teammitglied sind oder Führungskraft, versuchen Sie, Ihre Grenzen so weit wie möglich zu öffnen, aber respektieren Sie die Grenzen der anderen. Wer nicht über Privates reden mag, wer nicht so gut und schnell wie Sie kopfrechnen, schreiben, bilanzieren, auswerten oder was auch immer kann, hat es nicht verdient, deshalb abgewertet zu werden. Überreden Sie ihn nicht dazu, seine Grenzen zu öffnen, aber geben Sie ihm die Möglichkeit zu erfahren, dass er seine wirklichen Grenzen noch nicht erreicht hat.

- ○ Die Schraube
- ○ Die Perle des Hahns
- ○ Stiefmütterchen
- ○ Unterlegen sein
- ○ Himmel und Hölle
- ○ Der Roggenhalm
- ○ Sandkörner
- ○ Kalt oder warm?
- ○ Teppichknoten
- ○ Dorf ohne Regeln
- ○ Freie Tiere

Welche drei Gedanken sind für Sie die wichtigsten?

1. _____
2. _____
3. _____

Und was wollen Sie dafür tun?

1. _____
2. _____
3. _____

Epilog

Zehn Kapitel mit jeweils elf Geschichten und zu jeder davon drei Diskussionspunkte – das sind 330 Gedanken, Ideen und Ansichten zu den verschiedensten Bereichen im beruflichen Alltag.

Dieses Buch ist zu Ende, aber ein neues beginnt, eines, das Sie selbst schreiben werden. Denn aus den 330 Gedanken haben Sie 30 herausgesucht, die für Sie wichtig sind, die Sie umsetzten wollen. Und es könnte tatsächlich ein Buch füllen, wenn Sie aufschrieben, welche Veränderungen im Denken, im Handeln, im Verhalten anderen gegenüber daraus resultieren. Aber auch: welche Anstrengungen die Umsetzung manchmal kostet und wie viel Disziplin Sie immer wieder aufbringen müssen, um nicht in altbekannte Muster zurückzufallen.

Wahrscheinlich könnten Sie zu jedem Thema eines Kapitels einige Seiten füllen, wenn Sie tatsächlich den Prozess Ihrer Veränderung und die damit verbundenen Veränderungen in Ihrer Umgebung niederschrieben.

Sie glauben, es sei unmöglich, dass die Veränderungen eines Einzelnen Einfluss nehmen auf seine Umgebung? Sie glauben, es sei utopisch, dass ein Einzelner seine Begeisterung auf das gesamte Unternehmen übertragen könnte?

Denken Sie doch an das olympische Feuer, das ständig lodernde Symbol einer Idee! Ein Mensch entzündet eine Fackel, läuft seinem Ziel entgegen, übergibt die Flamme einem nächsten Läufer, der wiederum bis zu einem bestimmten Zielpunkt läuft, um sie dort abermals einem nächsten zu übergeben ... Viele Läufer tragen die Fackel, beteiligen sich unter Aufbietung all ihrer Kräfte an dem Weitertragen dieses Symbols.

Sicherlich, heutzutage sind wir auf die Mitwirkung eines Flugzeuges angewiesen, um die Flamme von Kontinent zu Kontinent zu bringen. Aber selbst das kann Metapher sein für einen zusätzlichen, machtvollen Antrieb, für eine Potenzierung aller auf ein Ziel ausgerichteten Energien.

Erst die Anstrengung, der Wille jedes Einzelnen, seine Begeisterung für eine Sache, machen es möglich, dass irgendwann einer ins Stadion, ins Ziel läuft, das Sinnbild einer Idee in den Händen tragend – und eine riesige Menschenmenge bricht aus in Jubelrufe der Begeisterung!

Auch Sie können der Erste sein, der seine Flamme entzündet. Sie können Auslöser dafür sein, dass der Funke der Begeisterung überspringt auf den Nächsten, sich ausbreiten kann und wie ein helles Feuer das Unternehmen mit Licht, Wärme und Energie erfüllt. Sie können den Grundstein dafür legen, dass Teams in Dream Teams verwandelt werden.

Und vielleicht ist auch das Leitmotiv der Olympischen Spiele im übertragenen Sinn geeignet für jeden, der bereit ist, sich zum Wohle eines Unternehmens und zum Wohle seines persönlichen Weiterkommens einzusetzen: citius, altius, fortius – schneller, höher, stärker.

Der Autor

Dr. Wolf W. Lasko (www.lasko.de), Jahrgang 1953, ist Gründer und Geschäftsführer der Winner's Edge Resulting-Gesellschaft für Strategie, Vertrieb und Innovation mbH (www.winners-edge.de), eines Beratungsunternehmens mit 12 Gesellschaftern und mit über 50 Partnern, Gesellschafter von @yet (www.add-yet.de, IT-Outsourcing) und Leiter des Projekts „Creative Sales" (www.creative-sales.com). Er ist zudem Autor zahlreicher Bücher; bei Gabler sind bereits 15 Titel erschienen.

Kontakt:

Telefon 0 21 75 / 97 01 01
E-Mail: wolf@lasko.de

Managementwissen: kompetent, kritisch, kreativ
↗

Lebendigkeit im Unternehmen freisetzen und nutzen

Lebendigkeit ist der fundamentalste Wettbewerbsvorteil eines Unternehmens. Denn durch einen hohen Grad an Lebendigkeit entsteht alles andere: Spitzenleistung, Innovationskraft, Veränderungsbereitschaft, Dynamik und Tempo. Dieses Buch zeigt, wie diese hohe Lebendigkeit in Unternehmen erreicht werden kann.

Matthias zur Bonsen
Leading with Life
Lebendigkeit im Unternehmen freisetzen und nutzen
2009. 273 S. Geb. EUR 39,90
ISBN 978-3-8349-1353-1

Authentisch führen - worauf es dabei ankommt

Führungskräfte lernen ihren Führungsjob, während sie ihn betreiben. Dabei gibt es drei entscheidende Kompetenzbereiche, die entwickelt werden müssen: die Orientierung in der Rolle, die persönliche Selbstreflexion und die Empathiefähigkeit.

Adolf Lorenz
Die Führungsaufgabe
Ein Navigationskonzept für Führungskräfte
2009. 192 S. mit 6 Abb. und Zusatzprodukt: Mindmap. Geb.
EUR 39,90
ISBN 978-3-8349-1029-5

Nachhaltige Führung durch intelligente Verknüpfung von Ökonomie, Ökologie und Ethik

In Zeiten der Globalisierung und zunehmender Dynamik der Märkte stellt sich immer häufiger die Frage nach der Vereinbarkeit von ökonomischem Handeln mit Umweltmanagement, Ethik und Nachhaltigkeit. In diesem Buch werden neun Bausteine für die Entwicklung eines integrierten Führungssystems der Nachhaltigkeit beschrieben. Die Kompatibilität der Bausteine und die Schlüssigkeit des Gesamtansatzes stehen dabei im Vordergrund.

Jörg Rabe von Pappenheim
Das Prinzip Verantwortung
Die 9 Bausteine nachhaltiger Unternehmensführung
2009. 176 S. mit 22 Abb. Br.
EUR 29,90
ISBN 978-3-8349-1431-6

Änderungen vorbehalten. Stand: Februar 2010.
Erhältlich im Buchhandel oder beim Verlag
Gabler Verlag . Abraham-Lincoln-Str. 46 . 65189 Wiesbaden . www.gabler.de

Mehr Erfolg und weniger Stress

Leicht umzusetzende Praxistipps eines erfahrenen Coaches

Stress gehört zum Berufs- und Privatleben der meisten Menschen dazu. Immer mehr Menschen bekommen jedoch durch Stress gesundheitliche Probleme. Das wiederum führt zu vermehrten Ausfallzeiten in den Unternehmen und stellt somit zunehmend auch eine volkswirtschaftlich interessante Komponente dar.

Peter Buchenau
Der Anti-Stress-Trainer
10 humorvolle Soforttipps für mehr Gelassenheit
2010. 158 S. mit 34 Abb.
Br. EUR 14,90
ISBN 978-3-8349-1808-6

Der Weg zu mehr Mut, Entschlossenheit, Erfolg

Mut ist die fundamentale Antriebskraft, damit wir im Leben das erreichen, was wir wirklich wollen. Um mutig und erfolgreich handeln zu können, benötigen wir Metaphern einer mutigen Selbsterzählung. Denn in jedem Augenblick unseres Lebens handeln wir nach Geschichten, die wir uns selbst erzählen – so der Managementberater und Coach Kai Hoffmann. Mithilfe der Metapher des Boxens wirft der Autor einen überraschenden Blick auf unser Verhalten im Alltag. Eindringliche Praxisfälle belegen seine einzigartige und bewährte Coachingmethode, die auf neuesten Erkenntnissen der Gehirnforschung basiert. Um seine Selbstführung im täglichen Leben wirksam durchzuboxen, muss der Leser nicht in den Ring steigen.

Kai Hoffmann
Dein Mutmacher bist du selbst!
Faustregeln zur Selbstführung
2009. 204 S.
Geb. EUR 29,90
ISBN 978-3-8349-1664-8

Schneller und effektiver durch professionelle Langsamkeit

Dieses Buch ist kein klassischer Ratgeber, sondern vielmehr ein „Tatgeber". Die Schilderung unterschiedlichster Alltagssituationen führt immer wieder zu der Erkenntnis: Die Zukunft im (Wirtschafts)leben gehört den „ProLas", den professionellen Langsamen. Diese wissen genau, bei welchen Tätigkeiten sie bremsen müssen, um dadurch Höchstgeschwindigkeit zu erreichen. Wer künftig deutlich schneller sein will, muss gezielt langsamer werden!

Oliver Alexander Kellner
Speed Control
Die neue Dimension im Zeitmanagement
2010. 215 S.
Geb. EUR 24,90
ISBN 978-3-8349-1826-0

Änderungen vorbehalten. Stand: Februar 2010.
Erhältlich im Buchhandel oder beim Verlag
Gabler Verlag . Abraham-Lincoln-Str. 46 . 65189 Wiesbaden . www.gabler.de

Printed by Printforce, the Netherlands